KB024016

저널리즘 모포시스

21세기 저널리즘 형태변이를 위한 진단과 제안

팬덤북스

목차

저널리즘 모포시스:

위기의 저널리즘과 21세기 공론장을 위한 서언

21세기 미디어, '기레기'라는 용어법

　행운은 부지불식간에 굴러들어오지만 위기는 주변을 맴돌다 덥석 현실이 된다. 시나브로 데워지는 미온수 속의 개구리처럼, 용기 있게 뛰쳐나가는 위험보다 피부를 보호해주는 물을 버리는 것이 더 위험천만해서일까? 지금의 언론과 언론사를 보면 물에서 탈출 못하는 냄비 속 개구리 같다. 개구리에게 점점 올라가는 물 온도가 어찌해 볼 수 없는 일이듯, 기자와 언론사에게 커뮤니케이션 혁신 미디어 역시 어쩌지 못하고 바라만 봐야 하는 것이 되고 있다. 그래서인지 세상사 대부분이 미디어와 결부되어가는 미디어화mediatization의 심연에도 불구하고, 기성 언론이 설 자리는 오히려 축소되는 듯 보인다. 1987년 민주화 투쟁 이후 저널리즘 자율성은 점차 커져 왔지만 만족할 만한 언론개혁을 이룬 적은 없다. 누구나 미디어의 생산과 소비에 간여하고 저널리즘 환경도 급변하지만 기성 언론의 사회적 기능에 대해서는 그 어느 때보다 회의적이다.

아마도 '기레기'라는 용어가 이를 가장 상징적으로 보여줄 것이다. 기레기는 기자 개인은 물론, 그들의 직무, 언론사 경영, 뉴스의 유통과 소비과정 모두에서 저널리즘의 사형선고에 가까운 멸칭이다. 어떤 직종에 쓰레기라는 말이 붙은 적이 있었던가? 기자 집단의 불만과 저항이 있지만, 이제 기레기는 사회 전반에서 사용되는 일반화의 수순을 밟고 있다. 사실 그 의미의 넓이와 깊이에 차이가 있을지언정 기레기라는 용어법terminology은 전 세계적 현상이다. presstitute press + prostitute라는 신조어는 거의 기레기와 동일한 의미이다. 그렇더라도 현장에서 뉴스를 생산하고 아카데미에서 이를 연구하는 우리의 입장에서는 비하와 조롱의 단어라 마냥 외면하지 못하는 심적 고통을 느낀다.

이 문제적 용어는 어쩌다 생겨났을까? 알려지기로 2002년 월드컵을 계기로 폭발적으로 늘어난 프리미어 리그 기사의 함량 미달에 대해 당시 이른바 프리미어 리그 '덕후'의 일침에서 연원했다고 한다. 이후 지금까지 기레기는 일반 수용자 수준에서 인내할 수 없는 기사를 생산하는 기자와 언론사를 통칭하는 용어가 되고 있다. 최근에는 단순히 자신의 의견과 다른 기사를 썼다는 이유만으로 이 용어를 사용하는 경향도 있지만, 한 번 허물어진 신뢰를 막을 뾰족한 대안을 찾기 힘들어 보인다. 이 용어법에는 그것이 태동되게 된 21세기 미디어의 구조적인 환경변화를 내재하고 있기 때문이다. 그것은 다름 아닌 사회 현상을 관찰, 파악, 진단, 비평하는 정보생산과 소비에서의 심각한 '커뮤니케이션 역진逆進'이 생겼다는 것이다. 이제 전통 저널리즘은 그들이 생산하는 사실, 정보, 의견을 시민들의 집단지성의 프리즘에 통과시켜야 하는 도전에 직면해 있다. 그 프리즘의 균형성과 투명성을 장담하기 쉽지 않지만, 그들은 일관되게 저널리즘적 정확성과 신뢰성, 그리고 균형성을 요구한다. 그들은 그들이 보기에 정확하지도 균형적이지도 않은, 그래서 시민의 기대를 충족시키지 못하는, 뉴스에 대해 더 이상 인내하지 않겠다는 것이다. 저마다 '발언'의 기회를 가진 21세기 커뮤니케이션 환경에서 언론에 대한 기대의 부족분이 기레기로 표출되는 셈이다.

기레기가 극단으로 치닫는 불신의 저널리즘이라고 본다면, 사실 뉴스와 기자, 언론사를 외면하는 저널리즘 불신의 역사는 꽤나 그 사례가 많다. 1980년대 민중항쟁 시기 치명적 격돌은 물론 2000년대 말 소고기 수입재개 당시 갑자기 논조를 바꾼 신문사에 공격적이었던 것을 떠올려 볼 수 있다. 이른바 일등 신문의 편향성과 오만, 정권의 부침에 따라 표변하는 언론사들의 논조는 언론이 지속적으로 야유와 공격을 받는 빌미였다. 여러 분야에 스스로 전문기자 타이틀을 달았음에도 전문주의가 주는 충족감 또한 그리 높지 못했다. 지난 20여 년간 포털에서는 낚시성 뉴스가 범람하고 함량미달의 취재와 문장이 난무했으며, 최근에는 세월호, 한일경제갈등, 검찰개혁 등 일련의 사건에서 비상식적인 기사들이 폭주했다. 이제는 언제라도 그런 언론을 마주칠 것 같다. 정치지도자가 자신에게 불리한 뉴스를 '가짜뉴스'로 가볍게 넘겨버릴 수 있는 것도 떨어질 대로 떨어진 미디어 불신의 시대, 또는 모두가 미디어가 된 '포스트 진실' 시대의 웃지 못할 역설이다. 설혹 신뢰받는 미디어의 양질의 뉴스가 있더라도 그것 역시 누군가 '가짜뉴스' 프레임을 덧씌운다면 불신과 비하의 진흙탕에 뒹굴기는 마찬가지이다. 결국 기레기 현상은 누구나 미디어가 되는 미디어화 시대 전문직업주의 저널리즘의 침몰을 지칭한다. 사회 제도로서 저널리즘 고유의 감시와 견제, 비평의 효능감에 대한 의심과 회의가 곳곳에서 들려온다.

불신의 저널리즘 발생 환경이자 그 결과는 다양하게 예시될 수 있다. 1차 규정자primary definers에 과의존하는 '출입처 논리' 또는 '비판적 사고의 부재', 폭발적으로 늘어난 언론사들 간의 '과잉경쟁', 저널리스트의 새로운 '인구사회학적 구성', 그리고 '저널리즘 교육의 축소', 동일 현상에 대한 '이중잣대'와 '확증편향', 편집과 검색 등 '포털로 편중된 광고시장', 제휴 매체들을 골고루 노출시켜야 하는 '포털의 제휴관리', 거기에 발맞춘 '뉴스 노출 및 생산 리듬의 급순환성', 그런 광고시장의 선택 논리에 충실한 자극적인 제목의 '베껴 쓰기'와 '프레임' 등이 그것이다. 거기에 더해 취재원보다 경쟁사의 기사에 더 예민하게 반응하는 기자(기사)간 '상호참조', 그에 따라 점점 더 '저하되는 취재능력', 출처 불명의 주장과 편협한 사실로 구성하는 '가짜뉴스' 등은 저널리즘의 금도를 넘어서는 일이다. 지난 십 수 년간 굵직한 사회적 이슈를 관통하며 불거진 사실의 문제, 형평성의 문제, 비판력의 문제와 같이 상식적 수준의 저널리즘 가치가 훼손되는 현장을 목도하게 된다.

무엇보다 심각하게 생각해야 할 것은 취재가 없거나 빈약한, 또는 선택적 취재가 아닐까 싶다.이것은 기자가 게을러서 질 낮은 뉴스를 생산한다는 말이 결코 아니다. 오히려 그 반대이다. 그들은 어느 때보다 뉴스를 많이 생산하도록 내몰려 있다. 저널리즘의 시작과 끝이자 차별성이 바로 그 취재에서 나오기 때문이다. 이에 대해 우리의 뇌리에 깊이 각인된 두 개의 이미지가 있다. 하나는 2010년 9월 G20 서울정상회의 폐막식에서 당시 오바마 미국 대통령이 한국기자들에게 질문기회를 주었을 때 어느 누구도 질문을 하지 않았던 장면이고, 다른 하나는 2017년 1월 국회로부터 탄핵소추안이 가결된 이후 당시 박근혜 대통령의 신년 기자간담회에서 취재도구도 없이 다소곳하게 손을 모으고 듣기만 했던 장면이다. 취재는 기자의 직무를 완성시키는 신성한 노동의 의무이자 권한이며 저널리즘의 생명임에도, 현직 대통령과 함께하는 자리에서 기자는 질문을 하지 않았다. 낯뜨거운 일이 아닐 수 없다. 그들은 왜 취재의 질문을 하지 않았을까? 검찰청 앞 피의자에게 질문을 하려고 서로 밀치던 기자들은 왜 대통령에게는 질문을 하지 않았을까? '힘있는' 일차 규정자에게 실체적 진실을 파헤치기 위한 질문의 권한을 충분히 사용하는가? 지금 이 순간에는 기자와 데스크 모두 그들의 권한이자 의무를 다하는가?

　　결국 현실 저널리즘 위기는 크게 두 가지 측면으로 고찰된다. 그중 하나는 뉴스가 포털과 OTT, SNS 등 새로운 최후방 뉴스 소비 시장으로 집중되고 전통적인 신문 구독과 방송뉴스 시장이 축소 또는 사멸되면서 나타나는 '기술적 위기'이다. 지난 20년간 저널리즘 시장은 과거의 실적을 수성코자 하는 기성 미디어와 진입장벽의 틈바구니를 뚫고자 애쓰는 신생 미디어들의 생존 경쟁으로 요약된다. 비극적이게도 그 해법은 그들 당사자인 '언론-미디어'가 아닌, 저널리즘의 새로운 왕좌에 앉아 있는 '플랫폼-미디어'에 위임되어 있다. 다른 하나는 사실보도나 객관보도와 같은 '저널리즘 실천의 위기'이다. 미디어를 4부의 하나로 지탱해오던 저널리즘의 사회적 존재감과 직업적 윤리의 위기이다. 그 한가운데에 공정성 비판이 있다. 결국 전자가 미디어 생존 환경이 '미디어 독자-광고 시장'에서 포털이나 유튜브와 같은 '플랫폼 독자-광고 시장'으로 급전환한 것과 결부되어 있다면, 후자는 그런 환경에서 살아남아야 하는 질 낮은 뉴스와 그로 인한 제도적 정당성과 결부되어 있다. 이제는 미디어가 아닌 플랫폼에서 작동하는 저널리즘의 경영과 질적 제고, 그리고 메타적 차원에서의 공론장을 논의해야 한다.

직감하듯이 두 위기는 서로 밀접하게 연결되어 있다. 늘어난 언론사만큼이나 광고와 클릭을 통한 수익화와 영향력 투쟁이 분초를 다투며 벌어지고 있다. 소비되어야 할 뉴스 콘텐츠는 차고 넘치고, 플랫폼에서 뉴스의 노출 수명은 분 단위로 짧아졌다. 포털은 이같은 저널리즘 과정이 극단으로 치달은 생태계를 연출해 보인다. 유튜브나 팟캐스트의 2차 담론시장은 그 깊이를 더한다. 그 속에서 기자는 글쓰기 기계처럼 기사와 비평을 쏟아내지만 그 상품성은 갈수록 열악하다. 객관보도를 한다고는 하는데 결과가 그렇다. 기자의 사회적 위상이 전문직과 직장인 사이를 위태롭게 오간다. 뉴스 수용자라고 다를 게 없다. 스스로 확증편향에 길들여져 가면서도 자신의 생각과 다른 뉴스는그래서 질 떨어지는 뉴스라고 손쉽게 기레기라 손절한다. 이에 뉴스 콘텐츠를 둘러싼 언론사의 경영과 기자의 뉴스 생산, 포털 및 유튜브 등에서의 유통과 수용자의 뉴스 소비가 서로 연결된 일종의 기레기 동학dynamics이 보이는 듯 하다. 그 현상은 우연히 생겨났다가 사라질 변종이 아니라 고유한 발생 경로를 통해 착근된부정의 커뮤니케이션 양식으로 해명되어야 할 것들이다.

이제 우리는 기레기로 상징되는 부정의 저널리즘이 발생하는 경로를 밝히기 위해 다음과 같은 질문을 던진다. 무엇이 기레기를 낳고 있는가? 그것은 단순히 기자의 문제인가 아니면 기자가 몸담고 있는 언론사 또는 포털, 유튜브 등 플랫폼의 문제인가? 정보원과 기자 사이의 관계는 어떻게 이해되어야 하는가? 이들 주체들간의 관계는 어떠한가? 뉴스 수용자는 기레기 담론으로부터 자유로운가? 저널리즘이 사회에 기여하고 기자가 존중받을 수 있는 방안은 무엇인가?

플랫폼 – 미디어 논리의 시대, 21세기 저널리즘 모포시스

이 책을 기획하면서 과거 언론학 선배학자들이 지적했던 '하이에나 저널리즘'이라는 말이 언뜻언뜻 떠올랐다. 대학원 시절 연구소 서가에 꽂혀 있던 《하이에나 저널리즘》이라는 제목의 책도 생각났다. 그 용어에서 보듯이, 하이에나 저널리즘은 언론이 힘이 빠진 권력을 사정없이 물고 뜯는 하이에나적 본성을 지녔음을 비유한 것이다. 평소 권력 눈치를 보던 언론이 권력을 비판하는 경우는 "상시 수행하고 있는 것이 아니라 사태가 걷잡을 수 없는 지경에 이르러서야 민심 떠난 권력에 몰매를 가하"는 식이라는 것이다[1]. 미디어 스스로의 논리에 따라서가 아니라 당대 권력이 도덕적으로나 최고 권력자의 자식 또는 측근의 비리 등, 시기적으로 권력 후반부 이른바 레임덕 취약성을 드러낼 때 비로소 비판적이게 되는 기회주의적 발상이다. 그렇기 때문에 하

---

1 강상현(1997). '하이에나 언론'을 다시 보고 있다, 《저널리즘 비평》 21, 8~9.

이에나 저널리즘은 저널리즘적 정통성이 미약한 언론이 미디어 논리media logic보다 현실 정치 논리에 더 휘둘린 결과라 할 수 있다.

비교컨대, 기레기 현상은 저널리즘이 그런 정치 논리보다 미디어 논리가 부정적으로 작동한 결과로 보인다. 좀 더 직설적으로 말하면 미디어 과잉이 낳은 플랫폼-미디어 논리platform-media logic의 체계적인 부작용이라 할 수 있다. 지금은 정치보다 플랫폼-미디어 자체의 논리가 더 크게 작동하는데, 그 요구는 쉽게 말해 '상품으로서 뉴스'이다. '언론-미디어'가 정치 또는 그 외의 논리의 자장 안에서 '뉴스로서 상품'을 생산했다면, 포털, SNS, OTT 등 뉴스 생산으로부터 자유로운 탈언론적 '플랫폼-미디어'들은 이용자 최적화라는 디지털 미디어 논리에 보다 충실한 상품으로서 뉴스를 재생산하고 유통한다[2]. 정치 논리 외에 민주주의 논리, 민족 논리, 균형 논리와 미디어 논리를 비교해 보면 그 무게감을 느낄 수 있다. 통일, 통합, 개혁 같은 무거운 사회적 의제가 그것의 정치사회적 무게감 자체에 의해서가 아니라 미디어 상품성 수준에 따라 취급되는 것이다. 과잉 검찰 논리에 종속된 것처럼 보였던 조국 관련 보도 역시 이 시각에서 보면 조국의 미디어 상품성이 일차적인 변수라는 것을 깨닫게 된다. 미디어와 커뮤니케이션이 넘쳐나면서 다른 무엇보다 플랫폼-미

---

[2] 임종수(2017). '탈언론' 미디어의 등장과 그 양식, 그리고 공공성: 알고리즘 미디어에 대한 비판적 소고, 《한국언론정보학보》 86호, 116~147.

디어 자체의 논리가 저널리즘의 일차적 힘이 되고 있다. 커뮤니케이션의 가능성이 전문 직업군을 넘어 시민들에게 넘어가 있는 상태, 제한된 광고를 포털 내 제휴 언론사들이 나눠 갖는 상태, 어떻게든 그런 제휴 매체로 진입하려는 신생 인터넷 미디어의 상태, 체계적인 기자교육보다 현장에서 바로 그 쓰임새를 증명해야 하는 상태, 단독을 통한 노출 경쟁에서 서로가 서로를 참조하여 뉴스를 생산하는 상태, 나의 지향점과 맞는 뉴스와 정보로 둘러싸인 수용자의 상태 등은 미디어 논리의 강력한 힘을 보여준다.

이 책은 우리에게 닥친 기레기 현상을 저널리즘 위기의 새로운 정치경제학으로, 그리고 희망과 절망이 공존하는 새로운 저널리즘 생성의 징후로 고찰한다. 우리의 목표는 전통적인 저널리즘 원칙을 기준으로 기레기 현상에 일침을 가하는 데 있지 않다. 오히려 그같은 저널리즘 위기의 정치경제학적 해명을 통해 새롭게 움트는, 하지만 아직까지 뚜렷이 밝혀지지 않은, 공론장의 구조 변동을 나름대로 전망하려 한다. 이 책의 제목이 저널리즘 모포시스journalism morphosis인 것은 그 때문이다. 모포시스는 주로 생물학에서 사용하는 용어로서, 유기체나 그 일부분이 형태를 바꾸거나 성장을 진행하는 방식, 즉 '형태 변이'를 뜻한다형태 형성이라는 말을 주로 사용하지만 여기에서는 어떤 질적인 변화를 강조하여 형태 변이라 칭한다. 기레기는 어쩌다 생겨난 멸칭이 아니라, 지난 20여 년의 디지털화와 미디어화의 과정에서 우리가 아는 20세기적 저널리즘과 결별하고 새로운 직업적 문법과 관습으로 형태 변이할 것을 요청하는 변화의 포인터라는 것이 이 책의 기본 문제의식이다.

이를 위해 이 책은 뉴스 조직과 생산자, 유통, 소비와 결부된 저널리즘의 위기를 진단하고 대응방안을 모색한다. 구체적으로 이 책은 1) 언론사의 조직적 측면, 2) 현장 기자의 실천적 측면, 3) 플랫폼과 신기술의 재매개 측면, 그리고 4) 뉴스 수용자 측면에서 기레기 현상의 형태 변이를 분석하고, 그에 따라 새로운 개념이나 가설, 창의적 대안을 다소 거칠더라도 적극적으로 제시한다. 무엇보다 기레기 담론을 재생산하거나 혐오를 부추기는 게 아니라, 적어도 지금보다 좋은 저널리즘, 누구나 미디어가 된 21세기 미디어 환경에 맞는 공론장으로 형태 변이하기 위한 진단과 대안을 제시하는 것이 이 책이 견지하는 바이다. 물론 그 시도에는 때때로 번뜩이는 분석과 대안도 있지만 소박하고 거친 주장도 있을 것이다.

저널리즘 생산조직–저널리스트–플랫폼과 테크놀로지–수용자

이 책은 모두 4부로 구성되어 있다. 생산조직과 저널리스트, 플랫폼과 테크놀로지, 수용자 등에서 위기의 저널리즘에 대해 진단하고 대안을 제시한다. 각 파트별로 소개하면 다음과 같다.

1부는 '저널리즘 생산조직'의 측면에서 저널리즘 모포시스를 진단한다.

1장문상현, 광운대은 신문 비즈니스 모델의 붕괴와 저널리즘의 위기에 대해 다룬다. 여기에서는 19세기 말 대중지의 등장으로 시작한 신문 구독과 광고의 비즈니스 모델이 100여 년이 지나면서 어떻게 구조적 위기에 봉착했는지를 해명한다. 그의 설명이 단순히 기술적 묘사가 아닌 정치경제학적 분석인 것은 그 진단이 신문의 재정적 위기를 넘어 신문과 완전히 동떨어진 새로운 구독과 광고 시장의 개막, 그로 인한 저널리즘 자체의 붕괴를 연결시키고 있기 때문이다. 이는 보다 근원적으로 정통 저널리즘이 기술혁신의 기회가 있었음에도 불구하고, 다른 어떤 국가와 비교해도 기술혁신은 물론 저널리즘 혁신에서 가장 느린 속도를 보였기 때문이다. 전 세계적으로 디지털 테스트 베드로 정평 나 있는 한국에서 그런 일이 발생한 것이 무척이나 아이러니한 일이다.

2장박영흠, 협성대은 뉴스 조직 내부의 통제와 전문직주의의 좌절에 대해 진단한다. 전통적으로 저널리즘은 전문직주의의 기획을 통해 민주주의 사회 내 제도화에 성공했다. 기자의 자율성은 그런 전문직주의를 키울 수 있는 최선의 규범적 이상이었다. 하지만 그의 분석에 따르면, 민주화 이후 언론사는 자유로워졌을지언정 기자들의 전문직주의화는 실패를 거듭했다. 과도한 내부 게이트키핑과 사주의 영향력, 그 안에서 작동하는 정파성과 관리주의가 언론사와 기자를 지배해왔기 때문이다. 특히 급변하는 저널리즘 환경에도 불구하고 미디어 조직의 수직적 통제는 기자 스스로의 혁신을 발목잡음으로써 궁극적으로 언론사의 경쟁저하로 이어졌다. 냉정한 분석과 치밀한 논리로 언론의 필요성과 대안을 모색해 보려는 시도가 인상적이다.

3장김동원, 한국예술종합학교; 최유리, 서강대은 디지털 뉴스룸에서의 저널리즘의 가치변화를 역사적 관점에서 설명한다. 이들의 기본적인 문제의식은 디지털화란 의견과 주장의 교환을 위한 협의형 커뮤니케이션으로 시작한 17세기 신문의 저널리즘이, 낭만주의 비평의 시절이라 불리기도 한, 19세기 도시화와 더불어 익명적 대중 커뮤니케이션으로 전환한 이래 맞이한 완전히 새롭지만 익숙한 도전이다. 이러한 변화를 프리즘해주는 주요 요소로 필자들은 커뮤니케이션을 가능케 해주는 물성materials에 주목한다. 이들에 따르면, 디지털 뉴스는 하루 중 정해진 시간에 한 언론사의 신문 한 부가 집으로 배달되거나 독자의 활동 반경 안에 있는 가판대에서 구매되어 읽히는 일방향의 메시지 전달이 아니라 전혀 다른 양식의 커뮤니케이션의 소재로 뉴스 콘텐츠가 이용될 때 출현한다. 지금이 바로 그때이다. 하지만 당시의 구두언어는 디지털 도구에 최적화된 플랫폼 자본의 생산양식 안에서 음성과 문자, 영상 콘텐츠로 조각나 있다. 기성 언론사는 물론 신생 온라인 언론사들의 디지털 뉴스룸 전략이 어떻게 이같은 역사성 안에서 도전하고 실패하고 좌절해왔는지, 디지털 뉴스 가치를 내재화한 조직문화는 어떻게 가능한지 귀 기울여 보자.

2부는 '저널리스트' 측면에서 저널리즘 모포시스를 진단한다.

4장이정환, 미디어오늘은 저널리즘 현장에서 목격되는 관행과 태도의 문제를 짚는다. 필자에 따르면, 지금의 언론은 정치권력보다 경제권력에 더 취약해져 있다. 그렇기 때문에 저널리즘 위기는 언론사 자체의 자본권력과 포털 과점의 영향력 하에서 이전의 관행을 답습하는 데서 연원한다. 불행하게도 기자 세계는 저널리즘 경쟁이 사라지고, 뭔가 다른 것을 해봐도 별반 달라질 것이 없을 것이라는 무력감이 팽배하다. 경쟁을 위한 새로운 문법과 의제설정 시스템을 재건하는 것만이 퇴행하고 있는 저널리즘을 구제할 수 있다는 필자의 주장은 미디어 전문지 기자의 말이라 더욱 울림이 크다.

5장이봉현, 한겨레은 저널리즘의 요체는 신뢰라는 점에서 언론사의 신뢰 회복을 위한 저널리즘 윤리규범 확립과 실천을 요구한다. 필자의 시각에서 저널리즘 윤리규범은 사회 구성원들이 바람직하다고 합의한 간주관적 취재 원칙과 방법이다. 이에 따라 현장에서 지켜지지 않는 윤리규범을 위한 실천적 지침을 보다 세분화할 것을 요구한다. 또한 저널리즘의 회복은 무엇보다 신뢰의 회복으로 시작해야 하고, 그러기 위해서는 언론의 책무성과 투명성 덕목이 확보되어야 함을 강조한다.

6장심석태, 세명대은 저널리스트의 직업적 소명으로서 사실 확인과 투명성의 윤리를 제시한다. 오랫동안 언론사에 몸담았던 필자의 진단에 따르면, 통상적으로는 사실과 다른 언론 보도가 문제지만 경우에 따라서는 사실 보도이지만 문제가 될 때도 있다. 가령 조국 전 장관 관련 뉴스의 경우, 사실과 다른 보도의 문제라기보다 보도의 양이나 기본적인 맥락에 맞지 않은 사실의 적시가 더 문제라는 것이다. 따라서 필자는 저널리즘을 책임지는 전통 언론은 주변적 사실의 단순보도만으로 자신의 소명을 다했다고 단정해서는 안 된다고 주장한다. 사실이 뉴스가 되기까지는 선택의 과정을 거치게 되고, 결국 보도된 사실은 구성된 현실일 수밖에 없기 때문이다. 이를 해소하기 위해 필자는 사실 자체를 숭배할 것이 아니라 그것이 존재하는 위치와 맥락을 보도에 적극 반영함으로서 사실의 투명성을 직업윤리의 하나로 삼을 것을 제안한다.

3부는 '플랫폼과 테크놀로지' 측면에서 저널리즘 모포시스를 진단한다.

7장임종수, 세종대은 뉴스 유통과 소비의 절대적 강자인 포털이 기레기 현상의 구조적 요인의 하나라는 점을 해명한다. 그가 일관되게 제시해온 포털 체류학은 뉴스가 모여드는 포털이 재매개의 논리를 따라 어떻게 저널리즘의 일차 변수가 되었는지를 설명하는 키워드이다. 필자에 따르면, 포털은 하이퍼링크라는 가상성의 미디어 속성을 지렛대 삼아 연약한 한국 저널리즘을 일신할 기회를 맞았지만 포털 공유지 내 클릭 상업주의를 선택함으로써 기성 저널리즘은 물론 포털 스스로도 게토화되었다. 이 과정은 낚시성 뉴스라는 포털뉴스의 질 논쟁으로부터 시작해 정치권이 주도하는 편향 또는 이데올로기 논쟁, 그리고 마지막으로 트래픽 퍼스트라는 언론-포털의 제휴 생태계로 귀결된다. 이것이 지금의 저널리즘이 플랫폼 논리를 과잉 반영하는 이유이다. 저널리즘 회복을 위한 오리지널 뉴스에 대한 보상과 알고리즘 책무성에 대한 제안은 분명 귀 기울여 볼 만하다.

8장 유용민, 인제대은 유튜브가 저널리즘 기능을 수행하면서 저널리즘 영역에 일어난 변화와 의미를 고찰한다. 필자에 따르면, 취재원이었던 1차 규정자와 사회적 영향력자들의 자기 매체화와 행동주의가 등장하면서 유튜브는 뉴스와 사실 확인의 온상이 되었으며, 그 결과 언론 없는 공론장, 저널리즘 없는 민주주의라는 위기가 초래됐다. 필자는 이에 대한 언론의 반응을 저널리즘 엘리트주의와 저널리즘 이론의 이상주의가 결합한 판단착오로 해석한다. 그렇다면 언론 없는 공론장으로 비대해진 유튜브는 제도 언론의 저널리즘과 공론장을 고양시킬까? 필자의 진단은 다소 부정적이다. 필자는 만약 우리가 유튜브를 추종하는 것이 제도화된 저널리즘으로부터 탈주한 취재원들과 일상 행위자들이 개방한 '모두가 저널리스트가 된 사회'의 한 결과라는 점을 간과한다면, 전문직주의 저널리즘이 공론의 장, 그 중심에서 진실의 담지자이자 알 권리의 보편적 수호자로 다시 서게 될 전망은 그다지 밝지 않을 것이다라고 강조한다.

9장유경한, 전북대은 이른바 코로나19로 인해 강화된 뉴노멀new normal 시대를 모티브 삼아 새로운 테크놀로지가 가져온 저널리즘 영역의 뉴노멀을 강조한다. 필자의 말처럼, 그것은 곧 정보자원의 생산과 유통, 소비에 관한 새로운 규범new norm의 정립을 의미하기 때문이다. 본문에서는 신뢰를 새로운 규범의 핵심 가치로 상정하면서, 미디어 비즈니스 관점에서 신뢰가 어떻게 경제적 가치를 파생시키는지 논증한다. 우리가 눈여겨볼 것은 단순한 콘텐츠 제공자가 아닌 뉴스 플랫폼 기업이 광고와 구독으로 양분되는 수익모델에서 이같은 신뢰를 어떻게 처리하는가이다. 이른바 어뷰징으로 통칭되는 국내 뉴스 플랫폼 기업들의 일탈적 행태와, 그럼에도 불구하고 워싱턴포스트나 뉴욕타임스 같이 스스로 생존력을 키우는 기업들의 기술수용의 태도와 전략의 대비는 많은 시사점을 준다.

4부는 '수용자' 측면에서 저널리즘 모포시스를 진단한다.

10장박진우, 건국대은 정치와 저널리즘에서 이 시대 수용자가 앓고 있는(?) '확증편향'의 문제를 진단한다. 무엇보다 수용자의 확증편향은 레거시 미디어에 대한 수용자들의 신뢰 붕괴로부터 시작되었다. 점차 고도 경쟁체제화 해가는 저널리즘 환경에서 레거시 미디어는 비즈니스로서 저널리즘과 질로서 저널리즘 모두를 추구하지만, 전자가 견인해가는 관행과 일상은 결국 조화로운 결과에 이르지 못하게 한다. 필자는 그 해결책으로 저널리즘 내부의 책무를 강조하지만, 이른바 탈진실의 시대 과연 실행가능한 것일지 여전히 의문을 던진다. 이에 필자는 대중의 미디어 참여와 확증편향이 기성 언론에게는 무척 불편해보이지만 그들의 생존을 위해서라도 수용자 영역에서 일어나는 이같은 변화를 저널리즘 안으로 적극 끌어들일 필요가 있다고 강조한다.

11장김예란, 광운대은 언론 수용자와 정동 바이럴리티라는 다소 생소하지만 통찰력 넘치는 혜안을 제공한다. 이는 평소 이 문제에 천착해 온 필자의 일관된 문제의식이기도 하다. 왜 질 낮은 언론이 인기가 높은가라는 도발적 질문으로부터 시작한 이 작업에서 필자는 21세기 뉴스는 감정이나 감응과 다른 정동의 전염성으로 수용자에게 파고든다고 주장한다. 그에 따르면, 관계적이고 집합적이며 운동적인 개념으로서 정동은 거대한 가상 네트워크로 연결되어 있는 지금 시대에 부합하는 미디어 효과 개념이다. 따라서 미디어는 정동의 관계망이 바이럴하게 하는 공동체 내러티브로 가득 차 있다. 기성 언론은 여기에서 별다른 특권을 가진 주체가 아니라 어떤 정동을 발생시키는 행위자이다. 그럼에도 일반 수용자들의 권력 수행이 가져올 수 있는 반지성적 포퓰리즘은 극구 막아야 할 사안이다. 이 간극을 메우는 필자의 의견을 들어보자.

12장허윤철, 부산대은 흔히 가짜뉴스라고 지칭되는 현상이 사실은 허위조작정보라는 점을 분명히 하면서, 이 허위조작정보가 확산되는 구조적 원인인 미디어 환경변화와 기성언론의 신뢰도 하락문제를 따져 묻는다. 그런 후 대표적인 해결방안인 팩트 체크와 정부 규제가 실효성과 제도적 허점이라는 본질적 한계가 있음을 지적한다. 이런 조건에서 필자가 제시하는 해결방안은 뉴스 리터러시이다. 수용자에 의한 옥석 가리기 전략이 빈약한 리터러시 교육 현실로 인해 우려스럽기도 하지만, 그럼에도 완생이 아닌 미생일지라도 수용자 리터러시가 포기되어서는 안 된다고 주장하는 필자의 주장을 보노라면, 현대사회에서 시민은 곧 미디어 생비자라는 사실이 주는 무게감을 다시금 무겁게 느끼게 된다.

좌절에서 희망으로, 자책에서 변신으로: 용기와 진화를 위하여

다시 말하지만 우리는 기레기라는 용어가 궁극적으로 미디어화 시대 공론장의 '또 다른' 구조변동을 간구하는 시대적 요청이라고 본다. 하버마스J. Habermas가《공론장의 구조변동》을 쓴 것이 1962년이니 60여년이 지나고 또 21세기이다. 저 멀리 시민혁명에서부터 2차 세계대전 이후 현실과 생활 정치에 이르기까지 미디어의 공적 담론적 지위를 설파했던 하버마스가 조금만 더 젊었더라면 애초의 기획과 달리 지금의 커뮤니케이션 구조에서 인사이트를 받지 않았을까? 아마도 그 인사이트의 기초는 21세기 시민이 문예적 공론 문화의 독서공중이나 훗날 피폐해진 수동적인 소비자 대중이 아니라, 그들 스스로가 모든 미디어의 수용자이자 생산자로 살아가는 공론장의 직접적 당사자라는 사실이 아닐까? 21세기 시민성의 표현은 그들이 처한 미디어의 생비자prosumer적 존재로부터 출발할 것이기에 말이다.

공동체의 관심사公에 대해 이야기를 나누는론 어떤 공간이장 필요하다면, 이 책은 진정한 21세기로의 변곡점에서 양립하지 못하는 낡거나 왜곡된 저널리즘 관습을 비판하며 새로운 저널리즘과 미디어 공간을 디자인할 것을 채근한다. 이 책의 각 장은 기자와 언론사, 플랫폼, 심지어 수용자마저 커뮤니케이션의 무대에 들어선 새로운 환경을 염두에 두고 그들 각각에게 부여된 커뮤니케이션적 소명을 합리적으로 재조정할 것을 요구한다. 적어도 정보 역진의 시대 기자와 언론사들에게만큼은 스스로 낡은 냄비를 박차고 뛰쳐나오는 용기와 물이 없는 곳에서도 살아남을 수 있는 자기 진화적 형태 변이에 대한 요구이다. 그랬을 때 공정성과 신뢰성, 전문성의 저널리즘이 다시 쓰여질 것이라 고언한다. 그랬을 때 기레기라는 용어가 주는 좌절은 있어도 희망이 움트며, 자책은 있어도 변신 또한 가능할 것이라 전망한다. 이 책은 전자를 분석하면서 후자를 전망코자 한다.

하지만 구체적으로 어떻게 그런 것을 이뤄낼 수 있을까? 저널리즘의 원칙을 다시 재건하면 될까? 플랫폼-미디어에 지금보다더 잘 적응하면, 아니 거꾸로 그들을 좀 더 잘 규제하면 가능할까? 기자 교육을 대폭 강화하고 사주로부터의 자유를 더 보장하면 가능할까? 그렇게 해서 가능하다면 그 일들은 또 어떻게 강제할 수 있을까? 현실적인 해결책은 한참을 더 가야 발견될지도 모른다. 그래서 지금 현재 우리가 선택할 수 있는 답은 결국 우리의 민주주의를 좀 더 가다듬고 보살피는 일이다. 그것이 영역으로서 언론이 누구나 참여하는 보편 커뮤니케이션으로 바뀌는 데 미칠수 있는 부동의 상위 변수일 것이기 때문이다. 민주주의의 절차와 방법, 실행이 여전히 도전받고 있기 때문에 더더욱 그렇다. 대중의 시대 이후 도래하는 개인의 시대에 개개인의 커뮤니케이션을 소중히 하는 민주주의가 아니면 다른 무슨 선택지가 더 있겠는가?

이 작업에 참여한 필자들은 지금도 저널리즘 현장을 누비고 있거나 이제는 대학으로 직장을 옮겨 후학을 양성하는 전현직 기자들과, 저널리즘 및 미디어 대중문화, 미디어 정치경제학 등을 학문적 배경으로 하는 젊은 학자들이다. 참여해주신 문상현광운대, 박영흠협성대, 김동원언론노조, 최유리언론노조, 이정환미디어오늘, 이봉현한겨레, 심석태세명대, 임종수세종대, 유용민인제대, 유경한전북대, 박진우건국대, 김예란광운대, 허윤철부산대 필자들의 노고에 감사드린다. 그들은 이 작업의 학문적 의의와 미래 지향적 실천 의지에 공감하며 흔쾌히 이 작업에 동참해 주었다.

마지막으로 어려운 출판 환경에서도 흔쾌히 출판에 동의해 주신 팬덤북스의 박세현 대표님께 감사드린다. 그리고 무엇보다 필자들의 흩어져 있던 고민들을 한 곳으로 모을 수 있도록 기회를 제공해 주신 한국언론정보학회장 박선희 교수님조선대께 감사드린다. 끝으로 무엇보다 한국언론정보학회를 일구신 언론학자 회원님들과 지금도 취재 현장에서 속앓이를 하고 있을 일선 기자님들께 이 책을 바친다.

2020년 11월
임종수세종대 씀.

1부

저널리즘 모포시스 :
생산조직

1. 비즈니스 모델의 붕괴와 신문의 위기

문상현 광운대학교 미디어커뮤니케이션학부 교수

들어가며

신문Newspaper의 위기는 사실 새삼스러운 이야기가 아니다. 올드미디어로서 신문은 전파매체인 방송의 등장 이후 비관적 예측을 벗어나 본 적이 없었다. 그럼에도 불구하고 제4부라는 사회 정치적 영향력과 파이가 커지는 광고시장에서 그럭저럭 먹고 살 만한 수익을 거두며 연명해왔다. 광고수익과 구독이라는 전통적 비즈니스 모델이 아슬아슬하게 신문사의 경제적 붕괴를 지탱해온 것이다. 그러나 인터넷으로 대표되는 뉴미디어의 등장과 전 세계적 경제 침체는 미디어 연대기에서 가장 앞에 있던 신문의 생존이 백척간두에 섰음을 분명히 했다. 디지털 기술이 레거시 미디어를 어떻게 파괴하는지 목도하고 두려워했지만 신문처럼 대응에 무력한 미디어는 없었다. 포털이나 소셜 미디어를 통한 뉴스 소비가 대세가 되면서 신문 구독률은 급전직하했고, 신문이 더 이상 소비자를 끌어다 주지 못한다는 사실을 안 광고주들은 서둘러 떠나가 버렸다. 100년 넘게 작동해 온 비즈니스 모델이 순식간에 붕괴해 버린 것이다. 뒤늦은 디지털 전환과 디지털 유료 멤버십 확대는 드문 성공 사례로 희망고문만 남겼고, 대부분의 신문사는 위기 극복을 위해 비용감축과 클릭 장사에 앞다투어 나섰다. 양질의 콘텐츠 경쟁은 배부른 소리가 되었고, 포털과 소셜 미디어 등 뉴스 어그리게이터들은 저주의 대상이자 유일한 구원자가 되고 있다.

이 장에서는 디지털 기술이 어떻게 100년 넘게 유지되어 온 신문의 비즈니스 모델을 붕괴시켰는지 검토한다. 필자가 뉴스 비즈니스 혹은 저널리즘의 위기가 아닌 신문의 위기로 글의 범위를 좁힌 것은 다분히 의도적이다. 저널리즘 실천의 결과물로서 뉴스를 생산하는 조직은 신문 말고도 많다. 전문보도 방송채널도 있고 종합편성을 하는 방송사도 여럿이다. 디지털 콘텐츠로서 뉴스를 만드는 미디어는 셀 수가 없을 정도다. 이들 역시 뉴스를 통한 비즈니스에 어려움을 겪고 있고 그로 인한 저널리즘 위기에 일조한 책임을 피할 수 없다. 그럼에도 필자는 뉴스, 저널리즘, 언론 등 어떤 식으로 표현하든 그 모든 위기의 중심에 종이신문이 있다고 생각한다. 따라서 신문의 위기를 살펴보는 작업이 뉴스, 저널리즘 그리고 언론의 위기를 분석하는 첩경이라고 본다. 저널리즘 위기에 다양한 방식으로 접근한 이 책의 다른 글들과 달리, 필자는 신문의 경제적 어려움이 뉴스와 저널리즘의 위기를 초래한 주요한^{비록 유일하지는 않지만} 원인이라고 주장한다. 고유한 자본 축적의 방식이 더 이상 작동하지 않으면서 조직 내부의 뉴스 생산 관행과 실천을 지탱해온 물적 토대가 허물어졌고, 이는 결국 노동 조건의 악화와 함께 뉴스 질의 하락을 초래한 것이다.

신문의 경제적 특징

신문의 위기는 종종 뉴스의 위기 혹은 저널리즘의 위기와 혼용되기도 한다. 하지만 신문의 위기와 뉴스 혹은 저널리즘의 위기는 본성상 결을 달리한다. 신문은 뉴스와 저널리즘이라는 상품을 통해 이윤을 추구하는 자본주의 기업이다. 물론 이 정의에 벗어나는 비상업적 신문도 있다. 하지만 여기서는 논외로 한다. 가장 오래 된 대중매체인 신문은 정파지에서 대중지로의 전환을 통해 고유의 비즈니스 모델을 구축하였고 사회적 영향력이라는 일종의 외부효과external에 힘입어 정치경제적 성장을 이뤄왔다. 역사적으로 신문의 비즈니스 모델이 어떤 과정을 거쳐 구축 되었나 살펴보기 전에 먼저 신문이 생산하는 뉴스 상품의 경제적 특징에 대해 설명할 필요가 있다. 상품의 특성이 시장과 비즈니스 모델의 성격뿐 아니라 시장행위자의 행동양식을 규정하기 때문이다.

대부분의 미디어기업이 생산하는 상품은 비물질적 재화non-material goods의 형태를 띤다. 종이신문이나 잡지, 음반처럼 미디어의 성격에 따라 패키지packaged 상품으로 판매되기도 하지만 그건 포장일 뿐 실제 상품은 패키지 안에 담겨 있는 정보information이다. 스트리밍 음원의 경우를 생각하면 예전에 판매되던 LP나 CD는 음악이 아니라 음악을 담고 있는 껍데기에 지나지 않음을 알 수 있다. 제조업에서 생산하는 물질적 재화와 달리 비물질적 재화는 경제적으로 매우 독특한 특성을 띤다. 무엇보다 소비에 의해 재화가 소모되지 않는 특성을 갖는다. 물론 재화의 효용은 소비할수록 떨어지지만 재화 자체가 소비에 의해 고갈되지 않는다는 점은 기업 입장에서는 매우 큰 함의를 갖는다. 자신이 생산한 재화를 가능한 한 반복적으로 활용하고자 하는 동기가 생기기 때문이다. 영화나 방송에서 창구전략Windowing이나 가격차별화 전략을 통해 이윤을 극대화하고자 하는 동기도 바로 이러한 특성에서 기인한다. 정보로서 뉴스 역시 소비에 의해 고갈되지 않는 점은 마찬가지이다. 그러나 뉴스는 영화나 방송 프로그램과 달리 재활용에 의해 이윤을 증대하는 전략이 불가능하다. 뉴스라는 재화의 속성이 즐거움을 목적으로 하고 시의성에 영향 받지 않는 오락물과 달리 시간의 제약을 크게 받는 정보재이기 때문이다. 즉 비록 소비에 의해 고갈되지는 않지만 뉴스는 시간이 지나면 정보의 가치를 상실하고 소비자의 관심 밖으로 벗어난다. 비물질적 재화라는 재화의 특성에서 비롯되는 경제적 혜택을 뉴스생산 기업은 누리기 어려운 것이다.

　비물질적인 정보재로서 뉴스의 또 다른 경제적 특성은 비배제적non-excludable이라는 점이다Picard, 2018. 비경합성non-rivalry과 함께 흔히 공공재public goods의 특성이라고 불리는 비배제성은 일단 정보가 생산, 공개되면 해당 정보에 대한 타인의 소비를 막는 것이 불가능하다는 의미이다. 시의성이 매우 중요하고 뉴스 가치의 지속시간이 짧은 뉴스의 속성상 자신이 생산한 뉴스를 경쟁사가 보도하거나 돈을 지불하지 않은 사용자가 그 정보를 접하는 것을 원천적으로 막을 수 없다. 영화나 소설 등의 창작물을 보호하는 저작권이 뉴스에게는 인정되지 않기 때문에 뉴스의 비배제성은 뉴스생산자에게 큰 고민거리가 된다.

　뉴스를 포함한 대부분의 비물질적 정보재infomation goods는 소비자가 직접 소비해보기 전에는 그 가치를 정확히 알기 어렵다는 특성을 갖는다. 가격과 가치가 대체로 일치해 사용 전에 가격을 통해 재화의 가치를 가늠할 수 있는 일반 재화와 다르다. 소위 경험재experience goods라 불리는 이러한 특성은 오락물이든 뉴스든 비물질적 재화를 생산하는 기업으로 하여금 실패에 대한 두려움을 갖게 한다. 엄청난 제작비를 투자한 영화나 음반이 공개된 후 소비자의 버림을 받아 제작비도 못 건지는 일이 비일비재하다. 뉴스는 상대적으로 영화나 방송 프로그램에 비해 제작비 규모가 비교가 안 될 정도로 작지만 예외는 아니다. 많은 인력과 시간을 투자해 취재한 기획기사나 탐사보도가 기대만큼 독자의 관심을 못 끌어 묻히는 경우 신문사에게는 재정적으로 큰 타격이 된다. 그렇다고 성공 시 다양한 창구를 통해 수익을 최대화할 수 있는 오락물과 달리, 뉴스의 경우는 사회적으로 큰 반향을 일으키더라도 반복 활용을 통해 큰 수익을 얻기가 어렵다. 하지만 신문의 평판이 올라가 브랜드 강화효과가 발생해 광고 수익과 구독자가 증가하는 경제적 효과가 있다. 만약 신문사가 재정적 위험성을 낮추기 위해 기획기사나 탐사보도를 줄이고 단순 기사나 뉴스 릴리스 등을 늘린다면 품질하락으로 인한 구독자 이탈과 광고 수주 감소를 피할 수 없게 된다.

경험재적 특성에서 기인하는 재정적 위험성은 뉴스 생산방식의 특성에 의해 더욱 증폭된다. 뉴스를 포함한 대부분의 미디어 상품은 초판^{first copy} 생산에 제작비의 대부분이 투입된다. 반면 완성된 초판을 추가로 복제하는 데에는 그다지 비용^{한계비용}이 들지 않는다. 비물질적 재화인 미디어 상품을 패키지에 담는 비용 정도가 추가로 요구될 뿐이다. 인쇄매체인 신문의 경우는 종이와 인쇄에 필요한 잉크 등에 사용되는 비용은 약 20% 정도 된다고 하고 영화나 프로그램의 경우는 비디오 카세트 테이프나 디스크와 라벨 인쇄, 플라스틱 케이스 등에 20% 남짓의 비용이 든다. 그나마 지금은 디지털 파일로 복제해 인터넷으로 전송하는 게 가능해지면서 한계비용은 거의 0에 가까울 정도로 낮아졌다. 미디어상품의 이러한 특성은 기업으로 하여금 규모의 경제economies of scale를 추구하도록 만든다. 가능한 한 상품을 많이 생산해 평균 비용을 낮추고자 하는 동기가 생기기 때문이다. 신문의 경우 인쇄 설비와 유통망을 확보하는 데 많은 비용이 든다. 즉 매몰비용sunk cost인 고정비용fixed cost에 대한 투자가 상당하다는 의미이다. 고정비용은 결국 신문 한 부당 가격에 반영되어 회수되어야 하는데, 한계비용이 낮기 때문에 부수를 늘려 많이 팔수록 고정비용 회수는 물론이고 수익도 커지게 된다. 결국 이를 위해 독자수를 늘리는 전략을 추구하게 되고 그 가장 손쉬운 방법은 경쟁의 정도를 낮게 유지하는 것이다. 그런 의미에서 시장을 독점하는 것이 신문 기업 입장에서는 경제적으로 가장 이상적인 상황이 된다.

신문 산업과 비즈니스 모델

비즈니스모델Business Model이란 수익 창출을 목적으로 사업을 수행하는 방식을 말한다. 좀 더 구체적으로 기술하자면, 어떤 상품이나 서비스를 어떻게 소비자에게 제공하고, 어떻게 마케팅하며, 어떻게 수익을 얻을 것인가 하는 계획 또는 사업 아이디어를 뜻한다. 비즈니스 모델이란 용어가 최근 유행처럼 사용되고 있지만 사실 시장을 통해 상품이 거래되기 시작한 자본주의 초기부터 비즈니스 모델은 상품 생산자에겐 핵심적인 관심사였다. 이는 가장 오래된 대중 매체인 신문도 마찬가지였다. 우리에게 친숙한 구독과 광고로 이루어지는 신문의 비즈니스 모델은 100년도 넘는 시간동안 유지되어 온 것이다. 이는 19세기 중반 이후 미국과 영국 등에서 소위 대중지의 시대가 도래하면서부터 형성된 것이다.

대중지 시대 이전에는 독자의 직접지불의 형태로 이루어지는 구독판매와 월정액 형태의 구독을 포함이 신문의 비즈니스 모델이었다. 정파지의 시기라고도 일컬어지는 이 당시엔 대부분의 신문이 특정 정당이나 이익집단의 의견을 옹호하는 기사를 실었고 자신들이 편들어 주던 집단의 구성원들이 주요 구독자들이었다. 미국의 경우 대중지 등장 이전 신문 구독자는 전체 인구의 약 15%에서 25%에 머물렀다고 한다Ifra, 2006. 미국의 참정권 확대에 따른 정치열풍과 맞물리면서 수많은 신문이 난립하던 정파지 시대에는 당연히 개별 신문의 구독자수가 제한적일 수밖에 없었다. 신문의 난립으로 인해 기사 표절과 모방이 일상적으로 일어났고, 당연히 신문의 차별화는 불가능했다. 게다가 신문 가격과 구독료는 너무 높아서 일반인들이 감당하기에 어려운 수준이었다. 따라서 대부분의 신문이 구독이라는 비즈니스 모델을 통해서는 생존이 불가능했고, 대신 정치적 지지의 대가로 정당 등의 후원을 받아 운영을 하는 후견주의clientalism가 일반화되었다노혜령, 2020.

정파지 시대에서 대중지 시대로의 이행은 자본주의적 산업화에 기인한다. 미국과 영국에서 본격적인 산업화가 진행되면서 대중사회로의 급격한 사회변화가 일어난 것이다. 영국에서 시작된 산업혁명의 결과로 많은 인구가 일자리를 찾아 도시로 이주하면서 도시화가 급속도로 진행되었다. 임금의 상승과 함께 문해력literacy을 갖춘 중산층 인구 또한 증가했다. 개인이 사용할 수 있는 가용 임금disposable income의 증가와 여가 시간의 확대도 이뤄졌다. 한편 참정권의 확대와 민주주의 발전은 정보와 뉴스에 대한 대중의 욕구를 증대시켰다. 다양한 사회적 배경을 가진 채 도시에 몰려든 익명의 대중들을 하나로 묶어 공통의 연대감을 갖도록 만들어 줄 사회 통합의 기제도 필요했다. 공론장public sphere과 사회적 커뮤니케이터social communicator로서 신문의 새로운 역할에 대한 요구가 높아지게 된 것이다. 이와 함께 산업혁명으로 인한 과학기술의 발전과 생산성 증대는 대량 인쇄와 유통이라는 신문 비즈니스의 물적 기초를 마련해 주었다. 이러한 사회적, 기술적 변화로부터 정치적 후견주의에 기대어 소수의 엘리트 구독자로부터 수익을 얻던 정파지의 비즈니스 모델과는 질적으로 다른 새로운 비즈니스 모델이 출현하게 되었다.

19세기 중반 미국에서 시작된 대중지는 정파지와는 신문의 하부구조기술 및 경제적 특성와 상부구조뉴스 콘텐츠의 특성 양 측면 모두에서 완전히 다른 모습을 보였다. 대도시에 형성된 잠재적 대규모

중산층 독자군을 타깃으로 규모의 경제를 실현하는 게 가능해지자 신문기업은 대량인쇄와 유통의 기술설비와 인프라를 구축하기 시작했다. 앞다투어 대규모 자본을 투자해 첨단 윤전기를 구비하고 고학력의 기자들을 확충하였다. 조직 규모가 커지면서 노동분업에 따른 직군의 다양성도 증가했다. 시장 진입과 유통망 확보에 장애가 되던 규제가 완화되었고 구독자 확보에 어려움을 초래했던 신문 가격은 급격히 낮아졌다. 대규모 자본 투자는 일종의 진입장벽으로 기능하면서 시장에서 경쟁자를 몰아내고 신규사업자의 진출을 막았다. 소수의 신문사가 다수의 독자를 확보해 규모의 경제효과를 누릴 수 있는 독과점 시장 형성의 경제적 토대가 갖춰지게 된 것이다. 앞에서 언급한 뉴스의 경제적 특성으로부터 발생하는 문제점들을 해결할 방법을 찾은 것이다.

대중지는 뉴스 콘텐츠에서도 정파지와는 다른 특성을 보였다. 대중지를 추구하던 신문기업은 정치적 팬덤에 근거한 편향된 정치뉴스 일색의 지면구성으로는 다수 독자의 확보가 불가능하다는 사실을 알았다. 게다가 임금 인상으로 수적으로 늘어난 중산층의 문화와 여가생활에 대한 관심이 커지고 있었다. 이로부터 딱딱한 정치기사의 비중은 줄이고 문화, 스포츠, 여가 등의 연성기사soft news를 늘리는 방식, 소위 중산층 라이프 스타일을 타깃으로 한 뉴스 콘텐츠 구성이 등장하게 된다. 신문사들이 고학력 기자의 채용을 늘린 것 역시 기사의 장르적 다양성이 확대된 경향과 연관이 깊다. 다양한 장르와 취향의 기사를 번들링^{bundling}해서 중산층에게 제공하는 대중지의 포맷이 자리 잡게 되었다. 중산층 지향의 지면 구성과 낮아진 가격으로 인해 구독자가 빠르게 증가했고, 규모의 경제 효과가 발현되면서 독과점 신문 기업은 성장을 거듭하게 된다.

대중지의 등장은 뉴스 취재와 작성방식에도 중요한 변화를 가져왔다. 정파지의 노골적이고 편향적인 기사작성 방식은 정치 등 사회문제에 다양한 가치관과 견해를 가진 중산층들에게 소구하기가 어려웠다. 오늘날 우리나라 메이저 신문들이 분명한 정파적 견해를 보임에도 불구하고 정파지라는 비판에 예민하게 반응하는 이유도 이 때문이다. 그 결과 오늘날 영미식 저널리즘이라고 지칭하는 팩트 중심의 객관보도 양식이 등장하게 된다. 기자의 견해를 최소한 배제하고 있는 그대로의 사건을 육하원칙에 따라 건조하게 보도하는 방식은 저널리즘의 진화와 성찰에 대한 고민에서 출현한 것이 아니라 신문 상업화의 결과물인 것이다. 이론적으로 실제 경험과 검증가능성을 중시하는 주류 사회과학의 실증주의와 결합한 객관저널리즘은 취재와 보도의 형식과 절차를 중시함으로써 사회적 책임과 정치적 부담에서 벗어나기 위한 수단으로 활용되었다.

대중지의 등장과 함께 오늘날까지 유지되고 있는 새로운 비즈니스 모델이 만들어진다. 구독수입만으로는 신문사 운영이 불가능하다 판단한 신문 산업은 규모의 경제효과로 급증한 독자들의 주목attention을 광고주에게 판매하는 비즈니스 모델을 구상해냈다. 소위 '양면시장'two-sided market 모델의 출현이다. 산업혁명으로 생산력이 고도화된 자본주의체제는 자본 축적을 위해 대중의 상품 소비를 촉진할 필요가 있었다. 전사회적으로 소비문화 확산을 추동한 주요 기제는 광고였다. 잠재적 소비자인 수많은 독자를 확보하고 대량 복제와 유통 기술을 갖춘 신문이 광고에 가장 효율적 플랫폼이었음은 두말할 필요가 없었다. 신문사 수익에서 광고가 차지하는 비중은 눈에 띄게 늘어났다. 미국의 경우 1880년 신문사 전체 수익 중 50%를 광고수입이 차지했는데, 광고수익 비중은 1910년엔 2/3, 그리고 2000년엔 약 80퍼센트까지 늘어났다Ifra, 2006.

기술 혁신과 신문 비즈니스 모델의 붕괴

최초의 대중매체인 신문은 구독과 광고라는 양면시장 비즈니스 모델을 만들고, 독과점적 시장 구축을 통해 안정적으로 성장할 수 있었다. 하지만 과학기술 발전으로 새로운 미디어들이 계속 등장했고, 그럴 때마다 신문의 지위는 흔들렸다. 새로운 미디어의 등장은 흔히 '혁명적revolutionary'이란 호들갑스런 수사를 동반하지만, 미디어사가들은 미디어 기술의 발전은 혁명적이기보다는 진화적evolutionary이라는 데 의견의 일치를 보인다. 즉 새로운 미디어는 이전 미디어의 장점을 계승하는 한편 이전 미디어가 가진 제약과 한계를 극복하는 방식으로 등장했다는 주장이다. 전신과 전화, 라디오와 텔레비전, 그리고 유선 인터넷과 무선 인터넷의 사례를 생각해보면 이러한 진화적 관점에 수긍하게 된다. 새로운 미디어의 등장은 사회구성체 변화의 결과인 동시에 그 변화에 중요한 결정자이기도 하다. 특정 미디어의 등장은 기술혁신을 추동하는 정치경제적 요인에 의해 가능해진다. 하지만 새로운 미디어가 사용자들에 의해 채택되어 그들의 생활세계life-world 내에 수용되는 방식은 기술 자체의 특성이나 정치경제적 동기에 의해 전적으로 결정되지는 않는다. 그보다는 사용자와 미디어를 둘러싼 다양한 요인들의 중층적 교섭과정을 통해 비선험적인 방식으로 사회 내에 맥락화된다. 우리가 새로운 미디어가 등장했을 때 열위적인 이전 미디어에게 섣불리 사망선고를 내리거나 새로운 미디어의 손쉬운 확산을 예측하는 일이 어리석다는 것은 바로 이 때문이다. 그럼에도 누구는 지혜롭게 생존하고 누구는 적응에 실패하여 도태된다.

최초의 대중매체란 신문의 지위는 새로운 미디어의 등장과 함께 쇠락할 수밖에 없는 운명이었다. 새로운 미디어가 올드 미디어의 한계를 해결하고 추가적 혜택을 제공하는 한 이는 피할 도리가 없는 일이다. 소비자에게 정보와 즐거움을 제공하는 것은 모든 미디어가 수행하는 기본적인 기능이다. 둘 중 어디에 집중하는

가와 어떤 방식으로 전달하느냐의 차이일 뿐 본질적으로는 크게 다르지 않다. 기술적으로 진화하고 포맷과 스토리텔링 등 콘텐츠 구성에서 보다 진일보한 뉴미디어와 신문이 경쟁하기란 쉽지 않다. 그렇다고 TV와의 직접경쟁을 포기하고 니치미디어로 탈바꿈해 생존한 라디오의 길을 신문이 가기는 어려웠다. 그건 오락매체나 가능한 일이지 대중지 형성의 역사적 경험을 한 신문이 선택할 수 있는 옵션은 아니었다. 그러므로 디지털 기술의 등장으로 인한 신문의 위기가 전례 없는 일인 것처럼 반응하거나 혹은 디지털 혁신이 추동한 대변환에 신문이 끝탕을 할 잘못을 저질러서 자초한 일인 양 손가락질을 하는 것은 사실 속된말로 '오버'라고 할 수 있다. 조금 잔인한 표현을 쓴다면 어차피 일어날 일이었다는 것이 맞다. 왜냐고? 앞에서 언급한 것처럼 정도의 차이가 있을 뿐 신문은 새로운 미디어가 등장한 이후로 위기가 아니었던 적이 한 번도 없기 때문이다.

〈표 1〉을 보면 광고수익의 비중이 절대적인 신문의 재정적 위기가 어제 오늘의 일이 아님을 알 수 있다. 디믹과 그의 동료들 Dimmick, J. et als., 2011에 따르면, 미국 전체 광고액 중 신문 산업이 차지하는 비율은 1935년에 거의 과반을 차지했었으나, 1920년대 말 라디오를 시작으로 텔레비전, 케이블 텔레비전, 위성 텔레비전, 그리고 인터넷과 모바일 기기의 연이은 등장으로 2000년대 중반엔 약 15%까지 감소하였다. 이는 대중지 시대 초기 시설 투자 등을

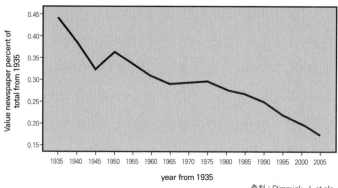

〈표 1〉 미국 신문 산업의 광고수익 감소 추이 (1935년-2005년)

출처 : Dimmick, J. et als.

통해 경쟁자의 시장진입을 막고 규모의 경제효과를 통해 안정적인 광고수익을 올리던 비즈니스 모델이 더 이상 작동하지 않게 되었기 때문이다. 그럼에도 불구하고 디지털 기술 등장 이전에는 신문의 비즈니스 모델이 '붕괴'에까지 이르지는 않았다. 왜냐하면 디지털 기술로 인한 융합convergence이 미디어 생태계를 근본적으로 뒤흔들기 이전과 이후는 경쟁의 양상이 확연히 달랐기 때문이다.

TV를 필두로 각종 전자매체들이 등장하면서 '신문의 죽음'을 이야기 하는 마케팅 수사rhetoric들이 부쩍 증가했다. TV는 영상이라는 감각적인 전달 방식과 라디오 시절부터 검증된 장르와 스토리텔링을 통해 단숨에 국민적 여가수단national pastime의 지위를 차지했다. TV가 만드는 뉴스 역시 시각적 구성으로 문해력이 낮은 수용자를 공략했고 신문 뉴스의 문법과는 분명한 차이가 있었다. 적잖은 신문의 독자공중reading public들과 젊은 세대들이 TV로 이동했다. TV는 새로운 시대의 주류 광고매체가 되었고 신문의 광고 수익은 줄어들었다. 그럼에도 불구하고 진지한 독자공중은 여전히 신문이 수행하는 저널리즘에 대한 신뢰가 있었고, 신문의 정치적 영향력과 의제설정agenda-setting 파워는 견고히 유지되고 있었다. 경제호황으로 인한 광고시장의 성장 역시 파이의 축소에도 불구하고 신문 산업의 재정을 그럭저럭 뒷받침했다. 케이블 TV 등 새로운 전자매체가 잇달아 등장했지만 이들은 주로 지상파 TV를 경쟁대상으로 삼았고, 광고수익보다는 유료가입자 수익을 통해 재정적 성장을 추구했다. 네트워크 TV와 다채널 유료방송 등 TV 플랫폼 사업자들의 주된 관심거리는 오락 프로그램을 통해서 시청자의 주목을 확보하는 데 있었다. 1980년대 말 동구 사회주의 몰락과 이어진 방송통신의 탈규제 바람은 전 세계적인 상업방송의 증가로 이어졌고, 미국을 중심으로 한 서구 오락프로그램에 대한 수요가 급증했다. 여전히 아날로그 시대였고 미디어 시장은 기술적 차이에 의해 구분되어 있었다. 방송 뉴스의 영향력이 꾸준히 증가했지만 여전히 저널리즘은 신문의 영역으로 인식되고 있었고, 방송 산업은 성장하는 엔터테인먼트 시장에서 이윤을 추구하는 데 골몰해 있었다. 신문 산업의 비즈니스 모델과 저널리즘 관행에는 혁신이라 부를 만한 별다른 시도도 큰 변화도 없었다. 그렇게 1990년대가 시작되었고 디지털 기술과 인터넷은 이 모든 것을 바꿔놓았다.

디지털 융합과 인터넷은 방송. 신문, 통신의 삼분할 체제를 끝내버렸고, 수용자는 인터넷에서 방송, 신문과 통신이 제공하는 모든 콘텐츠와 서비스를 얻을 수 있었다. 시간과 공간의 제약이 없는 오픈 미디어 플랫폼인 인터넷에는 신문이 판매하던 뉴스와 유사한동일하지는 않더라도 정보가 무료로 넘쳐났고 시민기자와 블로거 등의 유사 저널리즘이 제공하는 뉴스는 속보성과 심층성에서 오히려 신문 뉴스를 앞섰다. 큰 자본이 필요하지 않은 인터넷 기반의 신문사가 우후죽순 생겨났고 뉴스 수용자를 대상으로 한 경쟁은 전례 없이 치열해졌다. 종이신문사들 역시 앞 다투어 인터넷에 사이트를 구축해 종이신문의 기사를 옮겨 놓았지만 특별한 디지털 전략이 있었던 것도 아니고 내켜서 한 일도 아니었다. 유료로 돈을 벌 수 있었던 것도 아니었고 일종의 '카니발라이제이션'carnivalization으로 종이신문 구독자가 줄어들까 염려도 컸다. 게다가 인터넷 사이트에 붙일 수 있는 광고는 단가가 너무 낮았다. 그야말로 경제성이 전혀 없었다. 비배제성이라는 뉴스 상품의 경제적 특성과 온라인 유통의 신속성 때문에 공들여 취재한 뉴스의 가치를 지키려는 신문사의 노력은 쉽게 무력화됐다. 미국의 경우 신문 광고의 가장 많은 부분을 차지한 클래시파이드 광고classified ads를 온라인 매체들이 빠르게 잠식해 경제적 타격이 컸다.

스마트폰 등 모바일 기기의 확산과 네이버와 다음 등의 포털이나 페이스북, 트위터, 유튜브 등의 소셜 미디어 같은 디지털 플랫폼의 등장은 신문의 어려움을 한층 가중시켰다. 모바일 기기를 통한 뉴스 이용이 보편화되면서 사람들은 종이신문 읽기와 가구 구독을 중단하기 시작했다. 개인의 가구 신문 구독률과 열독률은 급락하였다. 우리나라의 경우 1996년 가구 정기구독률은 69.3% 였고 열독률도 85.2%에 달했다. 그러나 2012년엔 정기구독률이 24.7%, 열독률이 41%로 떨어졌고, 2019년엔 6.4%와 12.3%로 급락했다한국언론재단, 2019 아침이면 아파트 문 앞에 우유와 함께 놓여있던 신문병독도 많아 두 개 이상의 신문이 놓여 있는 경우도 많았다의 모습은 이젠 기성세대의 기억에나 남아 있는 일이 되었다. 그렇다고 사람들이 뉴스를 읽지 않는 것은 아니다. 한국언론재단의 2019년 〈언론수용자조사〉에 따르면, 사람들이 종이신문을 포함해 다양한 수단으로 종이신문의 기사를 읽은 비율결합열독률은 88.7%에 달했다. 사람들은 그저 종이신문을 이용하지 않을 뿐이다.

사람들의 미디어 이용행태 변화는 신문을 포함한 전통적 매체에게 큰 고민거리가 되고 있다. 우리나라 스마트폰 보유율은 90%를 넘었고 60%가 넘는 사람들이 스마트폰을 가장 필수적인 매체로 인식하고 있다방송통신위원회, 2020. 스마트폰은 1) 최초의 개인화된 대중매체이며, 2) 늘 연결되고 접속되어 있으며, 3) 자체에 지불메카니즘을 탑재하고 있고, 4)영감이 떠오를 때 언제든지 사용이 가능하며, 5) 가장 정확하게 수용자를 측정할 수 있으며, 6) 소비의 사회적 맥락누구와 소비하는가을 포착할 수 있고, 7) 현실세계에 대한 디지털 인터페이스를 제공해 준다는 특성이 있다Ahonen, 2013. 이용의 관점에서 보면 시공간의 제약 없이 자신이 원하는 시간 원하는 장소에서 손쉽게 뉴스를 접할 수 있다는 장점이 있다. 종이신문이 도저히 경쟁할 수 없는 장점이다. 특히 인공지능과 빅데이터 기술의 발전으로 뉴스의 개인화personalization와 맞춤형 이용customized use이 가능해졌다. 신문사 입장에서는 지면에 수행하던 편집의 기능과 다양한 유형의 뉴스를 번들링해 제공하던 오랜 콘텐츠 구성 관행이 무력화되었다. 특히 포털이나 소셜 미디어를 통해 개인화된 뉴스를 소비하는 관행이 일반화되면서 신문사가 오랜 시간을 거쳐 구축한 브랜드가 약화되었다. 과거 특정 신문의 지면 기사 배열과 이념적 지향성 등을 통해 독자들이 인지했던 브랜드 특성과 독자 충성도가 근본부터 허물어지기 시작한 것이다. 포털과 소셜 미디어에서 모든 뉴스들은 익명의 파편화된 정보들로 소비될 뿐이다. 어느 신문 누가 쓴 기사인지 알 수 없게 탈맥락화되면서.

독자들이 종이신문을 떠나면서 오랜 비즈니스 모델의 한 축이 붕괴되기 시작했다. 분명 특정 신문이 생산한 뉴스를 읽지만 종이가 아닌 다른 방법으로, 대가의 지불 없이, 브랜드를 인지하지 못한 채 뉴스를 소비하는 방식이 보편화되었다. 정기 구독료 수입이 급격히 감소하면서 중요한 수익원 중 하나가 타격을 입었다. 양면시장에서 독자의 감소는 광고시장에서의 실적 악화로 이어졌다. 신문사가 광고주에게 잠재적 소비자를 모아주는 데 실패하면서 광고주들이 신문의 광고효과에 대해 의문을 갖기 시작한 것이다. 클래시파이드 광고를 온라인 매체에게 넘겨준 데 이어 전통적인 지면광고 판매 역시 어려움을 겪게 되었다. 이와 함께 스마트폰을 통한 개인화된 미디어 소비가 주류 양식이 되면서 디지털 플랫폼에 의한 빅데이터 기반 맞춤형 광고가 광고주들의 큰 관심을 끌었다. 그 결과 신문과 방송이 차지해 온 전통적 광고시장 규모는 줄어들고 디지털 광고시장은 성장을 거듭하게 되었다. 디지털 시대에 대비하지 못한 신문이 성장하는 디지털 광고시장에서 존재감을 보이기는 어려웠다. 〈그림 1〉은 미국을 비롯한 주요 국가의 지면광고시장 규모 변화를 나타낸 것이다. 한국을 제외하면 대부분 국가에서 지면광고 시장은 큰 폭의 하락세를 나타냈다. 신문 비즈니스 모델의 나머지 한 축인 광고수입 역시 허물어지고 있는 것이다. 반복되는 위기 속에서도 100년을 훨씬 넘게 유지되어 온 신문의 비즈니스 모델이 디지털 기술이 이끈 변화에 의해 마침내 붕괴의 길에 접어들고 있는 것이다.

"이번만은 다를 것이다". 반복적인 예언이 틀릴 때마다 보통 꺼내드는 이야기이다. 새로운 미디어가 등장할 때마다 옛 것의 사망이나 몰락을 예언하는 건 대체로 마케팅용 수사이거나 악의적 과장임을 지적했다. 신문과 지상파 방송에 내려진 성급한 예측이 대표적이다. 그러나 뉴스나 저널리즘이 아닌 신문, 적어도 우리가 아는 종이신문의 비즈니스 모델 붕괴는 현실화되어 왔

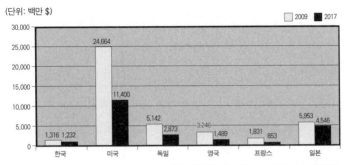

〈그림 1〉 국가별 지면 광고 시장 규모 변화

(단위: 백만 $)

출처 : 한국언론진흥재단(2018) 언론사 디지털 혁신

다. '종이신문의 구독과 지면 광고'라는 오래 된 수익 모델은 사실상 파산 선고를 받은 것이다. 앞에서 논의했듯이 대부분의 서구 국가에서 종이신문의 구독은 급격히 줄고 있고, 지면 광고를 통한 매출은 그보다 더 빨리 감소하고 있다. 재정적 어려움은 저널리즘의 품질에도 결정적으로 타격을 가했다. 혁신보다는 손쉬운 인력 구조조정을 선택한 신문기업들은 기자를 해고하고 비용이 많이 드는 심층취재나 기획기사를 대폭 줄였다. 대신 자극적이고 선정적인 기사를 포털이나 소셜 미디어에 유통시켜 '클릭 장사'를 통해 디지털 광고 수입을 올리는 데 열을 올렸다. 기사 어뷰징news abusing과 베끼기 기사들이 늘어났고 낮아진 뉴스 품질은 독자와 광고주의 외면으로 이어지는 악순환에 빠지게 되었다. 결국 신문 비즈니스 모델의 붕괴가 양질의 기자와 뉴스를 구축하고 저널리즘의 위기를 초래하게 된 것이다.

생존의 문제가 현실이 되자 비로소 혁신이 시작되었다. 신문의 역사에서 지금처럼 절실하게 생존을 위한 혁신이 화두가 된 적은 없는 듯하다. 그 만큼 위기라는 의미이다. 디지털 혁신이란 이름으로 새로운 비즈니스 모델을 만들어내기 위한 시도들이 이루어졌다. 신문사의 비즈니스 모델 혁신은 한편으로는 디지털 유료구독자를 확보하는 것과 디지털 광고 시장을 공략하는 방식으로 이루어졌다. 하지만 〈그림 2〉에 보듯이 디지털 유료구독자 확보는 전 세계적으로 미국의 뉴욕타임스, 아마존 베조스 회장이 개인적으로 인수한 워싱턴포스트, 경제지인 월스트리트 저널 정도를 제외하고는 아직 유의미한 성과를 보이지 못하고 있다. 종이신문구독자 감소세를 따라잡기에는 힘에 부친다고 할 수 있다. 특히 자본과 인력을 투자해 디지털 혁신을 추진할 여력이 있는 주요 신문들을 제외한 대부분의 신문사들의 디지털 혁신은 슬로건에 불과한 경우가 많다.

디지털 구독모델이라는 새로운 비즈니스모델 실험을 하고 있는 뉴욕타임스의 혁신 사례가 큰 주목을 받아왔다. 오랜 명성을 지닌 정론지로서 뉴욕타임스의 디지털 혁신전략은 지면구독자와 광고 수익 감소라는 기존 비즈니스모델의 붕괴를 디지털 유료구독자 중심의 비즈니스 모델로 극복하려는 사례이다. 2019년 말 현재 뉴욕타임스의 전체 매출에서 구독매출이 67%를 차지_{2000년대 초에는 약 25%}하고 있으며, 종이신문과 디지털 구독을 합친 총구

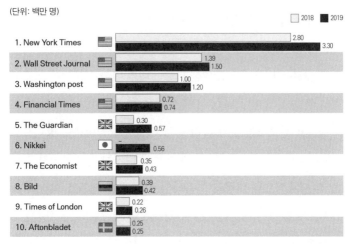

〈그림 2〉 해외 주요 신문사의 디지털 유료 독자 규모 순위

(단위: 백만 명)   □ 2018 ■ 2019

		2018	2019
1. New York Times	🇺🇸	2.80	3.30
2. Wall Street Journal	🇺🇸	1.39	1.50
3. Washington post	🇺🇸	1.00	1.20
4. Financial Times	🇺🇸	0.72	0.74
5. The Guardian	🇬🇧	0.30	0.57
6. Nikkei	🇯🇵		0.56
7. The Economist	🇬🇧	0.35	0.43
8. Bild		0.39	0.42
9. Times of London	🇬🇧	0.22	0.26
10. Aftonbladet		0.25	0.25

출처 : Statista 자료

독자 수종이+디지털는 약 430만 명2000년대 초에는 110만명이다노혜령, 2020.
특히 디지털 구독자수는 종이신문 구독자수에 3배 이상으로 외형
적으로만 보면 완벽하게 디지털 구독모델로 전환했다고 평가할
수 있다. 그러나 재정적으로 평가해보면 얘기가 달라진다. 디지털
구독자의 폭발적 증가에도 불구하고 총 매출은 2005년 31억 달러
에서 2019년 16억 달러로 반토막이 났다노혜령, 2020. 이전의 안정
적인 재정상황을 회복하지 못했다는 측면에서 뉴욕타임스의 디
지털 구독모델이 성공적이라고 평가하기는 아직 이르다고 할 수
있다. 그럼에도 과감하게 디지털 혁신 실험에 도전했고 새로운 비
즈니스 모델을 찾아냈다는 점에서 높이 평가할 만하다. 그러나 노
혜령(2020)이 지적하듯이, 뉴욕타임스의 모델이 모든 신문사들에

적합한 모델인지는 의문이다. 뉴욕타임스의 독보적인 브랜드 가치와 검증된 뉴스 품질이 광고모델에서 구독모델로 전환할 수 있는 기반이 되었기 때문이다. 게다가 디지털 구독모델이 이전처럼 충분한 매출을 보장하지 못한다는 사실도 뉴욕타임스의 길을 따라가려는 시도에 적잖은 걸림돌이 될 것이다.

신문의 총매출액 중 광고수익 비중이 60%에서 많게는 80%를 차지했었다는 점을 고려하면 줄어든 지면광고를 대체할 수익원을 찾으려는 시도는 매우 자연스럽다. 빠르게 성장하는 디지털 광고시장에 대한 신문사의 관심도 커졌다. 하지만 신문이 방송이나 구글, 페이스북, 유튜브 등의 소셜 미디어와 디지털 광고시장에서 경쟁하기란 쉽지 않다. 방송처럼 대중적 소구력이 있는 것도 아니고 소셜 미디어처럼 소비자 데이터를 보유한 것도 아니기 때문이다. 그럼에도 불구하고 줄어드는 지면광고 수익을 보완하기 위해 수익원을 다각화하려는 실험은 지속적으로 시도되었다. 노르웨이 십스테드 미디어 그룹의 온라인 광고 마켓플레이스 사업, 버즈피드BuzzFeed의 네이티브 광고나 브랜드 라이센싱 사업, 영국 가디언Guardian과 우리나라 뉴스타파의 후원금 모금, 우리나라 신문사들도 많이 하는 유료 교육 사업이나 컨퍼런스와 이벤트 비즈니스 등이 그것들이다. 하지만 이런 수익 사업들은 대부분 뉴스 비즈니스와는 무관할 뿐 아니라 지면광고 수익을 대체할 만큼 수익성이 좋지도 못하다는 한계가 있다. 게다가 수익다각화를 위한 사업들이 신문의 저널리즘적 가치와 충돌하는 경우도 많아 득보다 실이 크다는 비판이 많다.

나가며

이 글은 디지털 기술의 확산이 어떻게 신문 비즈니스 모델의 붕괴를 초래했는지 일반론적인 관점에서 검토하였다. 영국과 미국에서 등장한 비즈니스 모델이 대부분의 자본주의 국가에서 채택되었기 때문에 개별 국가의 사정이 이 글의 설명에서 크게 벗어나지 않는다고 판단된다. 그럼에도 한국의 상황은 다소 특수한 면이 있다. 앞의 〈그림 1〉의 논의에서 잠깐 언급했듯이, 한국의 신문 상황은 다른 나라에 비해 지면광고시장과 구독시장이 상대적으로 안정적으로 유지되고 있다최민재 외, 2018. 즉 지면구독과 지면광고라는 비즈니스모델이 작동하고 있는 것이다. 그러나 이러한 특수한 상황이 비즈니스 모델의 붕괴라는 일반론적 법칙의 예외를 나타내는 것은 결코 아니다. 앞에서도 봤듯이 국내 신문구독률은 바닥을 모르고 떨어지고 있고 지면을 통한 열독률은 언급하기도 부끄러운 수준이다. 신문사들이 주장하는 발행부수와 사람들이 실제로 체감하는 것 간에는 엄청난 간극이 있다. 네이버로 대표되는 포털에 종속된 국내 신문의 처지는 포털 같은 대형 플랫폼이 없는 외국에 비해 결코 상황이 좋다고 여겨지지 않는다. 포털과 온라인에서 펼쳐지는 신문들 간의 낯부끄러운 기사 어뷰징과 클릭 경쟁은 저널리즘의 위기를 넘어서 퇴행과 몰락이라는 표현이 더 적절해보일 정도이다.

그럼에도 불구하고 여전히 과거의 비즈니스 모델이 작동하고 있다면 그건 다른 이유 때문일 가능성이 크다. 정파성과 정치적 영향력을 활용해 비윤리적인 방식으로 수익을 만들어내는 것이 아마도 그 중 하나일 것이다. 우리나라 많은 기업이 언론보도에 의해 불이익을 당하지 않거나 언론과 좋은 관계를 유지하기 위해 신문 광고를 한다고 말한다. 일종의 보험처럼 광고비를 지출하는 것이다. 많이 줄었지만 자전거나 상품권으로 신문 구독을 유혹하기도 하고 1년 무료구독은 아직도 관행처럼 활용된다. 민간 및 공공 기관에 대한 구독 강요도 여전하다. 그러나 위기의 징후는 명징하다. 한국에서도 디지털 광고시장이 전통적인 광고시장을 대체해 가고 있고, 신문이 차지하는 파이는 점점 작아지고 있다. 스마트폰과 포털을 통한 뉴스 이용은 모든 세대에서 디폴트가 되고 있다. 젊은 세대의 소셜 미디어와 동영상 콘텐츠 선호는 압도적이다. 따라서 한국은 예외일 것이다라고 주장할 근거는 별로 없어 보인다. 오히려 외국에서 보편적으로 나타난 비즈니스 모델의 붕괴가 잠시 유예되고 있을 뿐이라는 진단이 훨씬 적절하다고 판단된다. 더욱 심각한 일은 명징한 위기의 징후 속에서도 국내 신문사들이 분명한 비전과 전략을 가지고 혁신에 나서고 있지 않다는 점이다. 중앙일보를 비롯해 대부분의 메이저 신문사들이 디지털 혁신을 내걸고 조직개편과 콘텐츠 혁신 등을 추진하고 있지만 혁신 노력이 구체적으로 지향하는 목표가 무엇인지, 기존 비즈니스 모델 붕괴가 현실화될 때 어떤 대안을 내세울 지에 대한 비전이 보이지 않는다. 수익다각화로 살아남을지 아니면 고품질의 저널리즘을 통한 구독모델로 살아남을지 등에 대한 목표 설정이 보이지 않는다. 그 와중에 신문과 기자에 대한 대중의 분노와 혐오는 위험 수위를 넘어 임계점에 도달하고 있다. 비즈니스 모델의 붕괴 이전에 대중에 의한 사망 선고가 먼저일 수도 있다는 걱정이 들 정도이다.

국내 신문의 유예된 위기가 새로운 도약을 위한 숨고르기의 시간이 될 것 같아 보이진 않는다. 언론이 위험 방지와 생존의 동아줄이 되던 시기는 가고 언론의 부재가 행복의 조건으로 꼽히는 세상이 되었다. 독자는 신문을 버리고 대체 플랫폼으로 옮겨가고 있는데 위기의 본질을 외면한 채 신문의 '돌려막기'는 여전하다. 신문은 다른 미디어와 달리 파괴적 혁신 기업의 도전이라는 외부의 태풍을 제대로 겪지 않은 산업의 하나이다. 거대 신문기업 중 인수합병의 대상이 된 신문사들은 대부분 비즈니스모델의 붕괴로 인한 경영압박 때문에 문을 닫거나 팔려간 경우이다. 그래서 역설적으로 신문은 자체적인 혁신의 기회와 시간이 남아 있다. 분명한 건 그리 넉넉한 시간은 아니라는 점이다. 국내 신문사들이 마지막 남은 혁신 혹은 반성과 성찰의 기회를 잃는다면 어쩌면 우리는 정말 "나 때는 말이야 종이신문이라는 것이…"란 대화를 나누게 될지 모른다.

참고문헌

노혜령(2020).　　　　《가짜뉴스 경제학》, 워크라이프.

방송통신위원회(2020).　《2019 방송매체 이용행태조사》, 방송통신위원회

최민재 · 김성후 · 유우현 (2018).《언론사 디지털 혁신》, 한국언론진흥재단

한국언론진흥재단(2020). 〈2019년 언론수용자조사〉. 한국언론진흥재단

Ahonen, T.(2013).　　　Mobile and Megatrends. In P. Bruck & M. Rao (Eds.). Global Mobile: Applications and Innovations for the Worldwide Mobile Ecosystem. Information Today Inc.

Picard, R.(2006).　　　The Economics of Journalism and News Provision. In Tim Vos, (ed.) Handbook of Communication Science: Journalism(pp.1-14), Berlin: Mouton de Gruyter

Dimmick, J., Powers, A., Mwangi, S. & Stoycheff, E.(2011). The Fragmenting Mass Media Marketplace. In Lowrey, W., & Gade, P. J. (Eds.).(2011), Changing the News : The Forces Shaping Journalism in Uncertain Times(pp.172~192). Routledge.

Ifra(2006).　　　　　Business Models of Newspaper Publishing Companies. Ifra, Darmstadt.

문상현

광운대학교 미디어커뮤니케이션학부 교수다. 서울대학교 언론정보학과를 졸업하고 미국 인디애나대학교 텔레커뮤니케이션학과에서 석사를, 오하이오 주립대학교 커뮤니케이션학과에서 박사 학위를 받았다. 현재 〈방송문화연구〉 편집위원장과 한국언론학회 부회장을 맡고 있다. 저서로 《글로벌 문화생산과 자본주의》, 《디지털시대의 미디어와 사회》(공저), 《스마트미디어》(공저), 《소셜 미디어 시대를 읽다》(공저), 《인터넷 권력의 해부》(공저) 등이 있고, 논문으로 〈사물인터넷과 미디어 기업의 혁신〉, 〈미디어 생태계의 변화와 글로벌 미디어기업의 대응전략〉, 〈문화산업전문회사제도가 지상파방송의 드라마제작시스템에 미친 영향에 대한 연구〉, 〈미디어산업의 지구화에 대한 통합적 분석틀의 모색: K-Pop의 사례를 중심으로〉, 〈문화, 경제와 공간: 미디어산업의 지구화에 대한 이론적 고찰〉 등이 있다. 미디어산업과 거버넌스, 미디어 지구화, 커뮤니케이션의 정치경제학이 주요 연구 분야다.

2. 뉴스 조직 내부의
통제와 좌절된 전문직주의

박영흠 협성대학교 미디어영상광고학과 초빙교수

뉴스, 미디어 조직의 산물

뉴스는 기자가 만든다. 뉴스의 질이 떨어진다면 기자는 책임을 면할 수 없다. 기사의 끝에 작성한 기자 이름을 적어 넣는 바이라인byline은 그 무거운 책임을 상징한다. 그래서 언론에 대한 공격의 화살은 대개 기자를 향한다. 언론은 눈에 보이지 않는 제도요, 기자는 눈에 보이는 사람이니 그럴 만하다. 심한 경우엔 언론의 모든 문제를 기자의 부도덕과 무능력 탓으로 돌리기도 한다. '기레기'라는 멸칭이 대표적이다.

그러나 기자가 뉴스를 혼자서 만드는 것은 아니다. 기자는 자신이 속한 언론사의 지시와 감독 아래 뉴스를 만든다. 극소수의 1인 미디어나 프리랜서를 제외한 대부분의 기자들은 뉴스룸newsroom의 한 구성원이다. 뉴스를 제작하는 편집/보도국을 이르는 뉴스룸은 피라미드와 같은 수직적 위계 형태로 구성되어 있다. 정점에는 보도를 총지휘하는 편집/보도국장이 있고, 정치부, 경제부, 사회부, 문화부 등 다양한 취재부서마다 부장과 데스크가 있다. 현장 기자들 사이에도 가장 고참인 '1진' 기자부터 막내인 '말진' 기자까지 위계가 존재한다.

대개의 언론사 조직은 상향식 보고와 하향식 의사결정의 형태로 운영된다. 현장의 기자가 데스크에게, 데스크가 부장에게, 부장이 편집/보도국장에게 보고를 하면, 다시 거꾸로 국장-부장-데스크-현장기자로 지시가 하달되는 방식이다. 그리고 이 모든 이들의 위에서 인사권과 예산권을 쥐고 뉴스룸을 통제하는 사주 또는 사장이 모든 의사결정에 가이드라인을 설정하거나 직접적 영향력을 행사하기도 한다.

복잡하고 거대한 관료적 조직 내에서 기자들이 일상적으로 느끼는 압박은 밖에서 생각하는 것보다 훨씬 크다. 한국언론진흥재단이 2017년 전국 281개 언론사에 소속된 기자 1,677명을 대상으로 실시한 '한국의 언론인 2017' 조사에 따르면, 기자들은 '언론의 자유를 직·간접적으로 제한하는 요인' 세 가지를 고르라는 질문에 1위로 광고주74.2%를, 2위로 편집/보도국 간부58.4%를, 3위로 사주·사장57.2%을 꼽았다〈그림 1〉. 언론의 자유를 위협하는 요인 2위와 3위를 조직 내부에서 찾은 것이다. 평기자의 경우는 편집/

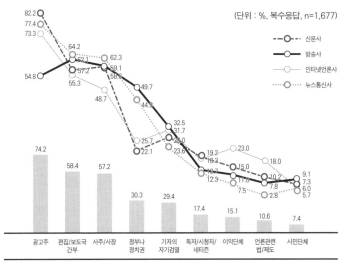

〈그림 1〉 언론의 자유를 직·간접적으로 제한하는 요인

(단위 : %, 복수응답, n=1,677)

- ─O─ 신문사
- ━O━ 방송사
- ─○─ 인터넷언론사
- ……O…… 뉴스통신사

출처 : 한국언론진흥재단, 2017

보도국 간부를 꼽은 비율이 64.8%로 더 높았다한국언론진흥재단, 2017.

이처럼 기자가 순전히 자신의 역량과 개인적 소신에 따라 독립적으로 뉴스를 제작할 수 없는 것이 오늘날 언론의 현실이다. 이러한 구조와 환경을 무시하거나 방치한 채 기자들만 손가락질한다고 해서 언론의 문제가 해결될 수는 없다. 뉴스도 자동차나 휴대폰처럼 일정한 작업 공정을 거쳐 제조되는 생산품이다Reese & Ballinger, 2001. 하지만 우리는 완성된 결과물로서의 뉴스에만 신경을 쓸 뿐 뉴스가 제작되는 공정에는 관심을 갖지 않는다. 뉴스를 '복잡한 미디어 조직의 내부에서 기자의 노동과 조직 구성원 간의 커뮤니케이션 과정을 거쳐 제작된 산물'이라는 관점에서 접근한다면, 우리는 저널리즘의 문제를 더 명확히 이해할 수 있게 된다.

이 장에서는 기자가 뉴스를 제작하는 과정에서 작용하는 미디어 조직 내부의 속사정에 관하여 살펴볼 것이다. '외압' 못지않게 뉴스에 강력한 영향을 미치며 기자들의 독립성을 침해하는 '내부의 압력'을 비판적으로 조명하는 것이 이 글의 목적이다. 특히 조직의 정파성과 관리주의에 의해 기자의 자율성이 침해되는 측면에 주목하고자 한다. 나아가 이러한 미디어 조직의 통제에 대항할 수 있는 다양한 대안도 함께 모색해볼 것이다.

조직 내부의 통제

현대사회에서 저널리즘의 이상적 역할은 주권자의 선택에 필요한 정보를 제공하고 대의 권력을 감시·견제함으로써 양식 있는 시민informed citizen을 배양하고 민주주의를 보호하는 것이다. 이러한 규범적 인식에 따른다면, 뉴스는 민주주의에 대한 확고한 신념과 정확한 사실을 확인하는 숙련된 기술을 가진 기자가 일체의 간섭으로부터 자유로운 취재와 독립적 정신 활동을 통해 만들어 낸 결과물이어야 할 것이다. 서구 학계와 언론 현장에서 기자를 자율 규제적self-regulating 성격을 띠는 전문직profession으로 규정하려는 시도가 오랫동안 계속돼온 이유가 여기에 있다.

물론 기자는 의사나 변호사와 달리 전문직이 갖춰야 할 형식적 구성요건을 상당 부분 누락하고 있다. 표준화된 교육을 통해 형성되는 배타적 전문지식을 가지고 있지도 않고, 공인된 시험을 통과하여 자격증을 취득하는 등 직업 집단 진입 방식이 고정되어 있는 것도 아니다. 그럼에도 불구하고 기자 집단 내부적으로 전문직의 정체성을 확보하려는 노력이 끊임없이 이루어졌던 것은 첫째로 자신만의 관할 구역을 설정하고 배타적 권위를 인정받으려는 언론인 스스로의 이해관계 때문이었고Larson, 1977, 둘째로는 언론인이 전문직이 되어 자율적이고 독립적인 보도를 수행할 때 더 많은 공익이 실현된다는 합의 아래 맺어진 암묵적인 사회 계약 때문이었다Nerone, 2013.

언론인을 전문직화하려는 역사적 기획의 결과로 전문직주의는 저널리즘 직업과 업무를 규정하는 중요한 규범적 이상으로 자리잡았다. 전문직으로서의 기자가 자율적 관리와 독립적 판단에 따라 뉴스를 생산해야 한다는 논리는 지금도 현실 속에서 기자들에게 강한 영향력을 발휘한다. 기자가 전문직까지는 아니라 하더라도 '준準전문직' 또는 '유사 전문직'의 성격을 가지게 된 것은 그러한 노력의 결과물이다. 기자는 공익적 서비스를 수행하려는 신념과 태도를 공유하고, 느슨하게나마 내부적으로 윤리강령과 직

업 규범을 가지고 있으며, 다른 직업에 비해서는 비교적 자율성이 높은 것도 사실이다.[1]

그러나 현실의 뉴스 생산 과정에서 기자들이 전문직주의가 요구하는 수준의 충분한 자율성을 보장받는다고 말하기는 어렵다. 무엇보다 관료적 조직체계에 맞춰 고착화된 뉴스 생산 프로세스가 기자 개인이 독립적 전문직으로 활동하지 못하도록 규율하는 힘으로 작용한다. 조직의 지시와 허가를 받아야 취재를 할 수 있고 데스크의 가공을 거쳐야 기사가 수용자에게 도달할 수 있다. 데스크를 거친 기사는 기자의 바이라인을 달고 있지만 기자가 작성한 초고와는 여러모로 다른 경우가 많다. 자율적으로 뉴스를 생산한다고 말하기에는 아무래도 부족한 현실이다.

뉴스룸의 간부들은 수많은 정보들 가운데 특정 조건을 충족하는 일부만을 선별하여 다음 단계로 통과시키는 게이트키핑gatekeeping을 단계마다 수행한다White, 1950.[2] 문지기gatekeeper들은 자신의 성향, 뉴스룸과 직업 집단에 의해 합의된 뉴스 가치news value 등에 따

---

[1] 출입처에 나가 있는 기자들은 일반 사무직에 비해 상대적으로 관리자의 감독을 덜 받고 업무 내용과 일정을 조정하는 권한이 크다. 최근의 조사에서도 기자들 가운데 80% 가까이는 기사 생산 과정에서 자율성을 가지고 있다고 평가했고, 기자들의 직업 만족도를 높이는 요인 1위도 업무 자율성(48.5%)을 꼽고 있다(한국언론진흥재단, 2017).

[2] 물론 기자들도 자신들의 성향과 관심을 기준으로 현장에서 정보를 취사선택하는 '첫 번째 게이트키퍼' 역할을 수행한다.

라 정보를 취사선택하고 주제를 결정하며 프레임을 구성한다. 문지기들이 중요하다고 판단하는 이슈나 그들의 정치적 지향과 일치하는 내용은 뉴스화되거나 비중 있게 보도되지만, 그런 기준에 부합하지 않는 정보들은 배제된다. 예컨대 언론이 가부장적 젠더 질서를 재생산하는 보도를 반복하고 미투 운동 보도 과정에서 성폭력 피해자에 대한 2차 가해에 동참하는 일이 빈번히 발생하는 것은 젠더 이슈에 무관심한 중년 남성 중심의 게이트키퍼들로 구성된 뉴스룸 구조와 무관하지 않다김세은 · 홍남희, 2019.

조직의 뉴스 가치나 정치적 지향을 결정하는 데에는 사주의 입김도 큰 영향을 미친다. 사주가 있는 한국의 언론사 중에는 편집권의 독립이나 기자의 자율성이 허울 좋은 이상에 그치는 경우도 많다. 사주는 뉴스 관련 의사결정에 공식적이고 노골적인 방식으로 개입하기도 하고, 편집국장 임명권이나 뉴스룸 간부들과의 비공식적인 접촉을 통해 간접적 영향을 미치기도 한다이충재, 2015. 사주의 영향력은 뉴스룸의 지휘체계를 매개로 현장의 기자들에게까지 가닿는다. 이런 조직에서 기자들은 사주의 관심이나 이념에 반하지 않는 범위 내에서만 저널리즘을 수행할 수 있을 뿐이다.

뉴스룸의 간부들이나 사주가 정해놓은 조직의 정책과 방침이 꼭 명시적 설명이나 지시에 의해 관철되는 것은 아니다. 기자들은 뉴스룸 내에서 동료와 상급자들로부터 인정과 보상을 얻고 소외와 처벌을 피하기 위해 의식적으로든 무의식적으로든 집단이 내부적으로 결정한 정책과 규범을 수용하거나 적극적으로 조직의 논리를 내면화하는 '사회화' 과정을 거친다. 애써 취재해 기사를 작성해도 기사가 축소되거나 아예 출고되지 않는 경험을 반복하다 보면 기자들은 무능하거나 유별나다는 낙인을 피하기 위해서라도 조직이 정해놓은 뉴스 가치를 충족시키지 못하는 정보는 아예 취재나 보고를 하지 않게 되고 기사화 가능성이 높은 이슈에만 집중하게 된다. 조직 내에서 원만한 인간관계를 유지하고 주요 출입처로 진출하거나 승진하기 위한 기자들의 일상적인 욕망은 내부 적응 노력에 중요한 동기를 부여한다. 이처럼 보이지 않거나 암묵적인 압력이 가해지고 기자들이 여기에 순응하게 되는 사회화 과정을 '뉴스룸 내부의 사회적 통제social control in newsroom'라 부른다Breed, 1955.

자유로운 언론의 자유롭지 못한 기자

  기자들은 일상 속에서 상시적으로 게이트키핑의 구속을 받지만, 여론의 관심이 집중되는 정치적 이슈를 다룰 때에는 특히 조직으로부터 많은 영향을 받게 된다. 실제 경험적 연구에서도 선거 보도나 검찰 스캔들과 같이 정부·권력과 관련성이 높은 이슈를 보도할 때 조직의 게이트키핑은 큰 영향을 미치는 반면, 기자 개인의 신념과 가치는 간접적이고 우회적 차원 이상의 큰 역할을 하지 못하는 것으로 나타났다. 담당 기자들은 조직의 정치적 지향과 뉴스 가치에 맞춰 자기검열을 하며 게이트키핑 기준을 체득하려는 노력을 기울이고 있었다김원용·이동훈, 2004; 조철래, 2006.

잘 알려진 바와 같이 대개의 한국 언론은 논조라는 이름의 뚜렷한 정파적 입장을 갖는다. 신문들은 '조중동'과 '한경오'로 갈라져 있고, 방송은 정권이 바뀔 때마다 권력에 코드를 맞춘다는 비판을 받고 있다. 언론은 특정 정파와의 공생 관계 속에서 이해득실을 함께하며 자신들이 지지하는 정당에 유리한 정보는 부각시키고 불리한 정보는 배제하는 경향성을 보인다. 언론이 특정 정파와 후견 또는 담합 관계를 맺고 있기 때문에 정권이 바뀌면 '어용' 언론이 '반정부' 언론이 되고 '저항' 언론이 '친정권' 언론이 되는 웃지 못할 일이 벌어지기도 한다.

한국 언론의 역사를 보면, 긴 독재 정권 시기를 지나는 동안 정부-언론의 관계는 언제나 정부가 일방적이고 수직적으로 언론을 통제하는 관계였다. 언론 통폐합과 보도지침으로 상징되는 통제기의 언론에 권력이 불러주는 대로 받아쓰는 것 외에 다른 선택은 없었다. 언론의 자유 따위는 아예 존재하지 않았다. 그러던 정치권력과 언론의 관계가 민주화 이후 상호 견제와 교섭의 수평적 관계로 바뀌기 시작했다. 이제 언론은 두려움 없이 권력을 비판할 수 있을 만큼 폭넓은 자율성을 확보했다. 일부 언론은 권위주의 정권이 떠나고 국가의 통제력이 이완된 권력의 빈자리를 선점하며 여론과 정책을 좌지우지하는 '언론 권력'의 위상을 누리기도 했다.

언론의 정파성은 이처럼 언론의 자율성이 대폭 신장된 민주화 이행기에 이뤄진 정치 구조의 재편과 시민사회의 분화에 언론사들이 적응하고 선택한 결과라 할 수 있다. 하나의 미디어 그룹에 속해 있더라도 중앙일보는 보수 성향을 띠고 JTBC는 진보 성향을 띠듯, 언론사는 한국 사회의 이념 지형 내에서 자신의 정치적 성향을 자유롭게 선택할 수 있게 됐다. 문제는 언론의 자율성은 신장된 반면 기자 집단의 자율성은 신장되지 않았다는 데 있다^남 ^{재일, 2010}. 되찾은 언론의 자유는 개별 기자들의 자유가 아니라 언론사주의 자유에 불과했다. 기자들은 사주와 조직에 종속되어 사주가 누리는 언론의 자유를 뒷받침하는 부속품에 만족해야 했다.[3]

사주는 자신의 정견에 따라 자유롭게 신문을 발행할 수 있지만, 기자는 자유롭게 기사를 쓸 수 없는 것이 '언론 자유'의 현실이다. 한국은 국제 언론인 단체인 '국경 없는 기자회(RSF)'가 발

---

3 자율성을 포기한 기자 집단에게 보상이 전혀 없었던 것은 아니다. 기자 집단은 언론사주와의 관계에서 스스로를 종속적 위치에 가져다놓은 대가로 높은 임금과 다양한 복리후생 등 사적 이익의 증대를 꾀할 수 있었다(남재일, 2010).

표한 '2020 세계언론자유 지수'에서 아시아 국가 중 가장 높은 순위인 42위를 기록한 대표적 언론 자유 국가이다. 하지만 이러한 언론의 자유가 개별 기자들의 실천 속에서도 충분히 구현되는 것은 아니다.

조선일보와 한겨레에 입사한 1년차 기자들의 성향이 그들이 근무하는 신문사의 성향처럼 정반대일 가능성은 높지 않다. 극소수의 예외를 제외하고 기자 지망생들의 성향은 대동소이하다. 바늘구멍처럼 좁은 '언론고시'를 치르느라 언론사를 가려서 입사할 처지가 아닌 취업준비생들은 자신을 뽑아준 언론사의 정파적 입장에 복무하며 취재하고 기사를 쓸 수밖에 없다. 진보적 성향의 지망생이 보수 언론 기자가 되어 대북 포용 정책과 대기업 수사에 반대하는 기사를 쓰고, 보수적 성향의 지망생이 진보 언론 기자가 되어 소수자의 권리와 보편적 복지를 주장하는 기사를 쓰게 될 수도 있다.

소유구조와 조직 문화에 따라 차이가 있긴 하지만, 사주가 없는 언론사에서도 기자들이 온전한 자유를 누리지 못하는 경우가 많다. 이명박·박근혜 정권 당시 공영방송 KBS, MBC와 보도전문 채널 YTN 기자들이 겪은 비극을 보면 알 수 있다. 여론에 영향력이 큰 방송 뉴스를 우호적으로 바꾸려는 정권의 욕망은 '낙하산 사장'을 통한 방송 장악 시도로 이어졌고, 정치적 종속화의 길을 걷는 방송사 조직에서 기자들은 양심에 반하는 언론 활동을 수행할 것을 강요당했다.

그 결과로 정권 내내 노골적인 친정권 성향의 보도가 계속된 사실은 익히 알려진 바와 같다. 주요 보직이나 경영진으로 승진하고자 했던 내부 구성원들은 정권의 보도 통제에 적극 협조했고, 저항하는 구성원들은 해고나 한직 발령과 같은 보복 인사를 당해야 했다. 경영진으로부터 시작된 정치 종속 현상이 보도국으로까지 확산되면서 부분적이나마 자율성이 보장되었던 방송사 내 저널리즘 문화는 힘없이 무너지고 말았다최영재, 2014.

관리주의의 침투와 '조건부 자율성'

기자들의 자율성과 전문직주의의 실현을 제약하는 또 다른 중요한 요인은 미디어 조직의 관리주의managerialism다. 자유주의 경제학과 경영학 모델에 기반을 둔 관리주의는 경영자의 역할을 중심으로 한 조직 관리 기술과 논리의 적용을 통해 사회 전반과 모든 유형의 조직이 성과를 극대화할 수 있다는 이데올로기를 말한다Enteman, 1993; Kilkauer, 2015; Shepherd, 2018. 중앙집중화된 리더십에 의한 톱다운top-down 방식의 의사결정을 강조하고, 조직의 효율성과 통제를 중시한다Waldenström et al., 2019.

관리주의는 신자유주의의 확산 이후 공적 영역을 포함한 모든 분야에 침투하고 있다. 불황의 늪에 빠진 뉴스 산업 역시 예외는 아니다. 1997년 IMF 외환위기 이후 만성화된 언론 산업의 위기는 디지털 미디어로의 패러다임 전환, 지속적인 사업자수 증가에 따른 과당경쟁, 광고 의존 수익모델의 붕괴 등으로 인해 갈수록 심화되고 있으며, 마땅한 돌파구가 눈에 띄지 않는 상황이다. '언론사는 망하지 않는다'는 신화는 깨어진 지 오래다. 이제 어떤 언론사도 10년 뒤에 살아남을 거라 장담하기 어려워졌다.

불확실성의 시대에 접어들수록 미디어 조직은 생존을 위해 이윤 추구에 집착하기 마련이다. 매출과 순이익을 늘리고 광고주가 선호하는 타깃 수용자를 창출하는 데 열중한다. 조직을 운영하는 방식도 전과는 달라질 수밖에 없다. 미디어 조직이 당면한 위기에 대한 나름의 해결책으로 제시·선택된 대안이 바로 관리주의였다Waldenström et al., 2019. 이제 언론사들은 과거의 전통이나 규범과 달리 수익 극대화를 위해 경영자가 설정한 목표에 맞춰 직무지침을 내리고 실적을 평가해 보상과 징계를 내리는 방식으로 기자들을 통제한다.

언론사도 기업인 이상 수익 창출을 위한 노력이 그 자체로 잘못된 것은 아니다. 문제는 미디어 조직의 관리주의 경영이 언론인의 자기관리self-governance를 강조하는 전문직주의와 정면으로 배치

된다는 데 있다. 기자들의 자율성을 중시하는 전문직주의 규범과 수익 활동의 효율성을 중시하는 관리주의 정책은 뉴스 제작 과정에서 충돌할 수밖에 없다. 조직에 소속되어 뉴스를 만드는 기자들의 일상적 직무 과정에서 두 원리 간에는 끊임없는 갈등과 타협이 이루어진다. 그래서 기자의 직무는 자율적인 동시에 종속적이며, 이러한 모순적 성격을 '조건부 자율성conditional autonomy'이라 부를 수 있다Waldenström et al., 2019.

중요한 점은 시대 상황에 따라 협상의 접점이 계속 변화한다는 사실이다. 현 단계는 관리주의가 뉴스룸으로 침투하면서 '조건부 자율성'에서 자율의 영역이 갈수록 축소되는 상황이다. 중요한 계기를 제공한 것은 디지털로의 전환이었다. 기술의 변화는 기자와 뉴스 조직의 관계도 바꾸어놓았다Becker & Vlad, 2009. 디지털 기술은 플랫폼 중심의 유통 질서를 형성하며 언론사들의 경제적 위기를 한층 심화시켰고, 많은 언론사들은 '디지털 퍼스트'라는 구호 아래 조직 구조와 직무 형태의 혁신에 나섰다. 디지털 혁신은 기자들이 자율성을 빼앗기고 조직의 관리에 종속되는 과정과 다르지 않았다.

디지털 혁신 이후 매일 아침 편집회의에 순방문자수Unique Visitors, 페이지뷰Page View를 포함한 온라인 실적이 보고되는 현상이 늘어났다. 언론사들은 성과의 측정이 빠르고 정확한 디지털의 특성을 활용, 개별 기자들이 얼마나 클릭을 유도했는지를 파악해 인사고 과에 반영하거나 별도의 보상을 했다. 트래픽을 많이 유도한 기 자에게 인센티브를 주거나 매달 또는 분기별로 '최다 트래픽상' 을 주는 언론사도 있었고, 몇몇은 영업 조직처럼 뉴스룸에 실적 표를 붙여놓고 구성원 간 경쟁을 유도했다. '챌린지 데이'를 정해 기자들에게 무조건 1인당 1건 이상 디지털 기사를 출고하게 하여 목표된 페이지뷰를 달성하는 이벤트를 벌이는 언론사도 있었다.

페이지뷰나 방문자수가 늘어나면 광고단가가 올라가고, 이는 당연히 회사의 수익으로 이어진다. 클릭과 방문을 유도하기 위해 언론사들은 뉴스 가치의 기준을 바꾸었다. 새로운 뉴스 가치에서 기자의 판단은 중요하지 않다. 객관적 지표로 증명되는 '이용자 들이 얼마나 좋아하는가'가 뉴스 가치의 새로운 기준이었다. 투 입 비용 대비 산출과 수익이 큰 스캔들·가십 중심의 연성 기사 soft news를 늘리고 포털사이트의 실시간 검색어를 활용한 어뷰징 abusing 기사들이 쏟아졌던 이유가 여기에 있다. 뉴스와 광고 간의 경계를 허물었다는 평가를 받는 네이티브 광고native advertising[4]는 다 른 관점에서 본다면 수익 중심의 뉴스 가치를 극단적으로 적용한

---

4 해당 언론사나 미디어의 고유한 콘텐츠 형식에 맞춰 마케팅 정보를 담아 주문 제작한 광고로서, 광고 와 콘텐츠가 형식적으로 구분되어 있지 않기 때문에 이용자의 자연스러운 관심을 유도한다. 최근 언 론사들에게 많은 수익을 안겨주는 재원으로 각광받고 있지만, 장기적으로 언론의 신뢰를 위협할 수 있다는 우려도 제기된다.

기사 형태라 할 수 있다.

트래픽을 위해 '많이 쓰고 빨리 쓰는' 데 집중하다보니 기자들의 노동량은 크게 늘었다. 하루 평균 1~2개의 기사를 쓰던 종이신문 기자들도 이제 출근하자마자 온라인 기사를 출고하고 이슈가 발생할 때마다 속보를 쓰는 등 작성하는 기사량이 대폭 증가했다. 온라인 매체에 소속된 기자들은 하루 평균 수십 개의 기사를 출고해야 한다. 모바일 메신저를 통해 수시로 내려오는 업무지시에 따라 발생 기사를 처리하다보면 제대로 된 취재 한 번 못하고 하루가 다 가는 것이 기자의 일상이다. 혹심한 노동은 기자의 자율적 판단이나 새로운 관점에서 숙고할 가능성을 거세하고 미리 정해진 지침과 관례에 대한 무비판적 추종을 강요하기 마련이다. 전속력으로 달리면서 무언가를 생각하기는 어렵기 때문이다.

언론사들은 또한 변화하는 미디어 환경에 적응해야 한다는 명분으로 취재보도 외에 촬영과 편집, 마케팅 등 다양한 업무 능력을 동시에 능숙하게 수행하는 멀티스킬링multi-skilling을 요구했다Witschge & Nygren, 2009. 그러나 '모든 일을 다 잘해야 한다'는 현실성 없는 요구는 기자를 '모든 일에 전문성 없는' 직업으로 만들어버렸다. 결과적으로 현장에서의 심층 취재와 객관적 기사 작성이라는 특화된 능력을 중심으로 했던 전문적 뉴스 노동은 점점 현장에서 멀어지고 책상 앞에 속박되는 '디지털 단순노동'으로 탈숙

런화de-skilling되었다박진우, 2012.

　정규직 중심의 언론사 노동이 비정규 계약직과 단기 프로젝트 중심의 프리랜서를 활용하는 불안정한 고용 형태로 조금씩 바뀌는 경향도 이러한 뉴스 노동의 탈숙련화와 무관하지 않다. 뉴스를 만드는 일이 전문적 노동이 아니라고 생각하기 때문에 단기 계약직을 써도 상관없다고 보는 것이다. 이러한 비정규 고용의 증대는 아직까지 디지털 뉴스 생산 부문의 일이지만, 불안정한 고용이 더 확대된다면 기자 집단 전체의 자율성을 위협하는 치명적 요인으로 작용할 수밖에 없다.

그럼에도 미디어 조직은 필요하다

　기자가 미디어 조직에 소속되어 저널리즘 활동을 하는 것이 반드시 문제만 있는 것은 아니다. 미디어 조직을 전면 해체하고 모든 기자들을 개인으로 해방시키자는 주장은 현실성도 없고 저널리즘 측면에서 보더라도 결코 바람직한 대안이 아니다. 1인 미디어의 재기발랄한 저널리즘 활동도 장점이 있지만, 일정한 규모를 갖춘 기업 조직이 뉴스 생산의 주체로 기능하는 레거시 미디어 중심의 전통적 저널리즘이 갖는 순기능도 분명히 있다. 1인 저널리즘과 조직을 기반으로 한 레거시 미디어 저널리즘의 조화가 필요하다.

우선 분업 체계가 갖춰진 미디어 조직은 기자가 생계 유지 및 다른 수익 활동에 신경 쓸 필요 없이 오로지 저널리즘 활동에만 전념할 수 있는 안정적 조건을 마련해 준다. 여러 기자들의 협업과 인적 네트워크 공유, 취재 노하우의 전수 등을 통해 더 심층적이고 종합적인 취재 보도가 가능해지는 이점도 있다. 처음부터 탐사보도를 잘 할 수 있는 타고난 기자가 많지 않다면, 미디어 조직은 시간적·물적 여유 속에서 뛰어난 기자를 양성하는 좋은 훈련소가 될 수 있다.

무엇보다 중요한 것은 외압으로부터의 방어다. 권력을 감시하고 견제하는 저널리즘은 비판의 대상이 되는 권력으로부터 취재 방해와 소송 등 다양한 압력을 받을 수밖에 없다. 청와대와 삼성을 비롯한 거대권력은 기자 개인이 맞서기에 벅찬 상대다. 기자가 권력을 견제하기 전에 권력이 기자를 견제하게 된다면 개인 차원에서 시도되는 전문직주의의 노력은 공염불에 그칠 가능성이 높다. 미디어 조직은 전통적 권위와 다양한 자원을 활용하여 개인이 감당하기 힘든 외부의 압력으로부터 기자를 보호하는 방패가 되어줌으로써 시민들에게 유익한 뉴스가 더 많이 생산되도록 장려할 수 있다.

게이트키핑에도 장점이 있다. 아무리 탁월하고 노련한 기자라 하더라도 인간인 이상 편견과 실수로부터 완전히 자유로울 순 없다. 기자들이 취재 현장에서 사건과 이슈에 몰두하다 보면 숲을 보지 못하고 나뭇가지만 보는 일도 흔하다. 경험이 풍부한 여러 베테랑 기자들이 순차적·집단적으로 수행하는 게이트키핑은 개인과 현장의 한계를 극복하는 일종의 교차 검증 기회를 제공한다. 이러한 시스템이 제대로 작동한다면, 신중하고 반복적인 검토와 보완을 통해 오보를 방지하고 표현을 가다듬어 법적 분쟁과 사회적 비용을 최소화하는 긍정적 기능을 할 수 있다.

이상이 일정한 규모를 갖춘 조직이 만들어내는 저널리즘의 장점이다. 문제는 미디어 조직의 이 같은 순기능은 제대로 작동하지 않는 반면 역기능이 강하게 작동하고 있다는 데 있다. 예컨대 수익을 중시하는 관리주의에 매몰되다보니 기자보다 조직이 먼저 권력과 타협하는 경우가 늘어나고 있다. 광고주의 회유에 넘어간 조직이 기자가 취재해온 기사를 삭제하거나 내용을 수정하는 일은 지금 이 순간에도 어느 언론사의 뉴스룸에서 벌어지고 있는 일이다. 내부의 압력이 외부의 압력과 조응하여 기자들에게 이중의 압력으로 작용하는 셈이다.

뉴스룸의 게이트키핑이 갖는 순기능도 디지털 전환 이후 현저히 약화되고 있다. 디지털 미디어 생태계에서 최고의 미덕은 신속성이다. 포털사이트를 통해 뉴스를 이용하기 시작한 2000년대 중반 이미 "5분 빨리 올리면 200만 명이 더 클릭한다"는 말이 나왔는데, 지금은 5초의 시간이 장사의 성패를 결정하는 시대다. 타사보다 조금이라도 빨리 기사를 송고하는 게 최우선 목표가 되면서 언론사들은 데스크의 검토 없이 현장에서 기자들이 곧바로 기사를 송고할 수 있게 하는 새로운 시스템을 만들었다. 스스로 자신들의 비교우위라 할 수 있는 게이트키핑을 약화시킨 것이다. 충분한 사실 확인과 다양한 관점에서의 점검이 생략되니 오보와 오타가 많아지고 상식과 윤리에 어긋나는 보도들이 늘어날 수밖에 없다.

요컨대 미디어 조직을 토대로 한 저널리즘의 장점은 퇴화되고 단점만 극대화되는 상황이 연출되는 셈이다. 전통적 언론이 유튜브 등 새로운 플랫폼에 기반을 둔 1인 저널리즘에 관심과 신뢰를 빼앗기는 최근의 현상은 이러한 문제와도 관련이 있다. 풍부한 기자 인력을 보유한 미디어 조직 단위 저널리즘의 특기와 장점을 제대로 살리지 못한다면 전통적 언론의 퇴조는 갈수록 가속화될 것이다.

자율성의 실현을 위한 대안의 모색

기자라는 직업은 전문직의 요소를 상당 부분 내포하고 있고 역사적으로 직업적 자율성을 확보하기 위한 규범적 노력이 꾸준히 계속됐음에도 그들의 권한은 '조건부 자율성'의 수준에 머물러 있다. 뉴스 산업의 위기와 디지털 혁신의 격랑을 거치며 상당수 기자들은 전문직의 잠재성을 포기하고 샐러리맨의 정체성을 내면화한 채 조직의 통제에 순응하는 상황이다. 언론사들이 수익이 개선되고 기업으로서 생존과 안정을 도모할수록, 기자들은 여타 직업인들과 다를 바 없는 샐러리맨에 가까워지고 있다이정훈·김균, 2006. 이는 기자들에게뿐 아니라 기자들이 생산한 뉴스를 통해 사회 공동체를 이해하는 시민들에게도 부정적 결과를 낳는다.

조직 내부의 통제를 극복하고 전문직주의의 잠재성을 극대화하기 위해서는 어떤 노력이 필요할까? 유감스럽게도 빠른 시일 내에 손쉽게 문제를 해결할 수 있는 획기적 방안은 없다. 다음과 같은 방식으로 더디지만 하나씩 바꾸어가는 수밖에 없다.

첫째, 조직의 수직적 통제에 대항할 수 있는 수평적 연대를 복원해야 한다. 기자가 조직 내부의 통제에 취약한 것은 파편화된 개인으로 머물러 있기 때문이다. 개인은 조직 앞에서 한없이 무력할 수밖에 없지만, 개인들의 연대체는 결코 나약하지 않다. 기자들이 조직 앞에서 위축되지 않고 목소리를 낼 수 있도록 든든한 배경이 되는 연대체가 마련되어야 한다.

언론사에는 이미 조직의 억압으로부터 기자의 권익을 보호하고 보도의 공정성을 확보하기 위한 내부 견제·감시 기구들이 존

재해왔다. 많은 언론사들이 노동조합이나 기자협회 산하에 공정
보도위원회, 민주언론실천위원회, 진보언론실천위원회, 독립언
론실천위원회 등의 이름을 단 기자들의 자율적 기구를 설치하고
있다. 이 기구들은 정기적으로 또는 문제가 발생할 때마다 회의
를 열어 문제가 된 뉴스의 보도 경과를 확인하고 사측에 개선을
촉구하는 등 왕성한 활동을 해온 역사를 가지고 있다. 그러나 이
들은 관리주의의 확대 이후 사측의 불성실한 대응이나 조직원의
참여 부족으로 대개 반쪽짜리 제도가 되거나 유명무실해진 상태
다. 꼭 새로운 기구를 창설하지 않더라도 기존에 마련된 이들 기
구의 권한과 기능을 복원하고 구심체로 삼는다면 실질적인 변화
를 이끌어낼 수 있다.

둘째, 조직 내부의 민주적 소통 문화를 배양해야 한다. 기자들
은 소통과 토론에 익숙하지 않다. 큰 사건이 벌어졌을 때 예외적
으로 기자총회 등의 이름으로 목소리를 모을 뿐이다. 내부 논의
나 투쟁보다 뉴스 제작이 더 중요하다고 생각하는 문화가 뿌리 깊
이 박혀 있다. 성별, 출신, 배경 등 기자 집단 내부의 동질성이 강
하던 시절의 유산일 수도 있고, 만성적인 인력 부족과 강도 높은
노동이 소통과 토론을 사치스럽게 여기도록 만들었는지도 모른
다. 조직이 경제적으로 어려워지면서 소통보다는 상명하달의 조
직문화가 강해지는 측면도 있다.

결국 언론사의 조직 문화는 가족적 인간관계를 중시하는 공동체형 문화와 조직의 안정적 유지를 중시하는 위계형 문화 속에서 보고와 지시 중심의 경직된 성격을 띠게 되었다정재민, 2009. 다른 업종과 비교해보건대, 언론사만큼 조직 내부 커뮤니케이션에 무능하고 무관심한 조직은 많지 않다. 커뮤니케이션을 주요 업무로 삼는 조직의 아이러니다. 젊은 기자들은 기껏해야 '블라인드' 앱이나 익명 사내 게시판에서 불만을 토로하거나 조용히 입을 다물고 있다가 전직을 하며 언론계를 떠나고 있다.

이제 내부 구성원 간의 토론을 활성화하고 의견을 수렴하는 대안적 커뮤니케이션 문화와 제도를 고민해야 한다. 뉴스룸 전체 차원에서뿐 아니라 직능별, 부서별, 직급별, 기수별로 이루어지는 공식적 소통을 제도화하고 독려해야 한다. 이러한 소통을 불필요한 가욋일이나 요식행위라 생각하기보다 저널리즘의 질을 결정하는 매우 중요한 과정이라는 인식 전환이 필요하다.

최근 일부 언론사에서 '소통 데스크' 제도 등을 통해 뉴스룸 내·외부 커뮤니케이션을 전담하는 기자 인력을 별도로 두는 시도는 매우 고무적이다. 그러나 제한된 소수 인력의 과중한 노동과 희생만으로는 변화에 한계가 있다. 뉴스 조직의 운영자는 출입처에 몇 명의 기자를 더 보내는 것보다 내부 소통 전문 인력을 충분히 확보하는 것이 뉴스의 질적 제고와 장기적 신뢰 향상에 더 도움이 된다는 새로운 인식을 가질 필요가 있다.

셋째, 궁극적으로는 기자들이 시민사회와 연합하여 조직의 통제에 맞서는 방향으로 가야 한다. 전문직으로서 기자의 존재론적 정당성은 시민사회로부터 나온다. 주권자인 시민들이 권력으로부터 자유롭고 독립적인 취재보도 활동의 권한을 위임한 데서 자율성의 토대가 마련되는 것이다. 기자를 조직의 통제로부터 지켜줄 마지막 보루도 시민사회에서 찾을 수밖에 없다. 그러나 지금까지 기자들은 자기 존재의 근거를 시민으로서의 독자나 시청자가 아니라 동료와 상급자, 사주로부터 찾아왔다. 상사의 눈치를 보느라 시민들에게는 거의 신경을 쓰지 않았다. 오늘날 기자라는 직업인에 대한 시민들의 신뢰가 바닥을 치는 이유도 여기에 있을 것이다.

시민들을 바라보는 기자들의 시선이 바뀌어야 할 때다. 이명박·박근혜 정권 당시 방송사들이 파업에 나섰을 때, 기자들이 거리로 나와 시민들에게 파업의 정당성을 목청 높여 외쳤던 건 시민들의 동의와 지지 없이 언론이 존립할 수 없다는 규범적 명제에 동의했기 때문일 테다. 기자들은 지금도 그때의 약속을 지키고 있는지 스스로에게 되물어볼 필요가 있다.

기자가 시민의 편에 서서 민주주의와 사회 공동체에 필요한 뉴스를 제공하기 위한 치열한 싸움을 벌일 때, 시민들은 다시 기자들의 편에 서서 뜨거운 신뢰를 보낼 것이다. 그리고 시민들이 기자들의 편에서 싸워줄 때 조직의 부당한 지시에 맞설 수 있는 기자의 자율성이 확보되고, 민주주의와 사회 공동체에 필요한 양질의 뉴스가 더 많이 만들어질 것이다. 언론인의 전문직주의란 까다로운 개념이 아니다. 이 선순환의 고리가 완성되는 순간을 말하는 것이다.

참고문헌

김세은·홍남희(2019). 미투운동(#Metoo) 보도를 통해 본 한국 저널리즘 관행과 언론사 조직 문화: 여성 기자 심층 인터뷰를 중심으로. 《미디어, 젠더 & 문화》 34(1), 39~88.

김원용·이동훈(2004). 신문의 보도 프레임 형성과 뉴스 제작 과정에 대한 연구. 《한국언론학보》 48(4), 351~380.

남재일(2010). 직업이데올로기로서의 한국 언론윤리의 형성과정. 《한국언론정보학보》 50호. 73~92.

박진우(2012). 뉴스 생산의 유연화와 저널리스트 노동: 2000년대 한국 언론의 고용 및 노동 유연화 과정에 대한 검토. 《언론정보연구》 49(1), 38~72.

이정훈·김균(2006). 한국 언론인의 직업 정체성: 샐러리맨화의 역사적 과정을 중심으로. 《한국언론학보》 50(6), 59~88.

이충재(2015). 종합일간지 편집국장의 편집권에 대한 인식 연구: 10개 일간지 전·현 편집국장 인터뷰를 중심으로, 한양대학교 언론정보대학원 석사학위논문.

정재민(2009). 경쟁가치모형에 따른 신문산업의 조직문화 연구: 편집국과 비편집국 종사자의 인식 차이. 《한국언론학보》 53(4), 72~93.

조철래(2006). 지역신문의 선거보도와 게이트키핑 과정에 관한 연구: 갠즈(Gans)의 다원주의적 접근을 중심으로. 《한국언론학보》 50(4), 381~410.

최영재(2014). 공영방송 보도국의 정파적 분열: 민주화의 역설, 정치적 종속의 결과. 《커뮤니케이션 이론》 10(4), 476~510.

한국언론진흥재단(2017). 《한국의 언론인 2017》. 서울: 한국언론진흥재단.

Becker, L. & Vlad, T.(2009). News organization and routines. The Handbook of Journalism Studies, 59~72.

Breed, W.(1955). Social control in the newsroom: A functional analysis. Social Force, 33, 326~355.

Enteman, W. F.(1993). Managerialism: Emergence of a New Ideology. Madison: University of
　　　　　　　　　　Wisconsin Press.

Kilkauer, T.(2015). 　　What is managerialism?, Critical Sociology, 41(7~8), 1103~1119.

Larson, S. M.(1977). 　The Rise of Professionalism. Berkeley: University of California Press.

Nerone, J.(2013). 　　 The historical roots of the normative model of journalism. Journalism,
　　　　　　　　　　14(4), 446~458.

Reese, S. D. & Ballinger, J.(2001). The roots of a sociology of news: Remembering Mr. Gates
　　　　　　　　　　and social control in the newsroom. Journalism & Mass Communication
　　　　　　　　　　Quarterly, 78(4), 641~658.

Shepherd, S.(2018). Managerialism: An ideal type. Studies in Higher Education, 43(9),
　　　　　　　　　　1668~1678.

Shoemaker, P. J. & Reese, S. D.(2014). Mediating the Message in the 21st Century : A Media
　　　　　　　　　　Sociology Perspective. NY: Routledge.

Waldenström, A., Wiik, J. & Andersson, U.(2019). Conditional autonomy: Journalistic practice
　　　　　　　　　　in the tension field between professionalism and managerialism.
　　　　　　　　　　Journalism Practice, 13(4), 493~508.

White, D. M.(1950). 　 The 'gatekeeper': A case study in the selection of news. Journalism
　　　　　　　　　　Quarterly, 27, 383~396.

Witschge, T. & Nygren, G.(2009). Journalism: A profession under pressure?, Journal of Media
　　　　　　　　　　Business Studies, 6(1), 37~59.

박영흠

협성대학교 미디어영상광고학과 초빙교수다. 한국 디지털 저널리즘의 역사적 형성 과정을 분석한 논문
으로 서강대학교 신문방송학과에서 박사 학위를 받았다. 2006년부터 2009년까지 경향신문 편집국에서
기자로 근무했다. 지역신문발전위원회 전문위원과 서강대학교 언론문화연구소 선임연구원을 지냈다. 디
지털 기술과 문화가 저널리즘에 미치는 영향, 전통적 저널리즘의 위기, 저널리즘 관행과 윤리 등에 관심
이 있다. 주요 논문으로 〈한국 디지털 저널리즘의 사회적 형성: 디지털 뉴스의 상품화 과정에 대한 역사
적 연구〉, 〈법조 뉴스 생산 관행 연구: 관행의 형성 요인과 실천적 해법〉 등이 있고, 저서로는《왜 언론이
문제일까?: 10대에게 들려주는 언론 이야기》(2018),《지금의 뉴스》(2019)가 있다.

3. 디지털 뉴스룸과 언론의 가치 변화

김동원 한국예술종합학교 방송영상과 강사
최유리 서강대학교 대학원 신문방송학과 석사과정

디지털 뉴스 콘텐츠?

"디지털 뉴스"라는 용어가 정확히 무엇을 가리키는지는 모호하다. 언론학계나 관련 기관에서 디지털 뉴스는 주로 온라인과 모바일 플랫폼에서 이용자가 접근하고 공유하는 뉴스 콘텐츠를 뜻하지만 이는 독자audience의 관점에서 보았을 때다. 취재·제작·유통 과정으로 본다면 디지털 지상파 방송을 비롯하여 유료방송, 팟캐스트, 유튜브OTT에서 뉴스 콘텐츠가 디지털의 비트bit로 만들어진지는 오래다. 신문 또한 1980년대부터 CTSComputerized Typesetting System로 지면 배치 및 식자까지 컴퓨터를 사용해왔다임영호, 2017. 1990년대 말 외환위기로 닥쳐온 공황의 출구전략으로 정부가 택했던 '신지식인' 담론과 닷컴.com버블 시기에 각 언론사들은 자회사 형태의 인터넷 신문사를 두고 디지털 뉴스를 생산했다. 그러나 본격적으로 디지털 뉴스가 확산된 시기는 뉴스 콘텐츠 제작의 디지털 기술 도입이 아니라 네이버와 다음^현 카카오 같은 포털 뉴스 서비스가 등장하면서부터였다.

포털 뉴스 서비스는 단순히 언론사의 뉴스 콘텐츠가 전송되는 채널^{유통망}이 아니다. 포털 사업자들은 무료 웹메일^{다음1}이나 지식인 검색 서비스^{네이버} 등으로 확보한 규모의 이용자들이 자사의 서비스 안에서 체류할 시간을 늘리기 위해 댓글, 커뮤니티 서비스 등을 제공하면서 '네트워크 공동체'를 만들었다. 포털 뉴스 서비스는 기자 등 언론 종사자에게는 디지털 배급소와 같이 여겨졌지만, 포털 사업자에게는 각 사가 확보한 이용자들을 유지하고 확장할 '공짜 점심'free lunch과 같은 플랫폼 전략 중 하나였다. 포털을 비롯한 구글, 페이스북, 트위터 등과 같은 플랫폼 자본에게 전통 신문의 온라인 기사란 매일 같이 판매점과 상가의 자리를 바꾸는 장터market 안의 한 상품일 뿐이다. 미첼 스티븐스Mitchell Stephens는 인터넷을 기반으로 활동하는 거대 플랫폼 자본이 뉴스 콘텐츠를 지배하는 환경을 이렇게 비유한다.

1 국내 인터넷 도입 초창기에 인터넷 서비스 사업자들은 이메일 서버와 웹 서버를 따로 운영하여 이용자들이 이메일을 이용하려면 별도의 계정으로 이메일 서버에 접속해야 했다. 당시 다음(Daum)은 웹 서버에 접속해도 인터넷상에서 무료 이메일 서비스를 이용할 수 있도록 하여 상당수의 가입자를 확보했다.

이런 환경에서 주요 언론사들이 자신들의 물건을 판매하려고 노력하는 것은 세계 모든 슈퍼마켓뿐 아니라 가족이 경영하는 온갖 식료품점과 농장들이 밀집한 마을에서 식료품을 판매하려고 애쓰는 것과 유사한 상황이다. 그걸로 충분히 도전이 되지 않는다면 이런 비유는 어떨까? 거의 모든 사람들이 모든 물건들을 공짜로 내다팔고 있는 상황·Stephens, 2015.

위 비유를 곱씹어 보면 디지털 뉴스란 뉴스 콘텐츠의 제작보다 뉴스 콘텐츠가 불특정 다수의 독자·이용자들에게 주목을 끌기 위해 서로 경쟁하는 시장 환경이자 네트워크로 연결된 이용자 공동체가 의제를 만들고 각자의 주장을 내세우는 커뮤니케이션 양식으로 볼 수 있다. 하루 중 정해진 시간에 한 언론사의 신문 한 부가 집으로 배달되거나 독자의 활동 반경 안에 있는 가판대에서 구매되어 읽히는 일방향의 메시지 전달이 아니라 전혀 다른 양식의 커뮤니케이션 소재material로 뉴스 콘텐츠가 이용될 때 디지털 뉴스가 출현한다. 2012년 12월 뉴욕 타임스에서 발행하여 이듬해 퓰리처상을 받았던 멀티미디어 서술형 기사 "스노우폴"snow fall과 같이 디지털 테크놀로지로 재현 가능한 모든 콘텐츠 포맷이나 독자에게 전달되는 플랫폼에 대한 전략, 또는 독자 분석audience analysis 시스템과 같은 미디어 테크놀로지는 자칫 디지털 뉴스를 한 사회 내 언론사 조직의 테크놀로지 선택과 적응이라는 물신성fetishism의 관점에서 보게 만든다.[2]

새로운, 그러나 오래된 디지털 뉴스

  디지털 뉴스를 둘러싸고 등장한 독자·대중의 새로운 커뮤니케이션 양식이란 서구 언론의 역사에서는 17세기까지 거슬러 올라간다. 저널리즘Journalism이라는 용어가 처음 사용되었을 때 그랬듯 당시 신문에서 뉴스란 새로운 소식이라기보다 감정, 의견, 주장을 의미했다. 물론 이 때에도 새로운 소식을 다루었지만 그 소식은 신문사가 위치한 지역 공동체가 아닌 멀리 떨어진 외지 소식이 주를 이루었다. 새로운 사실 보도가 의견이나 주장보다 적게 유통되었던 이유는 도시의 발달과 연관된다. 적은 인구의 도시에서 새로운 소식은 취재, 기사작성, 인쇄와 배포 과정을 거쳐야 하는 신문보다 시민들의 입소문으로 더 빠르게 전파되었기 때문이다Stephens, 2015. 18세기 공론장은 이러한 배경에서 등장한 도시 공동체 내부의 대화 장소이기도 했다. 파리와 같은 대도시 극장 앞 커피하우스는 그런 대화 방식의 전형을 보여주었다. 극장 관람을

---

2 거칠게 구분하자면 이러한 관점은 전형적인 도구주의적 기술철학이다. 도구주의적 관점에서 테크놀로지 그 자체란 어떠한 이데올로기나 가치가 내재해 있지 않은 중립적인 도구이며 그것을 이용하는 이들의 의도에 봉사할 뿐이라고 본다. 테크놀로지는 가치중립적이며 그것이 이용되는 사회의 정치체제와는 무관하다. 이 관점에서는 만일 테크놀로지에 정치사회적 의미가 있다면 그것은 오직 합리성뿐이라고 주장한다. 물론 이 합리성은 투입 대비 산출이라는 양적 개념의 효율성을 뜻한다. 따라서 모든 테크놀로지는 그것을 채택하고 이용하는 사회, 또는 국가의 정치경제적 차이에도 불구하고 동일한 효과를 낼 수 있다(Feenberg, 2002). 2014년 '공개'된 뉴욕타임스의 혁신 보고서들과 그 모델이 디지털 시대에 언론사가 지향해야 할 이정표처럼 여겨진 것이 대표적인 사례다. 도구주의적 관점에서 이러한 모델이 다른 사회에 적절한 시기에 도입되지 못하고 동일한 효과가 없다면 이는 비용(cost)의 문제거나 효율성을 추구하지 못하는 정부의 관료제 탓이다.

마치고 나온 관객들은 서로 모르는 처지임에도 열여섯 명가량 앉을 수 있는 긴 테이블에서 공연에 대한 논평과 배우의 몸짓, 어투 등을 흉내내며 각자의 평론을 자유롭게 교환했다. 친밀함보다 사교를 더 강조했던 당시 분위기는 유럽 대도시의 팽창과 관련 있었다. 상업적 거래가 만연했던 도시에서 낯선 이들이 획득해야 하는 가장 중요한 자산은 친밀감이 아닌 신뢰였다. 새로운 정보 공유보다 그 정보의 가치를 해석하고 판단하는 의견과 주장을 교환함으로써 신뢰를 얻어야 했기 때문이다Sennet, 2013.

이와 같은 커뮤니케이션 방식은 방송사나 신문사에 집중된 소수의 발신자들이 불특정또는 특정 수용자들에게 뉴스와 같은 메시지를 전달하는 현대 대중 커뮤니케이션 양식과는 달랐다Peters, 2010. 극장 공연은 커피하우스와 선술집에 모인 이들에게 평론과 주장의 소재가 되었고, 입소문으로 확산되는 지역의 뉴스들은 논평과 토론의 의제로 사용되었다. 신문을 통해 전달되는 외신 또한 다르지 않았다. 이와 같은 커뮤니케이션의 양식은 특정한 소수가 또다른 특정 소수 집단을 대상으로 메시지를 주고받는 협의형 커뮤니케이션conventional communication의 전형이기도 했다Spurgeon, 2008.

그러나 19세기에 이르러 누군지 모르는 대중이 본격적으로 응집된 대도시가 등장하면서 이러한 신뢰 획득의 대화는 사라지게 된다. 파리의 만보객flâneur이 그랬듯 사람들은 구두 언어의 대화보다 타인의 사생활을 침범하지 않고 침묵을 지키며 시선으로 관조하는 활동을 미덕으로 여겼다. 구두 언어보다 시각적 자극을 더 중시하게 된 대도시 대중은 관광객과 같았다. 18세기 커피하우스와 선술집의 손님들이 낯선 곳을 방문하여 문을 두드리고 자유롭게 대화를 나누는 여행객이었다면, 19세기 대도시의 대중들은 문자로 된 관광안내서와 주변 거리에 눈길을 던지는 관광객이었다Sennet, 2013.

구두언어에서 시각언어로의 전환이 이루어진 이 시기가 상업적 성공을 노린 신문의 급속한 성장기와 맞물린 것은 우연이 아니다. 1783년 필라델피아에서 일간신문이 처음 등장한 것은 도시 인구의 증가로 더 이상 입소문을 통한 뉴스의 확산이 어려워졌다는 징후였다. 19세기에 들어서면서 유럽과 미국의 신문들은 전날 뉴스에 의견과 주장보다 더 많은 지면을 할애하여 보도했다. 여기에 인쇄기의 도입, 전신의 이용과 철도의 확장은 중요한 기술적 변화를 이끌었다. 뉴스통신사와 신문사의 구분, 기록자reporter로서의 기자라는 직업군의 등장, 출입처라는 사실 수집 시스템의 형성 등 오늘날 소수의 언론사들이 불특정特定 다수의 대중에게 뉴스를 유통하는 대중 커뮤니케이션, 즉 매스 미디어가 출현한 것이다Stephens, 2015. 그러나 이러한 변화를 단순히 대도시 인구의 증가로만 설명하기는 힘들다. 19세기 중반은 홉스봄Eric Hobsbawm이 "자본의 시대"라 명명했던 혁명 이후 근대 자본형성의 출발을 알리는 시기였다. 새로운 소비재의 생산지와 시장이 대도시를 중심으로 형성되었고, 완전경쟁이라는 신화가 만연했다Hobsbawm, 1998. 이는 신문사에게 광고라는 새로운 수익원을 발견토록 만들었다. 또한 대도시의 증가한 인구에는 신문의 충실한 독자가 되었던 신흥 부르주아지와 노동자 계급이 포함되어 있었다. 오늘날 언론사와 독자 간의 커뮤니케이션 양식과 물질적 기반, 그리고 객관성을 방법론으로 내세우는 사실 중심의 저널리즘realistic journalism이 형성된 때는 바로 이 시기였다.

불특정 다수의 독자와 시청자를 대상으로 하여 새로운 정보를 전달하고 논평하는 언론, 그리고 신문의 부수나 시간대별 시청률을 근거로 확보되는 광고 수익이라는 양면시장 모델은 이렇게 역사성을 갖는 대중 커뮤니케이션의 양식일 뿐 보편적 저널리즘의 원칙이나 규범norm으로 볼 수는 없다. 2000년대에 접어들며 성장을 거듭한 디지털 콘텐츠, 인터넷 네트워크와 IT산업은 오래된 대중 커뮤니케이션의 양식을 전혀 다른 형태로 부활시켰다. 이용자들로 하여금 상이한 시간대에 동일한 장소에서 커뮤니케이션을 할 수 있는 온라인 공동체의 출현이 그 시작이었다.

한국 디지털 뉴스 변화를 요약해보자. 초기에는 PC통신 동호회와 같은 단순한 게시판 이용자들의 모임이었지만, 웹의 확장에 따라 다양한 유형의 미디어 콘텐츠가 공유되는 커뮤니티로 발전했다. 특히 2000년대 한국에서는 다음과 네이버 등의 포털 사업자가 무료 웹메일, 지식인 검색 등의 킬러 서비스를 제공하면서 수요측 규모의 경제를 위한 기반을 만들었다. 이전부터 인터넷 신문사닷컴사를 자회사로 설립하여 독자적인 뉴스 제공과 부가사업쇼핑몰 등을 수행하던 언론사들이 포털에 뉴스를 공급하기 시작한 때가 이 즈음이다. 네이버의 경우, 2000년 5월 15개 신문사와 뉴스통신사의 뉴스 검색 서비스를 시작으로 2001년 메인 페이지에서 언론사의 뉴스를 노출하는 서비스를 제공했다. 디지털 광고시장의 성장이 늦어지면서 언론사들은 닷컴사에 대한 투자를 축소하고 포털이 확보한 규모의 이용자를 독자로 삼기 시작했던 것이다최민재 외, 2018. 본격적인 의미의 미디어 플랫폼media platform 사업자가 출현한 셈이다김동원, 2015.[3]

언론사의 뉴스 콘텐츠가 이용자·독자의 커뮤니케이션에 어떻게 이용될 것인지의 변곡점이 생긴 시기는 2006년 12월에 네이버가, 2007년 5월에는 다음이 검색 서비스 영역과 기사 하단에 언론사 기사 링크를 통해 이용자를 언론사 기사 페이지로 유도했던 때

---

[3] 여기서 미디어 플랫폼이란 뉴스를 포함한 다양한 시청각 콘텐츠를 이용자 데이터 확보를 위해 사용하는 포털, 검색 서비스, 소셜 미디어 사업자를 의미한다. 플랫폼을 통해 이윤을 창출하는 자본의 관점에서 본다면 디지털 뉴스 콘텐츠를 수집하고 배열하는 서비스란 언론사 콘텐츠를 자사의 플랫폼을 통해 거래하는 "제품 플랫폼"이면서도 뉴스 콘텐츠 이용자의 데이터를 통해 수익을 창출하는 '광고 플랫폼'이다(Srnicek, 2020).

였다. 2009년에 이르면 포털 홈페이지의 뉴스 박스에 실시간으로 뉴스 헤드라인이 스크롤되는 뉴스 캐스트 서비스가 시작되었다. 이로부터 언론사들은 엄청난 트래픽 증가와 이에 따른 광고 수익의 증가를 경험했다. 그러나 트래픽 증가에만 몰두한 언론사들은 충성도 높은 독자의 확보보다 선정적인 헤드라인과 연성화된 기사를 통해 급격한 신뢰도 하락에 직면했다. 뉴스 콘텐츠의 가독성을 저해하는 네트워크 광고 또한 이용자·독자의 불만을 낳았다. 2013년 네이버가 스크롤 방식의 '뉴스 캐스트'에서 이용자가 스스로 구독할 언론사를 결정하는 '뉴스 스탠드' 방식으로 전환한 이유에는 이러한 배경도 간과할 수 없다. 2008년부터 성장한 스마트폰 시장은 다시 모바일 플랫폼 중심의 포털 뉴스서비스와 언론사 디지털 혁신Digital First의 최우선 과제가 되었다. 스마트폰 도입 초창기 각 언론사들은 자사의 애플리케이션모바일 앱 설치가 곧 신문의 '구독'과 같은 효과를 낳으리라 기대했다. 그러나 메신저, 쇼핑, 게임, 소셜 미디어 등이 더 우선되는 앱마켓에서 언론사 앱은 큰 성과를 거두지 못했고 다시 포털 중심의 모바일 뉴스 콘텐츠에 의존하는 구조로 이어졌다최민재 외, 2018.

이후 약 10여년을 거치며 인터넷 온라인과 모바일에는 국내 포털뿐 아니라 구글과 같은 해외 사업자, 그리고 카카오톡, 라인, 텔레그램 등의 메신저 서비스, 트위터, 카카오스토리, 페이스북, 인스타그램 등의 소셜 미디어social media가 새로운 대중 커뮤니케이션의 장이 되었다. 지리적 경계를 벗어나 다양한 공약수로 응집되는 인터넷 공동체는 18세기 적은 수의 인구로 구성된 도시의 대중 커뮤니케이션 양식을 다시 등장시켰다. 개인적 친밀함보다 인터넷 커뮤니티 게시판과 뉴스 콘텐츠의 댓글에서 주목과 평판, 그리고 명성을 중요한 자원으로 간주한다는 점은 유사하다. 그러나 이 공동체는 18세기와 달리 지리적 공동체라는 하나의 준거가 아닌 젠더, 연령, 취향, 관심사, 정치적 입장 등 다양한 준거로 이합집산을 반복하는 공동체이기도 하다. 이런 점에서 인터넷 공동체는 지난 150여 년간 대중 매체legacy media로 매개되지 않던 '협의형 커뮤니케이션'의 부활과 확산을 가능케 한 중요한 변인 중 하나로 볼 수 있다. 이런 공동체와 커뮤니케이션 양식의 확산은 미디어 플랫폼 사업자들이 뉴스를 매개하면서 또 다른 성격을 갖게 되었다. 18세기 극장 앞 커피하우스와 선술집에서 나누던 논평과 토론이 인터넷 공동체로 옮겨왔으나 그 대화의 소재 제공은 19세기 이후 탄생한 언론사가 맡게 되었다. 따라서 이와 같은 인터넷 공동체의 '공론장'은 기묘한 구성을 갖게 된다. 18세기 공론장의 화법인 구두언어가 지배하는 논평, 주장, 그리고 해석이 오고가지만, 이들에게 제공되는 커뮤니케이션의 소재material는 문자, 음성, 영상이 혼합된 시청각 콘텐츠가 되었기 때문이다. 디지털 뉴스를 뉴스의 취재·제작·유통의 테크놀로지 변화가 아니라 이렇게 독자·대중의 커뮤니케이션 양식의 변화로 본다면 언론사 조직, 특히 뉴스 생산의 핵심인 뉴스룸의 변화를 어떻게 보아야 할

지 단서를 찾을 수 있다.

미디어 테크놀로지와 뉴스룸의 변화

언론사의 편집국은 뉴스 콘텐츠의 취재·제작·유통 과정의 중심에 있다. 그러나 편집국이 기사 아이템을 정하고 편집과 지면 배치를 결정하는 조직이라면 디지털 뉴스의 등장은 종이신문 콘텐츠 뿐 아니라 디지털 콘텐츠의 아이템과 출고 시간을 결정하고 그에 따라 다양한 직무의 종사자들이 협업해야 하는 뉴스룸을 필요로 한다. 언론사마다 다양하지만 기본적으로 뉴스룸 조직은 1) 문자 텍스트와 사진 중심의 콘텐츠에서 벗어나 디지털 스토리텔링, 인터랙티브, 데이터 분석 등 다양한 포맷의 기사를 결정하는 콘텐츠 층위 2)콘텐츠 기획과 제작에서 독자 분석까지 수행하는 국·팀별 조직 층위 3)디지털 콘텐츠 제작과 분석을 위한 인프라, 즉 종이신문과 디지털 뉴스를 통합하여 제작할 수 있는 통합 CMS나 이용자 분석 시스템[4] 등 디지털 인프라 층위로 구분할 수 있다.

---

4 일례로 중앙일보는 2017년부터 디지털 콘텐츠 제작과 공정을 통합관리하는 자체 CMS로 'JAM'을, 독자 분석을 위한 뉴스 유통 데이터 분석에는 'JA'라는 솔루션을 이용했다. 2019년 12월 중앙일보는 신문을 전담하는 중앙일보A와 디지털을 담당하는 중앙일보M으로 분사를 단행했다.

앞 절의 언급처럼 디지털 뉴스를 콘텐츠 제작 방식의 기술적 변화로만 본다면, 언론사의 디지털 테크놀로지 도입은 1980년대 말부터다. 당시 도입된 CTS와 VDTs는 인쇄, 공무, 편집부문의 노동에 영향을 미쳐 전통적인 숙련 노동인 식자공을 대체했다. 1990년대 말 인터넷 신문의 등장으로 닷컴 언론사들에 WCMS^{Web Contents Management System}이 도입되면서 종이신문의 편집국과 분리된 인터넷^{온라인} 뉴스부서가 신설되었다. 디지털 기반의 기사 작성, 송고, 편집뿐 아니라 팀장에서 국장에 이르는 기사 승인까지 총괄하는 언론사 내부 시스템인 CMS^{Contents Management System}가 각 언론사에 도입된 것도 이 즈음이다. 그러나 이 시기까지 뉴스룸은 여전히 종이신문 편집국 중심이었고 인터넷 콘텐츠를 담당했던 닷컴 자회사 인력이 편집국으로 통합되었어도 이들에게는 포털 뉴스서비스를 통한 수익 창출이 더욱 중요했다. 네이버 뉴스 캐스트를 통해 언론사 홈페이지로의 트래픽을 늘리고 이로부터 각종 텍스트 · 이미지 · 배너를 타깃팅하는 애드네트워크^{ad-network}**5** 수익을 포기할 수 없었기 때문이다. 포털 뉴스서비스에 대한 의존을 벗어나 자체 디지털 뉴스 콘텐츠와 앱을 개발하려는 시도가 이뤄진

---

5 복수의 언론사 인터넷 뉴스 페이지의 특정 위치에 광고를 동시 다발적으로 노출하는 광고 기법. 기사 텍스트의 문맥이나 매체의 특성을 반영하여 광고주가 원하는 유형의 광고 콘텐츠를 언론사 페이지에 노출한다. 역으로 이용자가 광고주 홈페이지를 방문한 이력이 있을 경우, 뉴스 페이지에 접근했을 때 해당 광고주의 광고 콘텐츠를 노출할 수도 있다. 기자가 CMS를 통해 기사를 작성·송고할 때는 이 광고 노출 공간이 보이지 않으며 어떤 광고가 노출되는지도 알 수 없다.

때는 스마트폰의 보급과 함께 모바일 콘텐츠 시장이 확대되면서였다. 물론 여기에는 네이버가 실시간 뉴스 노출 박스인 '뉴스 캐스트'를 '뉴스 스탠드'로 변경하면서 언론사 자체 홈페이지 유입보다 포털이 제공하는 뉴스 페이지 편집판에 대한 의존이 더욱 높아진 배경도 있다.

2000년대 이후 진행된 뉴스룸 통합Newsroom Convergence은 CTS나 CMS와 달리 종이신문이라는 인쇄매체에 적용되는 테크놀로지의 문제가 아니었다. 멀티플 미디어 플랫폼multiple media platform이라는 표현이 말해주듯, 당시 통합 뉴스룸은 인쇄매체뿐 아니라 텔레비전과 같은 시청각 매체, 그리고 온라인으로 통칭되는 멀티미디어가 혼재하는 공간으로 인식되었다. 맥루한M. McLuhan의 표현을 빌자면, 인쇄매체라는 핫미디어hot media의 공간에 TV와 인터넷이라는 쿨미디어cool media가 진입한 셈이다. 그러나 이때의 '통합'이란 서로 다른 매체를 담당하는 인력들을 같은 공간에 배치하는 것, 또는 한 명의 기자가 상이한 매체를 모두 담당하는 멀티형 기자가 되는 것을 의미했다. 즉 여전히 '이종 매체'라는 구분은 존재했고 그 구분에 따라 인력이 배치된 뉴스룸이었다. 따라서 이러한 형태의 뉴스룸은 "신문과 방송, 인터넷 매체에 소속된 기자들이 함께 뉴스생산 과정에서 각각의 매체 성격에 맞는 역할을 하고 그 결과물을 공유하는 것"으로 정의되기도 하였다윤익한, 김균, 2011.

종이신문, 홈페이지 및 포털의 디지털 뉴스, 영상 콘텐츠 등 매체별로 구분된 통합 뉴스룸에 변화가 생긴 시기는 2010년 직후로 볼 수 있다. 모바일 플랫폼이 확대되면서 뉴스 콘텐츠의 소비량은 급증했으나 PC 기반의 온라인 뉴스 소비는 감소세에 들어갔고 모바일 이용률은 2011년에서 2016년 5년 동안 42.8%의 괄목할 성장세를 보였다언론진흥재단, 2017. 이런 변화 속에서 거의 모든 언론사들이 '디지털 혁신'Digital First을 기치로 내걸게 된 계기가 있었다. 2012년 12월 뉴욕타임스의 멀티미디어 서술형 기사인 스노우폴Snow Fall이 공개되자 지면에 갇혀 있던 저널리즘이 디지털 콘텐츠로 나아갈 이정표처럼 여겨졌다.[6] 2년 후 뉴욕타임스에서 유출된 혁신 보고서는 미국뿐 아니라 한국 언론 종사자 사이에서 모호하기만 했던 디지털 혁신의 모델로 회람됐다. 뉴욕타임스 혁신 보고서 이후 국내 언론사의 관심은 더 많은 해외 사례와 모델에 주목했다박진우 외, 2016. 워싱턴포스트, 슈피겔 등 유명 언론사부터 '버즈피드'와 '복스 미디어' 등 신생 미디어까지 다양했다. 이들 보고서가 다룬 자체 평가와 대안의 폭은 넓었으나 국내 언론계에서 주목한 분야는 주로 디지털 인프라 층위였다. 워싱턴포스트에는 아마존Amazon의 제프 베이조스Jeffrey Bezos 인수 이후 대규모 개발 인력소프트웨어 엔지니어, 개발자, 프로그래머 등 채용과 뉴스룸 전체를 총괄하는 CMS 아크ARC에 대해 주목받았다. 혁신 보고서는 없었더라도 빠른 성과를 보인 버즈피드와 복스 미디어의 기술적 역량 또한 관심사였다. 버즈피드에서는 독자 분석과 유통 능력의

원천인 파운드POUND라는 자체 분석 시스템에, 복스 미디어에서
는 이용자 – 플랫폼 – 콘텐츠 간의 상호작용을 분석할 수 있는
데이터 과학 전문 스타트업 오픈 벤디트Opbandit의 데이터 측정 툴
에 주목했다이성규, 2015. 앞서 구분한 뉴스룸의 조직 구조에서 3)
디지털 인프라에 대한 급격한 관심과 이에 따른 1)콘텐츠 층위의
변화 가능성에 기대를 건 셈이다. 다만 기존 통합 뉴스룸과 달리
디지털 뉴스룸은 위 두 층위의 변화가 2)조직 층위의 변화에 대한
명분이자 근거로 언론사 내부에서 추진되었다. 일례로 당시 가장
많이 참조했던 워싱턴포스트의 CMS "아크ARC"로 진행되는 워크
플로workflow는 다음과 같다Doctor, 2015.[7]

생산, 가공, 완성, 참여 등 4개의 프로세스에 구분되어 배치된
다양한 CMS 모듈들은 기존 뉴스룸과 달리 종이신문, 동영상, 온
라인 콘텐츠가 따로 생산되는 것이 아님을 보여준다. 이러한 뉴스
룸에서는 기자, 비즈니스팀, 온라인 개발자 등이 각자 맡은 생산
물만을 넘겨줌으로써 뉴스의 생산이 마무리되는 것이 아니다. 상
이한 경력과 숙련도를 가진 인력들이 각 프로세스마다 배치되어
협업을 해야만 가능한 구조다. 이와 같은 CMS 중심의 뉴스룸은

---

6 스노우폴은 2009년 뉴욕타임즈 편집국 내 신설한 30여 명 규모의 인터랙티브 뉴스팀에서 만든 워싱
턴 주 캐스케이드 산맥의 눈사태를 다룬 디지털 기사로 주말판 별지 기사를 온라인판으로 재구성한 콘
텐츠다. 뉴욕타임스는 이 기사로 2013년 퓰리처상을 받았다.

7 아크(ARC)는 2020년 9월 1일 조선일보가 도입하여 현재 사용 중인 인공지능(AI) 기반 CMS다.

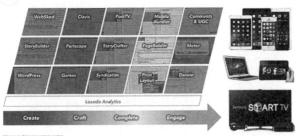

The Washington Post

상이한 매체별 인력의 배치 공간이 아니라 하나의 콘텐츠를 만들기 위해 기자, 개발자프로그래머, 마케팅 담당자, 독자 모니터링 담당자 등이 꾸준히 커뮤니케이션을 해야 하는 공간이다.[8] CTS 도입에서 디지털 뉴스룸까지 테크놀로지와 노동자 간의 관계를 도식화하면 아래와 같다.

〈표 1〉 뉴스 생산 과정 내 테크놀로지 도입과 뉴스룸의 구분

	CTS	통합 뉴스룸	디지털 뉴스룸
도입 기술	작업도구(tool)	이종매체	Digital CMS
노동자	대체	매체별 담당	모듈별 융합
특징	기술에 의한 직종 점유	기술에 따른 병렬 배치	기술에 융합된 노동과정

디지털 뉴스룸의 노동과 조직문화

위와 같은 디지털 뉴스룸으로의 변화는 언론사의 편집국뿐 아니라 다른 부서를 포함하는 조직개편 및 종사자의 직무·직위의

변화에도 큰 영향을 미친다. 해외사례와 국내 언론사가 외부로 공개한 디지털 혁신 전략은 앞의 구분에 따르면 3)디지털 인프라 층위와 1)콘텐츠 층위에 초점이 맞추어져 있다. 예컨대 모바일 플랫폼에 최적화된 디지털 혁신을 추진했던 2014년에서 2015년 동안 신문사뿐 아니라 방송사 또한 콘텐츠 층위의 변화에 주력했다. 지상파 방송사는 물론 경향신문, 한겨레, 오마이뉴스, CBS 등 언론사들이 팟빵 플랫폼을 중심으로 팟캐스트 콘텐츠를 선보였고 카드뉴스 포맷은 더욱 확대되었다. SBS의 '비디오머그'와 같이 짧은 동영상 뉴스 콘텐츠가 등장한 때도 이 무렵이다.[9]

물론 언론사 경영진이 이정표로 삼았던 해외 언론의 혁신 보고서에서 조직 층위의 문제가 간과된 것은 아니다. 2014년 뉴욕타임스 혁신 보고서에서는 지난 기간 동안 비즈니스팀과 편집국 소속 기자, 신규 IT 인력과 편집국 기자 간의 부조화와 업무 구분에 대한 문제가 제기되었다. 뉴욕타임스가 조사한 조직 층위의 문제점은 2017년 보고서인 '독보적인 저널리즘'Journalism That Stands Apart

---

[8] 생산단계: 가장 단순한 텍스트 중심 기사를 생산하는 도구부터 콘텐츠 기획과 복합적인 콘텐츠 설계 도구를 사용. 가공단계: 뉴스 콘텐츠와 사진, 동영상, 게임, 광고 등 멀티미디어 콘텐츠와 텍스트를 융합시키는 작집. 완성단계: 독자들이 사용하는 매체에 맞게 편집하여 실제 퍼블리싱. 참여단계: 사용자 또는 독자들이 뉴스, 멀티미디어, 광고 등 각종 콘텐츠를 갖고 놀 수 있도록 하고, 그 행태를 측정할 수 있는 모듈로서 구성.(우병현, 2015).

[9] 강진아 · 김희영(2005), '디지털 독자와 만나기, 답은 없지만 콘텐츠 진화는 계속된다', 기자협회보, 2005.04.01.

에서도 여전히 직원staff들의 변화가 필요하며 트레이닝 강화, 외부 채용 강화, 인종·국적·젠더·연령대에서의 다양성, 프리랜서 업무 범위의 재조정이 필요하다는 언급으로 나타났다.[10] 슈피겔의 보고서에서는 조직 문제를 더욱 심도 깊게 다루었다. 경영진이 아닌 스물 두 명의 직원이 주도한 이 보고서는 전통 매체legacy media로서의 슈피겔의 조직문화에 대한 평가를 담았다 이들은 자사의 지나친 자부심, 약점의 불인정, 새로운 변화에 대한 둔감함, 혁신적 실천의 부족 등을 지적하며 디지털·모바일 패러다임으로의 전환에 대한 자사의 불감증을 비판하고 있다. 특히 조직문화에 있어 디지털 분야 종사자들이 회사 내에서 '2류'로 취급받고 있다는 지적이 있었다심영섭, 2015.

통합 뉴스룸이 아닌 국내 언론사의 디지털 뉴스룸 조직 개편이 본격적으로 시작된 시기는 오래지 않았다. 통합 뉴스룸 이전 대개의 언론사 편집국에 소속된 온라인 뉴스국디지털 뉴스국의 전신은 2000년대 자회사로 설립했던 닷컴 언론사인 경우가 많다. 닷컴 언론사에 속했던 인력들은 종이신문인 모회사로 흡수되어 온라인 뉴스국이 되거나 인터넷 스포츠 신문 등 별도의 자회사로 남는 사례도 있었고, 아예 분리시켜 자사 내 온라인 뉴스국을 따로 설치한 곳도 있다. 이 전환기에 언론사들은 닷컴의 인력들을 상이한 고용형태로 받아들였다. 무기계약직 등 비정규직으로 고용했다가 몇 년 후 '정규직화'한 곳도 있고 당사자가 원하지 않는

한 모두 정규직으로 채용한 곳도 있었다.

이렇게 언론사 편집국의 일부가 된 온라인 뉴스국은 최근 모바일을 통한 이용자들의 뉴스 접근이 늘어나면서 더 많은 팀으로 분화되기도 했다. 한 언론사 뉴스룸은 2017년 기준 디지털뉴스국 아래 종이신문의 기사와 자체 기사SNS 이슈, 연성 뉴스 등를 생산하는 모바일팀, 소셜 미디어 플랫폼에 대한 대응 전략을 마련하는 미래기획팀, 디지털 사진, 동영상 및 팟캐스트 기술지원을 맡는 디지털영상팀, 그리고 디지털 뉴스국 내 홈페이지 디자인, 프로그래밍, 여타 기술지원을 담당하는 콘텐츠 운영팀으로 구성되었다. 다른 언론사들 또한 유사하게 온라인/모바일 기사를 담당하는 부서[11], 홈페이지와 모바일 페이지의 디지털 영상 담당 부서, 소셜 미디어 대응 부서, 그리고 온라인과 모바일 기사에 필요한 템플릿의 제작과 유지, 그리고 프로그래밍을 담당하는 부서 등으로 구성되었다.

과거 자회사로 있던 디지털 인력이 모회사 편집국의 한 부서로 포함된 것은 큰 변화다. 대개 언론사 조직은 편집부서와 비편집부서로 구분된다. 비편집부서에는 경영, 시설관리, 제작운전 및 기술, 부대사업, 광고영업, 독자지원 및 지국관리 등의 관련 부서가

---

10 https://www.nytimes.com/projects/2020-report/index.html
11 언론사에 따라 연예, 스포츠, 해외토픽 등 연성뉴스를 다루는 별도의 부서가 있기도 하다.

포함된다. 기자를 중심으로 구성된 편집국이 언론사의 핵심 부처들이라면, 자회사로 있던 디지털 인력들이 편집국에 포함된 것은 종이신문 기사를 1차 소스source로 하여 온라인/모바일 콘텐츠를 가공·유통하는 통일성을 기하기 위한 것으로 볼 수 있다. 그러나 언론사에 따라 디지털 뉴스팀이 편집국으로 포함되면서 정규직화 된 경우도 있지만, 여전히 무기계약직이나 연봉계약직처럼 종이신문 편집국 기자와는 다른 고용형태를 적용받는 경우도 있다. 또한 디지털 인력은 편집국으로 포함되면서 정규직이 되었으나 직급에 따른 급여와 직위 제한, 한정된 직무 수행의 차별이 존재하기도 한다.

중앙일보, 조선일보, 한국일보 등 종합^{전국}일간지를 주력 매체로 둔 언론사의 디지털 뉴스룸 조직 개편은 보다 폭넓게 이루어져 왔다. 중앙일보는 디지털 혁신 전략을 가장 먼저 시작한 언론사로 평가된다. 중앙일보는 2015년 12월 전 이석우 카카오 대표를 중앙일보 디지털 전략·제휴 담당 겸 JOINS 공동대표로 영입해 앞서 9월에 발간했던 〈New Directions in Media〉라는 혁신 보고서의 실행 작업을 추진했다. 이듬해 7월 중앙일보는 80여명 수준의 디지털서비스 기획·디자인·개발을 총괄하는 디지털기획실을 설치하고 각 매체의 기자들을 한 곳에 모으는 통합 뉴스룸 중심의 대규모 조직 개편에 착수했다. 2018년에는 타 언론사와 달리 편집국 아래 디지털부를 두지 않고 같은 수준으로 디지털국을 배치한 후 디지털 컨버전스팀, 미디어 데이터팀, 디지털 콘텐츠랩, 에코팀, 뉴스서비스실로 구성했다. 디지털 콘텐츠에 무게가 실리면서 2017년에는 개발자, 기획자 등이 30여명으로 확대되었고 독립된 브랜드썰리, 폴인 등으로 콘텐츠를 제작·유통하는 팀은 인턴을 포함해 각 10~15명 내외로 구성되었다최민재 외, 2018. 중앙일보는 2019년 말 디지털뉴스 부문뉴스룸·뉴스제작국과 신문제작 부문편집국·논설위원실을 구분하면서 두 매체와 플랫폼의 차별화를 진행 중이다.[12] 이와 같은 조직 분리는 다른 언론사의 디지털 뉴스룸 조직에서 기존 편집국 기자가 지면 기사와 디지털 콘텐츠를 동시에 생산해야 하는 부담을 덜 수 있지만 분리된 두 조직 간의 커뮤니케이션 방식은 여전히 과제로 남기고 있다.

조선일보는 종이신문은 유지하면서 디지털 부문의 혁신을 시도해 왔다. 지면과 온라인을 분리하여 지면은 편집국이, 온라인은 조선비즈가 담당하되 온라인조선비즈 – 오프라인조선일보 – 온라인조선비즈로 시간대를 나누어 콘텐츠를 제작했다. 조선일보는 2018년 1월 디지털 통합전략에 따라 조선일보 디지털뉴스본부를 해체하고 조선비즈에 데스크 20명, 취재기자 91명, 편집기자 15명, 그래

---

12 "[중앙일보 디지털 중심 뉴스룸 개편, 그 이후] 디지털은 디지털 답게, 신문은 신문답게", 월간《신문과 방송》, 2020년 8월호.

픽 디자인 4명, 개발자 23명, 미디어 경영직 24명 190명 규모로 조선미디어그룹의 디지털 뉴스 부문을 담당토록 했다. 2020년 9월에는 워싱턴포스트가 사용하고 있는 AI CMS인 아크ARC를 도입했다.

한국일보는 한국아이닷컴이라는 오래된 닷컴 자회사를 통해 트래픽 확보에만 집중했던 체제를 깨고 2014년 5월 새로운 한국일보 사이트를 개설했다. 2017년 디지털 역량 강화를 위해 편집국과 디지털 콘텐츠국으로 콘텐츠본부를 구성했다. 디지털 콘텐츠국은 기자 전송 및 홈페이지를 운영하는 운영팀, 페이스북·유튜브·인스타그램·카카오스토리 등을 전담하는 소셜 미디어팀, 영상콘텐츠 제작을 맡은 영상팀, 인터넷 이슈를 취재하는 공감뉴스팀, 새로운 포맷의 디지털 기사 생산을 실험하는 콘텐츠 실험팀과 기획팀, 소프트웨어 개발 엔지니어들이 소속된 개발팀과 마케팅팀으로 구성되었다최민재 외, 2018. 한국일보는 2020년 7월 자체 CMS인 '허브'를 개발하고 편집국과 디지털 콘텐츠국을 뉴스룸으로 통합했다. 뉴스룸은 온라인 콘텐츠기사를 제작하고, 산하에 편집부 기자와 조판, 에디터 등 최소한의 실무 담당자로 꾸려진 신문제작국을 두었다.[13]

일부 대형 언론사를 제외하면 중소 언론사의 디지털 뉴스룸 조직 구성에는 관행이 존재한다. 해외 언론사 혁신 보고서에서 언급된 디지털 뉴스룸의 이상형, 즉 종이신문/온라인모바일 기자, 비즈니스팀, 기술인력 등 상이한 경력과 숙련도를 가진 인력들이 통합 CMS를 중심으로 각 프로세스마다 배치되어 협업을 하는 구조는 아직 존재하지 않는다. "하나의 콘텐츠를 만들기 위해 기자, 개발자 디자이너, 프로그래머, 웹에디터 등, 마케팅 담당자, 독자 모니터링 담당자들 꾸준히 커뮤니케이션"하는 구조는 해외 언론사의 이상적 모델이거나 테크놀로지 중심 조직의 청사진일 뿐이다. 도리어 현재의 언론사 구조는 1990년대 말부터 2000년대 동안의 이종매체별 담당부서가 칸막이로 존재하는 – 기술적 구조에 따른 병렬 배치 – '모자이크형' 편집국에 가깝다. 디지털 뉴스팀은 편집국에 속해 있지만 그 조직의 비공식적 위계에서 분명한 구분이 존재하며, 기술인력 또한 언론사 전체를 총괄하는 종이신문의 기술인력, 또는 시스템 관리 인력과 구분된다. 웹제작부, 혹은 콘텐츠 운영팀에 속한 디자이너, 프로그래머 등의 기술인력은 언론사의 통합 CMS 또는 서버를 유지·관리하는 개발실이나 기술관리부와는 다른 인력과 직종으로 구분된다. 또한 디지털뉴스국의 기술인력은 포털 사업자와의 협의 및 계약 등을 맡는 부서와도 상시적인 교류가 없으며 뉴욕타임스 혁신 보고서 등이 권유하는 독자개발 audience development 업무와도 동떨어져 있다. 요컨대 디지털뉴스국의 기술인력은 온라인/모바일 콘텐츠의 제작과 단순 송출에

13 '통합뉴스룸으로 개편하는 한국일보, 무엇이 변할까?', 미디어오늘 2020.06.26.

만 집중하는 업무를 맡고 있는 셈이다.

이와 같은 디지털 뉴스룸의 구성은 언론사 종사자들이 간과해왔거나 묵인했던 조직문화에 어떤 변화를 줄지 알 수 없다. 그러나 콘텐츠 층위와 인프라 층위에만 집중해왔던 디지털 뉴스룸 개편에 조직 층위의 문제가 더욱 가중될 것은 분명하다. 해외 유력 언론사의 디지털 혁신 보고서에 대한 주목과 비교보다 한 사회의 정치경제적 환경과 언론사 고유의 조직문화가 뉴스 콘텐츠에 어떤 영향을 끼칠지가 주목해야 할 이유다. 디지털 뉴스가 단순히 비트로 구성되어 변화무쌍한 형식을 갖춘 콘텐츠가 아니라 협의형 커뮤니케이션 중심의 독자·대중 커뮤니케이션 양식에 사용되는 소재라면 뉴스룸의 변화는 뉴스 뿐 아니라 언론이 한 사회에서 갖는 가치value의 변화로 이어진다.

디지털 뉴스룸과 뉴스 가치

이 장에서 논의한 디지털 뉴스룸은 언론사 편집국의 구조가 아니라 언론사 전체의 조직 개편과 종사자 직무·직급·직위의 변화를 의미한다. 특히 언론사와 같이 전문직주의가 고유의 문화로 자리 잡은 조직은 독자·대중을 비롯한 외부 환경의 변화에 의해 영향을 받는다. 하워드 가드너Howard Gardner와 동료들은 전문직의 형성과 변화에는 네 가지 요건이 작용한다고 말한다Gardner, et.al, 2003. 첫째, 과학이나 기술 등 다른 분야의 변화에 영향을 받아 직업 영역이 재구성되거나 해체될 때다. 디지털 혁신의 담론에서 선두에 있었던 인프라 층위의 테크놀로지 혁신뿐 아니라 18세기 의견과 주장의 커뮤니케이션을 세분화된 인터넷 공동체와 익명의 이용자 개인들 사이에서 활성화시킨 네트워크와 플랫폼 테크놀로지의 변화가 여기에 해당된다.

둘째, 문화적 가치와 신념의 변화다. 디지털 뉴스룸에서는 이를 뉴스 가치news values와 전문직주의에 대한 기자의 정체성 변화로 나타난다. 뉴스 콘텐츠가 어떤 독자들에게 전달되는지, 이들의 접근과 공유 경로가 어떻게 되는지 등의 독자 분석은 전통적인 뉴스 가치를 흔들기에 충분하다.[14] "거의 모든 사람들이 모든 물건들을 공짜로 내다 팔고 있는 상황시장"이라는 스티븐스의 비유는 디지털 뉴스의 가치가 '얼마나 최신의 소식인지', '다른 언론사보다 얼마나 빨리 전달했는지', '파편화된 이용자들을 얼마나 묶어서 유인했는지'로 좁혀질 가능성이 높다Harcup & O'Neill, 2015.[15] 이러한 가치에 적응하는 뉴스룸은 기존 편집국 기자뿐 아니라 개발자, 엔지니어, 프로그래머, 웹디자이너 등 새롭게 진입한 IT인

---

14 여기서 전통적 뉴스 가치란 하컵과 오닐이 제시한 권력엘리트, 유명인사, 오락, 놀람, 나쁜소식, 좋은 소식, 중대함, 관련성, 후속기사, 신문 의제 등의 뉴스 선택 기준을 말한다 (Harcup & O'Neill, 2015).

력의 정체성에도 영향을 미친다. 요컨대 24시간 쉼 없이 생산하는 뉴스 콘텐츠를 통해 "한 사람의 직업 종사자, 시민, 그리고 인간으로서의 나의 존재에 가장 중요한 것은 무엇인지" 생각할 여지를 두지 않는 것이다.

셋째, 전문직의 지위와 고용형태에 영향을 주는 대중의 정치적 요구와 정치적 변화다. 한국 정치의 특수성으로 인해 조회수, 댓글, 이메일로만 확인되는 정파적이고 파편화된 이용자 개인들의 정치적 요구가 거세진 것은 오래 전이다. 최근 언론 자유도의 상승에도 불구하고 언론의 신뢰도가 끝없는 하락을 보이는 현상 또한 중요한 정치적 변화다. 그러나 국내 디지털 뉴스룸 조직에서 가장 어려운 문제는 공개채용 직원과 경력채용에 대한 암묵적인 차별에 더하여 새롭게 더 많은 숫자로 유입되고 있는 기술 인력들의 고용 안정성이다. 이들이 속한 ICT서비스업의 고용여건은 타 직종에 비해 높은 임금을 받고 짧은 근로시간을 장점으로 하지만 10년 이하의 근속기간이라는 특징을 보인다. 디지털 뉴스룸 조직에서 이들이 편집국 기자와의 직급, 직위, 급여의 차별이나 24시간 뉴스 생산체계의 장시간 노동을 접한다면 근속기간이 더 줄어들 가능성이 높다.[16]

넷째, 전문직 실무 종사자들의 혁신이다. 언론사마다 디지털 뉴스룸을 통해 다양한 콘텐츠 실험을 권장하지만, 그 지속성이 보장되지 못할 경우 경제적 이익 외에 어떤 혁신의 내적 동기도 부여받지 못한다. 특히 디지털 뉴스룸은 지난 수십 년 동안 종이신문의 영향력으로 수익을 내고 사회적 관계를 구성해 온 조직을 근간으로 한다. 이는 뉴스룸 고위 간부의 결정과 의지로만 해결될 수 없는 과제다. 100년 동안 쌓아온 언론사의 자기 정체성이 디지털 뉴스 콘텐츠의 영향력으로 십수 년 만에 변하기는 어렵다. 따라서 디지털 뉴스룸 중심의 조직 혁신은 기자 등 종사자들의 전문직주의에 미치는 영향을 넘어 언론사가 한 사회의 미디어로서 가져야 할 가치의 문제를 제기한다.

전통적으로 한국의 언론사는 매체의 영향력으로 수익을 얻었

---

15 2020년 9월 새로운 CMS 아크(ARC)를 도입한 조선일보는 9월 25일 사보를 통해 다음과 같이 자체 평가를 내렸다. 조선일보는 지난 25일자 사보를 통해 "이달 셋째주(9월14~20일) 조선닷컴 조회수(PV·Page View)와 순방문자 수(UV·Unique Visitor)가 8월 넷째주보다 각각 8%, 4% 증가한 것으로 나타났다"며 "올해 닷컴 및 포털 트래픽이 가장 높았던 시기가 8월 넷째 주였는데, 이번에 이를 뛰어넘은 것"이라고 평가했다. … 조선일보는 "조선닷컴 조회수와 순방문자 수의 이 같은 증가는 추미애 법무장관 아들 의혹이 이 기간에 불거진 영향도 있지만, 편집국이 실시간으로 터져 나오는 뉴스에 발빠르게 대응하고 있다는 점이 주요 요인으로 꼽힌다"고 밝혔다. … 조선일보 사측은 편집국 기자들이 아크의 '비디오 센터'를 활용해 기사에 동영상을 넣는 일이 늘고 있고 이 같은 편집이 독자들을 끌어 모으고 있다고 분석했다. 이를 테면 지난 16일 "[영상] 자매처럼 지내다 딸의 그림 사라지자… 엑셀 밟고 편의점으로 돌진" 기사는 조선닷컴과 네이버에서 총 52만 조회수를 기록했는데 '영상'이 들어간 기사가 그렇지 않은 기사보다 독자들을 더 많이 붙잡고 있다는 것. … 조선일보는 "포털이나 구글 검색 등을 통해 조선일보 홈페이지로 유입되는 수치도 증가했다"며 "개편을 단행한 9월 첫째주와 지난 셋째 주 데이터를 비교·분석해보니 네이버를 통해 새 조선닷컴으로 들어오는 사용자가 8% 늘어난 것으로 나타났다. 이 가운데 3분의 1이 조선닷컴을 처음 방문하는 '신규 방문자'였다"고 설명했다. '기자들 '아크 아우성' 속 조선 '트래픽 올 들어 최고치'', 미디어오늘, 2020.09.29.
16 'IT 노동자, 임금 높지만 수명 짧아… 불안한 메뚜기 신세', 뉴시스, 2019.06.28.

다. 소수 언론이 여론 형성에 영향력을 미쳤던 시기는 동시에 신문과 방송에 대한 광고 수요가 높았던 때이기도 하다. 그러나 지금과 같은 온라인/모바일 플랫폼 중심의 인터넷 공동체와 이용자가 뉴스 콘텐츠를 '소비'하는 때에는 이전보다 더욱 강한 영향력의 증명이 필요하다. 과거 언론사가 유료부수를 근거로 정치권과 재개에 영향력을 증명하고 이로부터 또 다른 권력이 되었다면, 지금은 더 많은 양적 지표와 데이터로 증명해야 할 절박한 시기가 되었다. 그레이버David Graeber의 지적처럼 이러한 가치 추구는 화폐를 통해 얻는 수익에 머물지 않고 상대에게 자신이 받은 선물보다 더 화려한 선물을 줌으로써 우월한 지위를 확인하는 또 다른 의미의 경제적 가치 추구가 된다. 아울러 디지털 뉴스룸으로 달라진 뉴스 가치는 속보경쟁, 연성화, 트래픽 성과 측정 등으로 인해 뉴스 콘텐츠의 사회적 의미 또한 달라지게 만든다Graeber, 2009. 한 사회의 언론이 시민을 대상으로 전달하는 뉴스 콘텐츠는 정치인과 유권자, 고용주와 노동자, 남성과 여성 등 표면적인 사회적 관계의 배후에 있는 심층을 드러내야 한다. 이런 콘텐츠를 심층보도나 탐사보도라고 부른다면 디지털 뉴스룸 조직은 표면적이고 직관적인 사회적 관계를 선호하는 인터넷 공동체와 이용자들 핵심 독자로 삼을 수 있다. 새로운 정보와 분석보다 자신의 의견과 주장에 대한 동의를 구하는 독자·대중의 커뮤니케이션 양식 속에서 디지털 뉴스룸이 콘텐츠나 테크놀로지 인프라에만 집중할 수 없는 이유가 여기에 있다. 독자에 대한 분석보다 데이터

너머 독자를 발견할 수 있는 디지털 뉴스룸의 혁신이 필요하다.

참고문헌

김동원(2015). 다중의 커뮤니케이션을 향한 규제와 통제, 진정한 목적은 무엇인가?, 〈포털 뉴스 서비스의 평가와 대안〉, 한국방송학회/한국언론정보학회 공동주최 토론회 발표문.

박진우 · 김세은 · 이정훈 · 이봉현 · 심석태(2016). 모바일 혁신을 위한 취재 시스템 변화 및 개선 방안, 한국언론재단 지정주제 연구보고서 2016.03. 한국언론재단.

심영섭(2016). 오만함을 반성합니다, 혁신 위한 냉혹한 자기비판: 슈피겔 혁신보고서, 무엇을 담고 있나,《신문과 방송》545호, 2016년 5월호.

언론진흥재단(2017). 2016년 언론수용자 의식조사, 언론진흥재단.

우병현(2015). [집중점검] 언론사, 기자조직에서 디지털 회사로 생존 고민: 국내 언론사에서 기술 직종의 위상과 바람직한 역할, kpfbooks.tistory.com. 2015.9.17.

윤익한 · 김균(2011). 통합 뉴스룸 도입 이후 뉴스생산 노동과정의 변화: CBS 통합 뉴스룸 사례 연구,《한국언론정보학보》55. 한국언론정보학회.

이성규(2015). 수용자 측정은 언론의 숙명, 독자 있는 곳에 뉴스 있어,《신문과 방송》, 538호, 2015년 10월호.

임영호(2017). 《전환기의 신문산업과 민주주의》, 한나래.

최민재 · 김성후 · 유우현(2018).《언론사 디지털 혁신》, 한국언론진흥재단.

Doctor, K.(2015). Newsonoics: The Washington Post offers an Arc in the strom, NiemanLab, 2015.8.1.

Feenberg, A.(2002). Transforming Technology: a critical theory revisited, Oxford: Oxford University Press.

Gardner, H., M. Csikszentmihalyi, W. Damon, 문용린 옮김(2003).《Good Work》, 생각의 나무.

Graeber, D., 서정은 옮김(2009).《가치이론에 대한 인류학적 접근》, 그린비.

Harcup, T. & D. O'Neill, 'News Values and News Selection', Wahl-Jorgensen, K. & T. Hanitzsch ed. 저널리즘학 연구소 옮김(2015).《저널리즘 핸드북》, 새물결

Hobsbawm, E., 정도영 옮김(1998).《자본의 시대》, 한길사.

NYT,, 조영신, 박상현 옮김(2014).《뉴욕디임스 혁신》

Peters, J.(2010). "Mass Media", Mitchell, W. & B. Hansen. ed.(2010), Critical Terms for Media Studies, Chicago: The University of Chicago Press.

Sennet, R., 김병화 옮김(2013).《투게더: 다른 사람들과 함께 살아가기》, 현암사.

Spurgeon, C.(2008). Advertising and New Media, NY: Routledge.

Srnicek, N., 심성보 옮김(2020).《플랫폼 자본주의》, 킹콩북
Stephens, M., 김익현 옮김(2015).《비욘드 뉴스, 지혜의 저널리즘》, 커뮤니케이션북스.

김동원

한국예술종합학교 방송영상과 강사이며 전국언론노동조합 정책전문위원이다. 한국외국어대학교애서 신문방송학과 정치경제학을 공부했으며〈한국방송산업의 유연화와 비정규직의 형성〉이라는 논문으로 박사학위를 취득했다. 미디어 자본과 노동, 미디어 정책에 대한 조사와 연구를 진행하고 있다. 주요 논문은〈이용자를 통한 미디어 자본의 가치 창출〉, 공저로〈누가 문화자본을 지배하는가〉,《데이터 사회의 명암》,《지역방송 리 디자인》,《1987년 민주화 이후 30년, 한국의 언론과 언론 운동 성찰》등이 있다.

최유리

서강대학교 대학원에서 신문방송학 석사과정을 밟고 있다. 2012년 언론사 연대파업과 함께 노동조합 활동가 생활을 시작하며 언론의 역할에 대한 의문을 갖게 됐다. 2018년 제16회 문화연구캠프에서〈방송작가의 근로자성과 '창의노동'〉에 대해 실험적 형식의 논문을 발표했고, 같은 해 동료들과 함께 포털 저널리즘 연구 경향을 연구하고 한국언론학회 봄철 정기학술대회에서〈포털 저널리즘 연구의 경로 의존성과 탈맥락성〉을 발표했다. 2019년에는 지난한 싸움을 마치고 정상화를 염원하며 세워진 언론사 적폐청산 기구 담당자들을 인터뷰하고, 뉴스통신진흥회 세미나에서〈공영언론 혁신의 성과와 진단 : KBS, MBC, YTN, 연합뉴스의 사례를 중심으로〉로 발표했다. 2017년 지상파 방송사, 2019년 일간 신문사 노동자들의 실태를 조사하는 데에도 힘을 보탰다.

2부

저널리즘 모포시스 :
저널리스트

4. 독자 없는 언론의 시대, 관행과 관성이 만든 신뢰의 위기

이정환 미디어오늘 발행인 겸 편집인

정치권력은 비판해도 자본권력은 비판할 수 없는 언론

뉴욕대학교 교수 클레이 셔키는 사회적 인식Social awareness의 3단계를 다음과 같이 정의했다.[1] 1단계는 모두가 무엇인가를 아는 단계고 2단계는 모두가 알고 있음을 모두가 아는 단계, 3단계는 모두가 알고 있음을 모두가 알고 있다는 사실을 모두가 아는 단계다.

지금 한국은 언론이 진실을 말하지 않는다는 것을 모두가 알고 있는 단계를 지나 나뿐만 아니라, 다른 사람들도 모두 언론을 믿지 않는다는 것을 서로 확신하는 단계에 들어선 것 같다. 그 누구도 언론을 믿지 않는다는 걸 모두가 알고 있다는 걸 모두가 아는 단계가 되면 사회의 의제 설정 시스템이 무너진다. 한국은 그 직전까지 와 있는 것 같다.

한국 언론은 크게 삼성을 비판할 수 있는 언론과 그렇지 못한 언론으로 나뉜다. 한국 언론이 신뢰를 잃게 된 여러 가지 역사적 배경과 요인을 짚어볼 수 있겠지만 가장 결정적인 건 언론이 더 이상 권력에 맞서지 않는다는 것을 모두가 알게 됐기 때문이다. 언론이 자기네들 먹고 사는 문제 때문에 진실을 말하지 않는다는 확증 편향, 정치권력을 비판하지만 자본권력을 비판하지 못하는 비참하고 고루한 현실을 독자들도 모두 알고 있다는 이야기다.

한국에서 언론과 자본의 관계는 크게 두 차례 변화가 있었다. 첫 번째가 2007년 삼성 특검이고 두 번째가 2017년 삼성전자 부회장 이재용의 구속이다. 공교롭게도 10년 간격을 두고 일어난 두 사건은 언론의 자본 종속을 더욱 심화시켰다. 2007년 이전에는 비판 기사를 썼다가 광고를 받고 기사를 빼는 일이 흔했지만 2007년 이후에는 감히 기업^{광고주}을 비판하는 기사를 쓴다는 건 상상도 하기 어려운 일이 됐다.

미디어오늘이 2008년 1월부터 2009년 12월까지 7개 전국 단위 일간 신문의 지면 광고 2만 7,755건을 전수 조사한 결과[2] 삼성은

1 클레이 셔키(2008), 《끌리고 쏠리고 들끓다(Here Comes Everybody: The Power of Organizing Without Organizations)》, 갤리온
2 이정환(2010), 조중동에 광고 집중, 한겨레 '왕따', 미디어오늘, 2010년 2월3일자

2007년 비자금 사태 이후 광고를 거의 전면 중단하다시피 했다가 이건희 회장의 재판이 끝난 직후인 2009년 8월부터 광고를 쏟아냈다. 삼성그룹 계열사들이 일제히 광고를 끊으면서 일부 신문은 신문 용지 살 돈도 없는 말이 나올 정도로 심각한 위협에 직면했다.

당시 삼성그룹 홍보실 관계자들이 이런 말을 했다. "회사 비판하는 기사가 날마다 나가는데 그 밑에 광고를 싣는 건 좀 그렇지 않습니까. 큰일 좀 지나간 다음에 합시다." 그렇게 1년 반 동안 광고를 틀어쥐었다. 길고 긴 재판이 끝나고 삼성이 광고를 재개했을 때 삼성을 비판할 수 있는 용감한 언론사는 많지 않았다. 대부분 언론사가 재판 결과를 아무런 비판 없이 건조하게 인용했고 민감한 부분은 침묵하거나 판단을 유보했다.

법원은 삼성에버랜드 전환사채 편법 증여 혐의에 대해 무죄를 선고하고 삼성SDS 신주인수권부사채 헐값 발행 혐의에 대해서는 공소 시효가 지났다는 이유로 면소 판결했다. 조세 포탈 등 일부 혐의만 유죄로 인정했고 이건희를 비롯해 8명의 피고 전원이 무죄나 면소, 집행유예로 풀려났다. 전형적인 유전무죄 판결, 당시 언론 보도는 한국 언론 역사에 가장 부끄러운 순간 가운데 하나로 기록될 것이다.

일찌감치 동아일보 편집국장을 지낸 김중배가 지난 1991년 "언론은 이제 권력과의 싸움에서 더 원천적인 제약세력인 자본과의 힘겨운 싸움을 벌이지 않으면 안 되는 시기에 접어들었다"고 선언했지만 2007년 이후 언론은 아예 자본권력 앞에 충성 경쟁을 벌이기 시작했다. 과거에는 비판 기사를 쓰고 광고와 맞바꾸는 거래가 성행했다면 2007년 이후에는 기사를 잘 써주면 광고가 나오는 시스템으로 바뀌었다.

2017년 이후에는 상황이 또 달라졌다. 10년 전 이건희는 457억 원을 탈루하고도 집행유예를 받아 구속을 피할 수 있었지만 이재용은 뇌물 공여 등의 혐의로 구속 기소돼 1심에서 징역 5년을 선고받았다. 삼성은 이번에도 비판적인 기사를 쓰는 언론사들을 철저하게 광고 중단으로 보복했다. 이재용은 2심에서 징역 2년 6개월에 집행유예 4년을 받고 석방됐지만 1년 가까이 수감 생활을 해야 했다.

미디어오늘이 2017년 5월부터 2019년 4월까지 23개월 동안 삼성전자의 광고 집행 건수를 집계한 결과[3] 조선일보가 230건, 동아일보가 204건, 경향신문 172건이었고, 중앙일보는 103건, 한겨레는 60건에 그쳤다. 10년 전에는 모든 언론에 광고를 끊었지만 이

---

3 김도연(2019), "광고압박 없다"던 삼성, 교묘한 광고 통제, 미디어오늘, 2019년 3월28일자

번에는 철저하게 삼성에 우호적인 신문 중심으로 광고를 차별 배정했다. 충성도에 따라 경향신문과 한겨레를 차별하고 국정 농단 보도를 주도했던 JTBC의 계열사 중앙일보도 보복의 대상이 됐다.

기업 광고가 달마다 마지막 날 집행된다는 사실을 아는 사람은 많지 않다. 첫째, 어차피 광고 효과가 거의 없기 때문에 언제 집행해도 상관없기 때문이고 둘째, 마지막 날까지 기사 쓰는 걸 봐서 광고를 배분하겠다는 메시지가 깔려 있는 것이다. 만약 8월 30일에 비판 기사가 나간다면 8월31일에 광고를 배정 받지 못할 각오를 해야 한다. 셋째, 실제로 지면에 게재되는 광고는 아주 일부분이다. 광고비만 받고 광고를 게재하지 않는 경우도 많다.

2007년 삼성의 광고 중단은 언론사들에 강력한 메시지를 남겼다. 삼성이 공격을 받으면 언론사도 위기를 맞는다. 2017년에는 삼성이 더욱 강력한 메시지를 던졌다. 우리를 돕지 않으면 우리도 돕지 않겠다. 좀 더 나가서 우리를 괴롭히는 언론은 철저하게 보복하고 응징하겠다는 메시지였다. 상당수 언론사들이 이에 굴복했고 고스란히 지면에 반영됐다. 삼성의 편법 승계는 한국 언론에게 금기어가 됐다.

두 차례의 삼성 재판은 한국 사회에서 언론에 대한 인식이 바뀌는 계기가 됐다. 민주화 이후 정치권력에 대한 비판은 자유로워졌지만 자본권력에 대한 비판은 더욱 어려워졌다. 대통령을 비판했다고 남산에 끌려가는 시대는 아니지만 이재용을 다루는 부정적인 기사를 쓰면 광고가 끊긴다. 언론이 권력 앞에서 눈치를 보고 먹고 사는 문제 앞에서 진실을 왜곡한다는 것을 모두가 알고 있는 시대다.

한때 기자들이 "내가 당신을 잘되게는 못해도 망하게 만들 수는 있다"고 거들먹거리던 때가 있었지만 이제는 기업과 관계가 틀어졌다가는 광고가 끊길 각오를 해야 한다. 더욱 서글픈 것은 언론이 작정하고 비판 기사를 쏟아내도 웬만한 기업은 흔들리지 않는다는 사실이다. 한때 무슨 수를 써서라도 비판 기사를 빼야 한다던 기업 홍보실이 이제는 맞을 건 맞고 대신 광고를 중단하는 전략으로 바뀐 것도 2017년 무렵부터 나타난 변화다.

미디어오늘과 인터뷰한 한 대기업의 홍보 담당 임원은 "과거에는 가판을 보고 기사와 광고를 맞바꾸거나 하는 경우가 대부분이었지만 이제는 광고가 아니라도 언론사와 거래할 수 있는 수단이 많다"고 설명했다.[4] "아예 기사가 나가기 전에 딜을 하는 경우도 많고 언론사들도 주기적으로 받는 광고 외에 협찬이나 후

---

4 이정환(2010), 재벌앞에 서면 한없이 작아지는 언론, 미디어오늘, 2010년 1월 13일자

원 등 눈에 드러나지 않는 거래를 선호하는 편"이라는 이야기다. 이 임원은 "언론사들이 먼저 제안하는 경우도 많다"고 덧붙였다.

한국언론진흥재단이 실시한 '2019년 신문산업실태조사'에 따르면 192개 일간 신문의 매출 구조를 분석한 결과 종이신문 판매와 인터넷 콘텐츠 판매는 각각 전체 매출의 10.9%와 8.9%에 그쳤고 광고가 60.7%, 나머지 부가 사업 및 기타 사업이 19.5%를 차지했다. 부가 사업이나 기타 사업이란 게 결국 콘퍼런스와 포럼, 마라톤 대회 등의 협찬 사업으로 결국 변형된 광고의 성격이라고 본다면 전체 매출의 81.2%가 광고 연계 매출이라는 이야기가 된다.

미국에서는 2004년부터 2018년까지 전체 신문 광고가 70.9%나 줄어들었는데 한국은 같은 기간 동안 22.1% 줄어드는 데 그쳤다. 금융감독원 전자공시를 집계한 결과, 주요 신문사들 매출은 거의 2003년부터 2019년까지 거의 변동이 없다. 드러나는 지면 광고에서 음성적인 협찬과 후원으로 옮겨갔을 뿐 한국 언론은 여전히 먹고 살 만하고 동시에 광고주 의존이 더욱 심화됐다는 추론이 가능하다.

사상 초유의 대통령 탄핵 사태를 부른 최순실 국정농단 사건의 한 축이 삼성물산과 제일모직의 합병에 국민연금이 힘을 써달라는 청탁에서 비롯했다는 사실을 많은 사람들이 간과하곤 한다.

삼성이 던져주는 광고와 협찬을 의식해 국민연금이 삼성물산 합병에 찬성 표를 던져야 한다고 여론을 호도했던 언론은 과연 이 사건에서 자유로울 수 있을까. 박근혜와 최순실은 감옥에 갔지만 당시 언론 보도를 반성하는 언론은 한 군데도 없었다.

2016년 8월26일 김병기 문화일보 편집국장이 장충기 삼성그룹 전략기획실 사장에게 보낸 문자 메시지에는 다음과 같은 대목이 있다.[5] "올 들어 문화일보에 대한 삼성의 협찬+광고 지원액이 작년 대비 1.6억이 빠지는데 8월 협찬액을 작년7억 대비 1억 플러스8억 할 수 있도록 장 사장님께 잘 좀 말씀드려 달라는 게 요지입니다. (중략) 죄송합니다. 앞으로 좋은 기사, 좋은 지면으로 보답하겠습니다."

삼성증권 사장 출신의 황영기 금융투자협회 회장이 2015년 7월 8일 장충기 사장에게 보낸 메시지에는 이런 내용도 있었다. "밖에서 삼성을 돕는 분들이 많은데 그중에 연합뉴스의 이창섭 편집국장도 있어요. 기사 방향 잡느라고 자주 통화하고 있는데 진심으로 열심이네요. 나중에 아는 척해주시면 좋을 것 같습니다. 오늘 통화 중에 기사는 못 쓰지만 국민연금 관련 의사결정

---

5 정철운(2017),삼성에 "좋은 지면으로 보답하겠습니다", 미디어오늘, 2017년 8월 17일자

관련자들한테 들었는데 돕기로 했다고 하네요."

이 언론사들이 어떤 기사를 썼는지는 지면으로 확인할 수 있다. 상당수 언론사들에서 기사와 광고의 경계가 무너져 있고 기꺼이 기사를 거래하는 게 참담한 현실이다. "회장님 관련된 기사는 1억 원 주고라도 빼야 한다"는 게 홍보 담당자들이 공공연하게 하는 이야기고 기자들도 "삼성은 얼굴 없는 기부 천사인가" 반문하는 게 언론의 현실이다. 광고를 싣지 않으면서 현금을 꽂아주는 이 기묘한 거래를 어떻게 설명할 것인가.

광고를 팔던 언론이 언젠가부터 지면을 팔고 있다. 언론에 거는 독자들의 마지막 기대를 걷어차고 스스로 존재 이유를 부정하는 행위다. 기사를 거래하는 것도 그나마 언론의 신뢰와 권위가 남아 있기 때문에 가능한 일이지만 이런 추세라면 급격히 그 가치가 떨어질 것으로 보인다. 흔히 기업들이 보험을 든다고 말하지만 보험으로서의 광고나 협찬도 그 효력이 예전 같지 못하다는 게 업계 관계자들의 이야기다. 길들여진 맹수가 뭐가 무섭겠는가.

2017년 7월16일 디지털타임즈에 실렸던 "악재 연속 김정태, 3연임 먹구름"이라는 제목의 KB금융지주회사를 다룬 기사는 몇 시간 뒤에 "김정태, 금융지주 첫 3연임 순항"이라는 전혀 다른 기사로 바뀌었다.[6] 2017년 11월 7일 전자신문에 실린 "농협은행 모바일뱅킹 보안 오류… 유심 인증 먹통 '3일째 이용 불가능'"이라는 제목의 기사는 농협의 항의 방문 뒤에 사라졌다. 이런 일이 일상적으로 벌어진다.

한겨레에서도 수상한 사건이 있었다. 2017년 11월 6일 "어떤 영수증의 고백"이라는 제목의 한겨레21 표지 기사가 출고되기 직전 양상우 한겨레 사장이 수정 요청을 했고 길윤형 편집장이 사표까지 던지면서 반발했는데, 알고 보니 LG 그룹 임원이 한겨레를 방문해 김종구 편집인을 만나 통사정을 했던 것으로 확인됐다. 공교롭게도 한겨레21 발간 시점에 맞춰 한겨레 지면에 LG전자 전면 광고가 실려 논란을 키우기도 했다.

경향신문에서는 2019년 3월 대기업 일감 몰아주기를 다룬 기획 보도가 통째로 날아간 사건이 있었다. 편집국장 등이 "현대자동차와 한화, SK 등이 한꺼번에 나오니 부담스럽다"는 이유로 5개월 동안 취재한 결과를 '킬'했다. 경향신문 기자 48명이 "우리는 부끄럽습니다"라는 제목의 성명을 내고 "구체적 외압이 있기 전 우려만으로 국장이 먼저 기사검열을 했다는 사실이 절망적"이라고 비판했으나 결국 기사를 내보내는 데는 실패했다.

---

6 이재진(2017), '먹구름'이 '순항'으로 바뀌는 어느 은행의 마법 같은 기사들, 미디어오늘, 2017년 11월 1일자

그리고 2019년 12월에는 경향신문 사장 이동현이 편집국장 최병준에게 SPC그룹을 다룬 기사를 삭제할 것을 지시한 사실이 드러나 책임을 지고 물러나기도 했다. SPC그룹에서 기사를 내보내지 않는 조건으로 5억 원의 협찬을 제시했고 사장이 직접 편집국장에게 전화를 걸어 동의를 구한 것으로 미디어오늘 취재 결과 확인됐다. 기사를 쓴 기자가 사표를 내면서 저항한 끝에 알려지긴 했지만 이런 일이 한두 번이라고 보긴 어렵다.

업계에서는 그나마 경향신문이 건강하니까 이런 문제제기도 나온다는 평가가 많았다. 《기자협회보》가 인터뷰한 한 신문사 기자는 "데스크는 '여기 도움광고되는 곳이냐'는 말을 일상적으로 한다"면서 "광고 많이 하는 기업이니까 너무 세게 조지지 말라는 지시도 여러 번 들었다"고 말했다. 다른 언론사의 한 기자는 "기업을 비판한 기사가 나도 모르게 삭제되거나 데스크 마음대로 기사의 '야마'를 바꾸는 것에 어느 순간 무덤덤해졌다"고 말하기도 했다.

세계적으로 수많은 언론사가 문을 닫는데 한국에서는 망하는 언론사가 하나도 없다는 사실이 의미하는 바가 크다. 바야흐로 독자 없는 언론의 시대, 한국의 신문사들은 광고주들과 유착하고 지면을 팔면서 연명하고 있다. 환경이 달라지기도 했지만 뉴스 기업들의 선택이라는 게 문제의 핵심이다. 관행이라는 이유로, 그리고 생존이라는 변명으로 저널리즘의 원칙을 희생한 대가로 독자들의 신뢰를 잃고 있는 것이다.

무너진 공론장, 독자 없는 언론의 시대

기업들이 광고 효과가 거의 또는 전혀 없는데도 지면에 광고를 집행하고 광고 대신에 기사를 거래하는 관행은 지극히 한국적인 현상이라고 할 수 있다. 기업 입장에서는 광고라기보다는 리스크 관리 비용에 가깝다. 독자들이 떠나면서 살아남기 위해 광고에 의존하게 된 것일까. 아니면 광고주들과 결탁하면서 저널리즘의 책무에 충실하지 않았기 때문에 독자들이 실망해서 떠난 것일까. 이 두 가지 질문은 서로 맞물린다.

언론사 기자들을 만나 이야기해보면 독자들이 더 이상 주류 언론에 로열티가 없다는 사실을 모두 인정한다. 신문은 B2B 산업으로 전락한 지 오래고 독자들 대부분이 기업 독자들인 게 현실이다. 2019년 한국언론진흥재단 조사에 따르면 신문 구독률은 6.4%까지 떨어졌다. "지난 1주일 동안 한 번이라도 종이신문을 읽은 적 있느냐"는 질문에 열독률은 12.3%, 열독 시간은 4.2분에 그쳤다. 이마저도 설문조사의 특성상 과장됐을 가능성이 크다.

흥미로운 대목은 종이신문을 읽지는 않지만 어떤 식으로든 뉴스를 읽는다는 이른바 결합 열독률은 88.7%로 꾸준히 오르고 있다는 사실이다. 그 독자들 대부분이 포털 사이트에 있고 그들 대부분이 지금 내가 읽고 있는 기사가 조선일보 기사인지, 경향신문 기사인지, 세계일보 기사인지 모른다는 게 딜레마다. 네이버나 다음에서 본 기사일 뿐 여기에는 기사의 맥락도 논조와 관점의 차이도 없다.

로이터저널리즘 연구소가 해마다 발간하는 《2019년 디지털 리포트》[7]에 따르면 한국은 언론사 사이트 직접 방문 비율이 4% 수준으로 조사 대상 국가 가운데 가장 낮은 수준이다. 소셜 미디어나 포털 사이트에서 뉴스를 읽을 때 뉴스의 브랜드를 인지하는 비율도 각각 24%와 23%로 역시 가장 낮은 수준을 기록했다. 언론사 사이트를 방문하지도 않을뿐더러 어디선가 뉴스를 읽더라도 그게 무슨 뉴스인지 관심을 갖지 않는다는 이야기다.

한국에서 주류 언론사들이 네이버와 다음에 뉴스를 공급하기 시작한 게 1998년부터다. 일부 언론사들에 전재료라는 명목으로 콘텐츠 비용을 지급하기 시작했고 포털의 집중도가 높아지자 2009년에는 네이버가 뉴스캐스트라는 이름으로 네이버 프런트 페이

---

7 Reuters Institute Digital News Report(2019), Reuters Institute for the Study of Journalism.

지의 황금 공간을 언론사들에게 내주기도 했다. 실시간 인기 검색어와 맞물려 어뷰징 기사가 범람하고 공론장이 황폐화됐지만 언론사나 포털이나 속수무책이었다.

그동안 몇 차례 포털에서 독립하려는 시도가 없었던 것은 아니지만 모두 처참하게 실패했다. 2004년 스포츠 신문들이 네이버와 다음에서 집단 탈퇴하고 파란닷컴으로 옮겨갔지만 수많은 연예 매체들이 등장해서 그 자리를 메꿨다. 조선일보와 매일경제신문 등이 모바일에서는 네이버에 주도권을 내줄 수 없다며 모바일 기사 공급을 거부하다가 뒤늦게 합류하기도 했다. 연합뉴스에 네이버 탈퇴하라는 요구가 빗발치기도 했지만 역시 실패했다.

네이버와 다음이 한때 1년에 언론사들에게 지급하는 전재료와 플러스 프로그램의 합계가 1,000억 원 수준에 이른다는 관측도 있었지만 광고 배분과 후원, 협찬까지 포함하면 여전히 두 포털 사이트가 언론사들에게 지불하는 비용이 수천억 원에 이른다는 게 업계의 공공연한 비밀이다. 2020년 4월부터 네이버가 전재료 제도를 폐지하고 광고 수익을 배분하는 시스템으로 전환했지만 여전히 한국 언론의 포털 종속은 구조적이고 지배적이다.

한국신문협회가 한때 포털 전재료를 3배 이상 인상해야 한다는 주장을 하기도 했지만 진짜 문제는 전재료가 아니라 포털에 빼앗

긴 의제 설정 시스템이다. 2016년 여론집중도조사위원회 조사에 따르면 네이버와 다음의 검색 점유율이 각각 76.3%와 16.0%, 뉴스 이용 점유율은 55.4%와 22.4%에 이른다. 이른바 조중동도 1~2% 남짓이고 나머지 131개 언론사를 다 합쳐도 10.5% 밖에 안 된다.

한국의 언론사들은 독자들이 네이버와 다음에서 뉴스를 읽는 다는 사실을 당연하게 받아들이고 자체적으로 독자를 확보하거 나 늘리려는 노력을 일찌감치 포기했다. 아무리 좋은 기사라도 네 이버에 떠야 이슈가 되고 오히려 네이버에 뜨는 이슈를 좇아가는 게 한국 언론의 현실이다. 헐값에 뉴스를 내다 팔아 네이버와 다 음에 의제 설정의 권력을 쥐어주고 얼마 안 되는 수익 배분에 목 을 매고 있는 상황이다.

뉴스 기업들이 온라인 광고로 버는 돈은 노출 1건에 최대 10원 정도가 고작이다. 미디어오늘이 업계 관계자들을 취재한 결과, 온 라인 광고의 클릭당 과금CPC, click per Click은 40~100원 수준, 실제로 방문자가 광고를 클릭하는 비율CTR, Click Through Ratio은 1~3% 수준 이다. 노출당 과금CPM, Cost Per Mille은 1,000뷰 기준으로 500~4,000 원 수준, 결국 10만 명이 기사를 읽어도 100만 원 정도 광고 매출 을 만들기 어렵다는 이야기다.

많은 언론사들이 온라인 뉴스팀이라는 이름으로 어뷰징 기사를 쏟아내기 시작한 건 2009년 네이버 뉴스캐스트 시절부터다. 네이버가 트래픽을 나눠주면서 100만 뷰 이상 트래픽을 만드는 이른바 클릭 바이트 기사가 넘쳐났고 일부 언론사들은 온라인 광고 매출이 하루 수천만 원을 웃돌기도 했다. 값싼 트래픽을 잡기 위해 값싼 기사를 쏟아내면서 공론장을 황폐화하고 모두가 패배자가 되는 공유지의 비극이었다.

비극의 원인은 결국 언론이 스스로 독자를 확보하고 독자들에게 신뢰와 평판을 얻고 뉴스 콘텐츠로 수익을 창출하고 콘텐츠에 다시 투자하는 선순환 구조를 만드는 데 실패했기 때문이다. 한국 언론이 값싼 트래픽에 목을 매는 건 그렇지 않으면 그렇게라도 독자를 확보하고 영향력을 유지해야 한다는 판단 때문이다. 한국 언론이 광고주와 결탁하는 건 그게 독자 없는 언론의 시대에 유일한 생존의 수단이기 때문이다.

모든 기자들이 어뷰징 기사를 쓰는 것도 아니고 그 기사들이 한국 언론을 대표하는 것도 아니다. 가볍고 선정적인 기사가 더 잘 팔리는 게 온라인 뉴스 환경이지만 언론사들이 뉴스의 영향력과 의제 설정 시스템 구축에 소홀했던 것도 사실이다. 다만 상당수 신문사들이 여전히 다음날 아침에 배송될 종이신문 마감과 제작에 인력의 절대 다수를 투입하고 있고 정작 대부분의 독자들이 몰려 있는 온라인을 방치하고 있는 게 현실이다.

한국은 세계에서 언론에 대한 신뢰가 가장 낮은 나라다. 로이터 저널리즘 연구소가 공동으로 진행한 연구 조사에서 한국은 2016년부터 지난해까지 4년 연속 꼴찌를 기록했다. 언론을 신뢰하느냐는 질문에 그렇다고 답변한 비율이 23%밖에 안 됐다. 37개국 평균은 44%였다.[8]

신뢰도가 낮다는 것 못지않게 중요한 대목은 나와 같은 관점의 뉴스Share your point of view를 선호하는 국민들 비율이 44%나 된다는 사실이다. 40개국 평균은 28%였다. 특정 관점이 없는 뉴스No point of view를 선호한다는 비율은 52%로, 독일80%이나 일본78%, 영국76%, 노르웨이71% 같은 나라들보다 크게 낮게 나타났다.

로이터저널리즘 연구소는 "뉴스 전반에 대한 신뢰 하락이 이용자의 뉴스 이용 편향성 때문일 수 있다"고 분석했다. "저널리즘 자체의 품질보다는 사람들이 언론 기관에 불만족하거나 언론이 전달하는 뉴스의 관점에 동의하지 못하는 경우가 뉴스 전반에 대한 신뢰 하락에 영향을 주었을 것"이라는 분석이다.

2020년 6월 시사인 설문 조사에서는 코로나 바이러스 이전과

---

8 사실 이 설문은 5점 척도 평균이 아니라 '많이 신뢰한다'와 '신뢰한다'는 답변의 비율만 합산한 것이라 한국 국민들이 상대적으로 중립적인 답변을 많이 했다면 문화적 요인이 작용했을 수도 있다.

비교해서 신뢰 변화를 물었더니 언론은 45%가 줄었다는 결과가
나왔다. 질병관리본부가 +75, 의료인·의료기관이 +72로 높았고
청와대가 +29, 정부가 +27, 가족은 +67, 친척은 +41로 나타났다.
언론은 국회 -33는 물론이고 낯선 사람 -36보다 더 낮게 나타났다.
질문의 특성상 애초에 언론의 신뢰도가 낮았을 수도 있지만 상대
적으로 더 떨어졌다는 의미로 이해할 수 있다.

반면 문재인 정부 출범 이후 언론 자유는 빠른 속도로 회복됐
다. 2020년 '국경 없는 기자회'가 발표한 세계 언론 자유 지수에서
한국은 42위를 기록, 아시아 지역에서 최고 수준을 기록했다. 박
근혜 정부 말년, 2016년 70위까지 추락했다가 2017년 63위, 2018
년 43위, 지난해에는 41위까지 반등했다.

〈그림 1〉 로이터저널리즘 연구소 《디지털 저널리즘 리포트 2019》

	나와 같은 관점의 뉴스	특정 관점이 없는 뉴스	나와 반대되는 관점의 뉴스
40개국 평균	28	60	12
한국	44	52	4
브라질	43	51	6
미국	30	60	10
이탈리아	22	65	13
프랑스	20	58	22
일본	17	78	5
독일	15	80	5
영국	13	76	11
노르웨이	12	71	17

2018년 한국언론진흥재단의 언론인 의식 조사에 따르면, 최근 2년 사이에 편집국 또는 보도국의 사기가 저하됐다고 응답한 비율이 52.0%에서 76.8%로 늘어났다. 언론인으로서 비전이 없다는 답변이 54.1%, 업무를 통한 성취감과 만족감이 없다는 답변이 35.9%, 언론의 사회적 영향력이 축소됐다는 답변이 32.6%였다.

언론 자유는 회복됐는데 언론의 신뢰는 계속 떨어진다는 건 무슨 의미일까. 한국 언론은 그 어느 때보다도 자유를 누리고 있지만 정작 언론으로서의 역할을 제대로 하지 못하고 있다고 보는 시민들이 많다는 이야기다. 언론에 대한 기대 수준이 높아졌기 때문이기도 하지만 언론이 시대의 변화를 따라잡지 못하고 있다는 이야기도 될 것이다. 언론에 대한 불신과 함께 언론 개혁에 대한 국민들의 요구도 그 어느 때보다 높다.

익숙한 관행, 문제를 알지만 바꿀 수는 없다?

JTBC 보도국장 권석천은 2020년 5월, 《기자협회보》와 인터뷰[9]에서 이렇게 말했다. "우린 우리가 100미터 달리기를 하듯 살고 있고, 그래서 만성적인 피로와 동시에 집단적인 자기 연민을 느끼곤 한다. 하지만 정작 자신들이 어떤 일을 하고 있고, 어떤 역할을 해야 하는지, 해왔는지는 깨닫지 못해온 것 아닌가, 현장과 괴리된 속보에 매달려 시민들에게 진짜 알려야 할 것들은 외면해왔던 것 아닌가 하는 생각이 들었다."

2014년 4월 16일 세월호 침몰 사고는 한국 언론에도 근본적인 성찰을 일깨우는 사건이었다. 연합뉴스가 120명을 구조했다고 보도했던 9시 55분, 190명을 구조했다고 보도한 건 10시 17분이었다. 그러나 그 시각 실제로 구조된 인원은 최대 83명을 넘지 않았을 거라는 게 세월호특별조사위원회 추산이었다. 국민들이 "승객 전원 구조"라는 자막을 보고 가슴을 쓸어내리고 있을 때 배는 이미 뒤집힌 뒤였다.

"방금 들어온 소식인데요. 학생들은 전원이 구조가 됐다는 소식이 들어와 있습니다." 이날 아침 11시 3분 YTN 보도의 출처는 2분 전 MBN의 방송 자막이었다. YTN은 단원고등학교 현장에 나가 있는 기자에게 확인을 거쳤는데 학부모들도 MBN 방송 자막을 보고 환호성을 지르고 있는 상황이었다. 현장에 있던 경찰이 YTN 보도를 보고 "학생 전원 구조"라고 상부에 보고했고 단원고 교사가 경찰 보고를 옆에서 듣고 학부모들에게 문자 메시지를 보냈다.

---

9 최승영(2020), "우리 사회에 필요한 어젠다 끈질기게 따져물어… 시민 신뢰 확보할 것", 《기자협회보》, 2020년 6월 17일자

MBC는 심지어 팽목항 현장에 나가 있는 목포MBC 기자가 "전원 구조가 아닐 수도 있다"고 거듭 보고한 뒤에도 '전원 구조' 자막을 계속 내보냈다. 특별조사위원회 조사에서 MBC 기자는 기자실에서 MBN 기자의 통화 내용을 듣고 단원고 현지 취재 중인 기자에게 확인을 거쳤다고 밝혔다. 오보가 오보를 부르는 상황이었지만 실제로는 직접 확인 없이 서로가 서로를 베껴 쓰는 상황이었던 것이다.

만약 언론이 제 역할을 했다면 1분 1초가 아쉬운 그 급박한 순간에 좀 더 적극적으로 구조 작업이 이뤄졌을 것이고 304명의 희생자 가운데 몇 사람이라도 더 살릴 수 있었을지도 모른다. 애초에 연합뉴스 베껴 쓰기 관행이 부른 참사였지만 연합뉴스 기자가 누구에게 듣고 190명을 구조했다는 오보를 내보냈는지 애초에 해경의 지휘 체계 어디에서 구멍이 나 있었는지 등은 취재도 조사도 제대로 되지 않았다.

사고 이후 언론 보도도 문제가 많았다. 4월 말부터 구원파와 유병언 보도가 쏟아지더니 9월까지 8만 5,000여 건의 구원파 보도가 쏟아져 나왔다. 구조 실패의 책임과 과적과 관리 부실의 문제는 사라지고 사이비 교주의 도피 행각이 뉴스의 중심이 됐다. 세월호 청문회에 출석한 한겨레 기자 노현웅은 "검찰이 언론을 이용했다고 볼 수 있는 측면도 있다"면서 "검찰이 백브리핑을 늘리면서

세월호 보도가 줄어들고 구원파로 이슈가 전환됐다"고 말했다.[10]

　한국기자협회는 6년이 지난 2020년 4월에서야 사과문[11]을 내놓았다. "사실 확인은 뒷전인 채 정부의 잘못된 발표만을 받아썼고 특정 정파의 유불리에 매몰돼 사실을 왜곡하고, 과장하고, 축소했다"는 참회록이었다. 기자협회 회장 김동훈은 "언론은 죽음 앞에 최소한의 예의조차 저버렸다"면서 "세월호 참사의 실체적 진실규명에 힘쓰기는커녕 진상조사를 방해하고 진실을 덮는 데 앞장선 언론도 있다"고 반성의 뜻을 밝혔다.

　우리는 언젠가부터 기자가 뉴스의 주인공이 되는 사건을 자주 맞닥뜨린다. 채널A에서는 취재 기자가 검언 유착 논란에 휘말렸고 KBS에서는 인터뷰를 조작했다는 의혹이 제기돼 사회부장이 보직 사퇴를 하는 사건도 있었다. 기자의 질문 태도가 논란이 되기도 하고 한겨레에서는 김정숙 '여사'를 "김정숙씨"라고 불렀다고 해서 항의가 빗발쳐서 결국 표기법 원칙에 예외를 적용하기로 하는 해프닝이 벌어지기도 했다.[12]

---

10 김도연(2016), '돼지머리 수사' 받아쓴 언론, 유병언 쫓느라 진실을 놓쳤다, 미디어오늘, 2016년 9월 7일자

11 정민경(2020), 기자협회 "세월호 '보도 참사' 사과드린다", 미디어오늘, 2020년 4월 14일자

12 장슬기(2017), 한겨레 '김정숙 여사' 표기 "다음 대통령 땐 어떻게…", 미디어오늘, 2017년 8월 28일자

세월호 사고가 '기레기' 담론을 끌어올렸다면 조국 파문은 냉소와 불신을 부추기는 계기가 됐다. SBS는 2019년 9월 9일, 조국 청문회가 진행되는 도중 "검찰이 정경심 교수의 업무용 PC에서 동양대 총장의 직인을 컴퓨터 사진 파일 형태로 저장해 둔 것을 확인했다"고 보도했으나 반 년 뒤인 2020년 5월 7일에는 "아들이 받은 동양대 총장 명의의 상장 파일이 나왔다[13]"고 해명해야 했다. 검찰이 던져준 정보를 그대로 받아썼다는 사실을 시인한 것이다.

민주언론시민연합의 분석에 따르면[14] 2019년 9월 10일부터 24일까지 7개 신문과 8개 방송의 조국 관련 단독 기사 166건을 분석한 결과 이 가운데 41.6%가 검찰 발 단독 기사인 것으로 집계됐다. 익명의 검찰 관계자를 인용한 '알려졌다' 보도가 이슈를 주도했다. 방송통신심의위원회 심의위원 이소영은 "검찰이 흘리듯 던지면 언론에서 검증 없이 보도하는 행위가 계속 문제되고 있다[15]"고 지적했다.

검찰이 은밀하게 건네주는 정보는 검찰 관계자가 이러저러하게 말했다는 건 그 자체로 사실이지만 검찰 역시 법적 공방의 한쪽 플레이어일 뿐이고 실제로는 법정에 들어서기도 전에 여론 재판으로 정치적 사형 선고를 내리는 경우도 흔하다는 사실을 간과해서는 안 된다. 조국 국면에서 언론이 신뢰를 잃은 것은 언론이 검찰의 언론 플레이에 놀아나면서 사실 보도를 넘어 검찰에 동조하고 플레이어로 개입하고 있다는 인상을 줬기 때문이다.

조국 사태는 한국 언론의 바닥을 드러냈다. 조 전 장관을 응원하는 쪽이나 비난하는 쪽이나 언론 보도에 강한 불신을 드러냈고 한국 사회는 토론의 진전을 끌어내는 데 실패했다. 조국 논란에서 가장 큰 성과 가운데 하나는 역설적으로 독자들이 언론을 맹목적으로 받아들이지 않게 됐다는 것이다. 검찰이 스스로 개혁할 수도 없고 언론도 바닥을 향한 경쟁에서 빠져나오지 못한다는 참담한 현실을 확인한 것이다.

100여명의 기자들이 질문 공세를 퍼부었던 조국 당시 법무부 장관 후보자의 기자 간담회도 한국 언론의 바닥을 드러낸 사건으로 기억하는 사람들이 많을 것이다.[16] 애초에 이날 기자회견은 일문일답이 아니라 기자들이 질문을 던지면 조 후보자가 한꺼번에 모아서 답변하는 방식이었다. 기자들이 서로 질문할 기회를 노렸기 때문에 한 번 질문을 하면 마이크를 넘겨 줄 수밖에 없었고 답변을 듣고 반박하거나 후속 질문을 이어갈 수 없는 구조였다.

---

13 김정인(2020), '동양대 총장 직인 파일' 논란 계속…당시 상황은?, SBS, 2020년 5월 7일자
14 민주언론시민연합(2019), 조국 단독 기사의 절반은 검찰이 썼다, 2019년 10월 1일자
15 미디어오늘(2020), SBS 정경심 보도, 방통심의위서 한 시간 '썰전' 공방, 2020년 6월 3일자
16 이정환(2020), 해서는 안 되는 질문은 없다, 월간《신문과 방송》, 2020년 9월호

이날 기자 간담회 직후 "근조 한국 언론"이 포털 사이트 인기 검색어로 떠오른 것은 국민들의 분노와 실망이 어느 정도였는지를 짐작하게 한다. 큰 그림을 읽지 못하고 현장에 매몰된 기자들, 지면으로는 온갖 비판을 쏟아냈지만 막상 판을 깔아놓으니 핵심을 짚지 못하고 했던 이야기를 계속 반복하면서 변죽만 울리는 모습이었다. 민주당이 깔아놓은 멍석을 뒤집기보다는 결국 조국의 해명 이벤트에 들러리를 서는 데 그쳤다는 비판도 있었다.

한국일보는 역술가를 인터뷰해서 조국 후보자 관상을 보니 물러나는 게 맞다는 보도[17]를 보내냈다가 삭제했다. 서초동 집회를 진보-보수의 대결이라고 쓴 기사들이 비판을 받기도 했다. 조국 딸이 집에서 인턴을 했다는 검찰발 보도[18]는 교묘하게 말을 비트는 전형적인 받아쓰기 보도였다. 한 밤중에 조국 딸 집을 찾아가 초인종을 누른 종합편성채널 기자가 논란이 되기도 했다. 조국 딸이 포르쉐를 타고 다닌다는 오보[19]는 소송에 걸려 있다.

조국 딸의 자기 소개서가 5만 원에 팔리고 있다는 단독 보도[20], 조국 어머니가 부산대에 그림을 기증했다는 단독 보도[21], 사모펀드에 투자보다 약정액이 크다는 보도[22]도 모두 지엽적일 뿐만 아니라 사실과 다르거나 맥락을 왜곡한 보도였다. 사모펀드가 투자한 기업이 관급 공사를 싹쓸이 했다는 보도[23] 역시 정황만 있을 뿐, 추가 취재가 없었고, 후속 취재도 없었다. 던져 놓고 다른 의

혹으로 옮겨가는 보도가 계속됐다.

문제는 이런 보도가 의혹을 던지기만 하고 진실 규명에는 별 관심이 없는 것처럼 보이거나 또 다른 의혹을 부풀리는 과정을 반복하면서 정작 진실에 다가가기 어렵게 만든다는 것이다. 문제를 누구나 인식하고 있지만 스스로 머리를 깎을 수는 없고, 사냥개처럼 돌진만 할 뿐 이런 보도가 어떤 영향을 미치는지 뉴스를 외면하게 만들고 숨은 맥락을 돌아보지 못하는 구조적인 한계를 인정해야 한다.

검찰이 왜 이런 정보를 흘리는가에 대한 의문과 함께 검찰과 언론의 공생 관계에 대한 반성이 있었으면 좋았겠지만 현장에서는 익명의 검찰발 보도를 끊기 어려운 게 현실이다. 적당히 검찰에 이용당하고 있다는 생각을 하지 못하거나 이용을 당하더라도

17 안하늘(2019), '조국 사태' 예언한 관상가 "대통령 결단이 필요한 때, 한국일보, 2019년 9월 23일자

18 최재훈(2019), 조국 딸 서울대 법대에서 해야 할 인턴은 집에서, 학생 가르쳐야 할 인턴은 엄마 연구실에서 했다, 조선일보, 2019년 9월 29일자

19 박지혜(2019), 조국 딸, 포르쉐 타고 다니면서 장학금 받아?…'배신감' 공세, 이데일리, 2019년 8월 20일자

20 최선(2019), [단독] 조국 딸, 부산대 의전원 자기소개서 5만 원에 팔아, 채널A, 2019년 8월 21일자

21 신정훈(2019), [단독] 조국 母, 손녀 유급 직후 그림 기증…다음 학기부터 장학금 받아, 조선일보, 2019년 8월 21일자

22 조권형(2019), [단독]조국, 민정수석 시절 사모펀드에 75억 투자약정, 서울경제, 2019년 8월 14일자

23 김준영(2019), [단독]조국이 펀드에 투자한 후, 관급공사 2년간 177건 수주, 중앙일보, 2019년 8월 23일자

단독 기사를 내보내야 한다는 경쟁의 논리가 있는 것이다. 정보가 제한돼 있고 언론이 진실을 재단할 수 있다고 믿었던 시대의 오래된 유착의 습관이다.

서울대학교 언론정보학과 교수 이준웅은 2019년 11월 한국언론정보학회 주최로 열린 토론회[24]에서 "팩트는 뉴스의 한 재료일 뿐 뉴스의 전부가 아니며 훌륭한 뉴스의 가장 좋은 부분은 아니라는 요점"을 "기자들이 모른다는 듯이 행동한다"고 비판했다. "아무리 사실에 충실한 참된 뉴스라 해도 얼마든지 불공정하고 추악할 수 있고 반대로 아무리 불편부당하고 세련되게 만들어진 뉴스라 해도 의심스러운 사실 주장을 포함할 수 있다"는 지적이다.

같은 토론회에서 협성대학교 미디어영상광고학과 박영흠 교수는 "시민들은 더 이상 기자가 정해놓은 기사의 '야마'를 무비판적으로 받아들이지 않으며, 언론에 보도된 정보를 나름의 방식으로 교차 검증하고 공유할 수 있기 때문에 무리한 '야마'를 위한 과장과 왜곡을 그대로 믿지도 않는다"고 지적했다. "'야마' 관행이 오히려 시민들이 언론을 멀리 하게 만드는 요인이 되고 있다"는 분석이다.

---

24 강아영(2019), "기자들 50년전 뉴스 생산 관행에 머물러 있다", 기자협회보, 2019년 10월 28일자

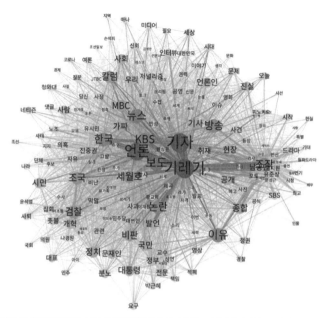

〈그림 2〉 2010년 1월부터 2020년 9월까지 네이버에서 '기레기'로 검색해서 집계한 449개 언론사의 기사 8,032건의 네트워크 지도. 이정환.

조국 사태는 국민들에게 언론이 진실을 이야기하지 않는다는 확증 편향을 더욱 강화하는 계기가 됐다. 당시 상황을 돌아보면, 첫째, 검찰이 자기 조직을 지키고 검찰 개혁을 무산시키려고 조국을 끌어내리려는 과잉 수사의 문제와 둘째, 조국이 검찰과 맞서면서 스스로를 희생양이나 불의에 맞서는 투사의 이미지로 포지셔닝하면서 쟁점을 희석하는 문제가 뒤섞여 있었다. 그러나 어느 언론도 객관적인 거리를 유지하면서 토론을 주도하지 못했다. 언론이 검찰의 주장을 맹목적으로 받아 쓴다는 학습된 편견, 여기서 밀리면 안 된다는 진영의 논리가 뒤엉켜 언론 전반에 대한 불신을 더욱 키웠다.

취재하지 않는 기자들, '기레기' 모포시스

구글 트렌드에서 '기레기'라는 키워드의 근원을 추적하면 세 차례 피크가 나타나는데, 첫 번째는 2014년 4월 세월호 참사 직후고, 두 번째는 2018년 1월 문재인 대통령의 신년 기자회견, 세 번째는 2019년 9월 조국 청문회 때였다. 이른바 독자 행동주의가 확산됐고 청와대 기자단을 해체해 달라는 국민 청원이 7만 명 이상의 동의를 받기도 했다.

2010년 1월부터 2020년 8월까지 네이버에서 기레기로 검색되는 기사는 모두 8,032건이다.[25] 기사 제목을 의미망 지도로 그린 결과 언론에 등장한 기레기 담론을 크게 세 가지 그룹으로 나눠볼 수 있었다. 드라마 '피노키오'와 '조작'을 다룬 기사들은 일단 저널리즘 이슈에서 벗어나 있다고 보고 특별히 의미 부여를 하지 않았다.

첫째, MBC와 KBS 등 공영 방송의 몰락과 이에 대한 비판이 많

---

25 이정환(2020), 이야기가 폭발하는 시대, 저널리즘 신뢰 회복의 조건, 한국언론학회 세미나 발표 자료, 2020년 10월 8일자

았다. 한때 촛불집회 현장에서 쫓겨났던 기자들이 공개 사과와 함께 반성문을 썼고 성찰과 변화를 다짐했다. 언론 스스로 기레기라는 표현을 동원하면서 적폐 청산의 의지를 다졌던 때다.

둘째, 세월호 보도를 둘러싼 비판이다. 세월호를 이야기할 때마다 기레기에 대한 비판이 세트로 따라 나왔다. 언론이 아직까지 제대로 된 반성과 변화가 없다는 문제의식이 반영된 결과일 수도 있다.

셋째, 조국 전 장관과 검찰 개혁을 둘러싼 쟁점이 기레기 담론에서 거대한 영역을 차지하고 있다. '조국'이라는 키워드를 정점으로 '촛불'과 '검찰', '개혁'이 하나의 그룹으로 묶여 있고 '기레기'의 반대편에 '시민'이 있고 '진중권'과 '유시민'이 연관 키워드로 등장한다.

기레기와 함께 '논란'과 '이유'가 키워드로 등장하는 것도 눈여겨 볼 대목이다. 더 이상 독자들이 뉴스를 액면 그대로 받아들이지 않고 있으며 언론도 이런 변화를 충분히 인지하고 있다는 의미로 해석할 수 있다. 언론 보도에 드러난 기레기에 대한 비판이 기자들의 행태보다는 기사 내용에 집중돼 있다는 사실도 확인할 수 있다.

이명박과 박근혜 정부 시절, 언론이 정권의 눈치를 보며 형광 등 100개 운운하던 시대는 지났지만 언론의 신뢰는 그때보다 더 추락했다. '기레기'가 모멸적이고 경멸적인 인신공격적 표현에 해당하던 시대도 있었지만 지금은 보다 더 험한 표현도 많고 기자들도 체념하고 받아들이는 분위기다.

언론사 기획과 전략을 담당하는 사람들을 만나보면 다들 문제를 알고 있다. 해법과 방향도 모두 공감하고 있다. 다만 수십 년 동안 해왔던 익숙한 관행을 깨고 낯선 실험에 뛰어드는 것이 두려운 것이다. 모든 사람을 위한 모든 기사를 다 만드는 게 아니라 차별화된 기사를 만들어야 한다는 것, 발생 사건보다는 사건의 맥락과 과정을 추적해야 한다는 것, 디지털과 소셜을 강화하고 광고주가 아니라 독자에 복무해야 한다는 것 등에 반대하는 사람은 없다.

그러나 흔히 언론사 편집국장이나 보도국장들은 임기 2~3년 동안 자신이 가장 잘하는 것으로 성과를 내려고 한다. 그동안 해왔던 방식 이외의 다른 방식을 모르기 때문이고 어설프게 실험을 강요했다가 실패해서 기자 경력의 마지막에 오점을 남기고 싶지 않기 때문이다. 차기 또는 차차기 편집국장을 노리는 다른 부국장급과 부장급 기자들도 마찬가지다. 언론사의 수직적 의사결정 구조는 역설적으로 의사 결정권자의 시행착오를 허용하지 않는다.

취재하지 않는 기자들이라는 사회적 편견은 일정 부분 사실이지만 오해도 많다. 실제로 하루 종일 기자실에만 앉아 있어도 기사 거리가 쏟아지고 상당수 출입처에서는 발생 사건을 놓치지 않는 것만 해도 하루 일과가 부족할 정도다. 취재 현장을 지키는 기자들 입장에서는 억울하겠지만 기자들이 게을러서가 아니라 그동안의 취재 관행과 업무 방식이 달라진 세상의 독자들의 기대에 미치지 못한다는 게 진단과 문제 인식이 돼야 한다.

　미국 일리노이대학교 니키 어셔는 2019년 니먼저널리즘 연구소 언론 예측에서 언론이 신뢰를 잃는 세 가지 방법을 소개한 바 있다.[26]

　첫째는 기자들이 계속 자신들에 대해 이야기하는 것이다. 당연히 기자들은 자신들의 취재 과정을 투명하게 밝혀야 하고 뉴스의 작동 방식에 대해서도 충분히 설명해야 한다. 다만 기자들이 스스로 진실의 수호자를 표방하고 불의와 맞서고 정의를 구현하는 것처럼 행동할 때 오히려 독자들이 멀어질 수 있다는 지적이다. 니키 어셔는 심지어 언론사에서 충격 사건이 벌어졌을 때 이 사고가 한 달 동안 벌어진 다른 수많은 충격 사고보다 더 끔찍한 것인지 반문해야 한다고 묻는다. 저널리즘은 신성한 일이지만 그런

26 Nikki Usher(2019), Three ways national media will further undermine trust, Nieman Institute,

태도가 우리를 어디로도 데려가 주지 않는다Sanctimony gets us nowhere fast는 뼈아픈 지적이다.

둘째는 사실을 말해주면 사람들이 생각을 바꿀 거라고 믿는 태도다. 숙의하는 공중의 합리적 행위자 모델은 더 이상 작동하지 않는다The rational-actor model of a deliberative public should be considered dead. 트럼프가 아무리 기행을 벌여도, 그런 사건을 아무리 보도해도 트럼프 지지자들의 생각은 쉽게 바뀌지 않는다. 팩트 체크 역시 틀렸다는 걸 인정하게 만들 수는 있지만 사람들의 생각을 바꾸기는 어렵다. 오히려 언론의 가르치려 드는 태도는 이제 동의하지 않는 독자들을 더욱 음성적인 정보 소스로 내몰게 될 수도 있다. 스스로 판단하는 독자들의 자부심을 다치게 하지 않도록 조심해야 한다는 이야기다.

물론 사실은 여전히 힘을 갖고 당연히 옳다고 생각하는 바를 위해 싸워야 한다. 그러나 언론이 문제에 접근하는 태도와 독자들을 설득하는 방식이 오히려 문제에서 멀어지게 만드는 것은 아닌가 돌아볼 필요도 있다.

셋째, 음모론과 가짜 뉴스, 억지 주장을 계속 전달하고 강조하는 것이다. "저런 나쁜 놈들"이라고 비난하는 것으로 그들이 움츠러들거나 스스로 생각을 바꿔먹고 사라지지 않는다는 이야기다. 특정 정치인의 열성 지지자들에 대한 냉소와 공격, 비판 역시 마찬가지다. 대결 구도가 되면 오히려 그들의 목소리에 힘을 실어주게 되고 언론이 사실을 말하지 않는다는 명분을 만들어주게 된다. 커뮤니티 사이트의 일부 일탈 주장을 끌어 올려 대중의 관심을 부추기는 보도도 마찬가지다. 이런 보도는 '나쁜 놈들'을 비판하는 것 같지만 결국 언론에 대한 신뢰를 떨어뜨리고 사실 보도의 힘을 약화시키는 요인이 된다.

'저널리즘의 기본 원칙'의 저자인 톰 로젠스틸은 2008년 11월, 한국언론진흥재단이 주최한 컨퍼런스 기조 발표에서 "'나를 믿어라Trust me' 시대에서 '내게 보여달라Show me' 시대로 바뀌었다"고 말했다. 이 컨퍼런스 발표를 칼럼에 소개한 한국일보 미디어 전략실 실장 이희정은 "과거 언론이 '게이트키퍼'로서 시민이 알아야 할 정보를 걸러 보여줬다면, 이제는 이 기사가 왜 중요한지, 출처가 어딘지, 어떻게 검증했는지 등을 투명하게 밝히고 신뢰를 쌓아가야 한다는 것"[27]이라고 해석했다.

독자들은 이제 다음 날 아침에 배달될 48면 신문을 기다리지 않는다. 오늘 무슨 일이 있었나 9시 뉴스를 기다리는 시대도 아니

---

27 이희정(2008), [메아리] 좋은 기자, 나쁜 기자, 그저 그런 기자, 한국일보, 2008년 11월 9일자

다. 사건은 발생하는 순간 빛의 속도로 전달되고 확산된다. 모두가 무엇인가를 아는 단계를 지나 이것이 무슨 의미인가, 다른 사람들은 어떻게 보는가, 그렇다면 이제 어떻게 될 것인가를 궁금해 하는데 여전히 기자들은 오늘 이런 일이 있었다 수준의 기사를 쏟아내고 있다.

여러 가지 진단이 가능하겠지만 문제의 핵심은 언젠가부터 많은 언론사에서 저널리즘 경쟁이 사라졌다는 데 있다. 한국 언론에 쏟아지는 많은 비판이 취재 현장에서는 해봐야 달라지는 게 없다는 현실 인식과 만나 표류한다. 익명 취재원을 남발하거나 따옴표 저널리즘에 의존하는 관행? 그래도 되니까 그렇게 하는 것이다. 제목 낚시질? 그렇게 해야 그나마 독자들을 붙잡을 수 있으니 온라인 뉴스팀을 그렇게 내몰고 외면하는 것이다.

출입처에 죽치고 앉아 보도자료를 소화하느라 바쁜 기자들은 그게 그들의 일이기 때문에 출입처를 비울 수가 없는 게 또 현실이다. 우선순위를 다시 설정하고 접근 방식을 근본적으로 바꾸지 않으면 출입처 폐지는 선언이나 구호에 그칠 수밖에 없다. 상당수 주류 언론이 빠져있는 이른바 종합지의 함정이다. 모든 걸 다다뤄야 하지만 새로운 게 없고, 차별성도 없다. 그러나 하나라도 소홀하거나 다루지 않을 방법이 없다.

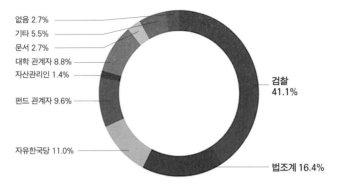

조국 관련 단독 보도의 기사 출처

없음 2.7%
기타 5.5%
문서 2.7%
대학 관계자 8.8%
자산관리인 1.4%
펀드 관계자 9.6%
자유한국당 11.0%
검찰 41.1%
법조계 16.4%

〈그림 3〉 민주언론시민연합이 2019년 9월 10일부터 24일까지 7개 신문과 8개 방송의 조국 관련 단독 기사 166건을 분석한 결과.

결국 콘텐츠의 가치에 따른 보상이 주어지지 않으니 동기 부여가 되지 않고 계속해서 바닥을 향한 경쟁에 내몰리게 되는 상황이다. 독자들의 평가는 멀고 평판은 손에 잡히지 않는다. 기자들은 출입처의 인정에 목을 매게 된다.

이제 기자들은 더 이상 목숨을 걸고 기사를 쓰지 않는다. 목숨을 걸고 기사를 쓰지 않아도 되는 시대가 됐기 때문이다. 속보 경쟁이 가열되면서 일단 손에 잡히면 써야 하는 구조다. 표창장이 이슈가 되면 표창장 기사를 쓰지 않을 수 없다. 뼈다귀를 보면 덤벼드는 강아지처럼 안성 쉼터가 논란이 되면 비슷비슷한 기사 수백 건이 한꺼번에 쏟아진다. 독자들은 이슈를 소비하면서 계속해서 새로운 기사로 옮겨간다.

10분만 지나도 모두가 쓰게 되는 기사를 단독이라고 달고 내보내는 경우도 많고, 단독거리가 아닌데도 단독이라고 주장하기도 하고, 단독거리를 만들기 위해 기사 가치와 별개로 단독을 위한 단독을 만들어내기도 한다. 새로운 사실을 찾고 의미를 부여하는 게 기자의 일이지만 튀어야 한다는 강박이 지엽적인 팩트를 부풀리고 의제를 변질시키면서 여론을 호도하는 경우도 흔하다.

따옴표 저널리즘은 관행이 됐다. 기자들은 적당하게 듣고 싶은 말을 해줄 수 있는 전문가를 선택해서 몇 마디 워딩을 따서 필요한 맥락으로 구겨 넣는다. 취재원 풀이 좁고, 그나마 교수나 학자 등 전문가에 한정돼 있고 정작 현장에서 발품을 파는 기사가 없다. 검찰이 흘려주는 수사 기밀은 그것 자체로 사실일 수도 있지만 나중에 사실이 아니거나 맥락이 잘못된 것으로 드러나는 경우도 많다.

좋은 저널리즘 연구회에 따르면 한국 언론이 기사 제목에 따옴표를 쓰는 비율이 59.1%나 된다. 뉴욕타임스는 2.8%에 그쳤다.[28] 이화여대 커뮤니케이션학과 이재경 교수는 따옴표 저널리즘의 문제를 세 가지로 정리했다. 첫째, 독자들은 따옴표 안의 내용이 기자가 판단을 유보한 내용이라고 읽게 된다. 둘째, 취재 기

---

[28] 이재경(2019), 관행적 따옴표 뒤에 숨은 언론의 책임회피와 선정주의, 월간 《신문과 방송》, 2019년 6월호.

자와 언론사의 책임 회피 행위다. 셋째, 독자의 시선을 끌려는 선정주의 욕구다.

사실과 의견을 구분하는 것은 기사 작성의 기본이지만 이런 따옴표 저널리즘은 취재원의 발언을 빌려 단순 사실 전달인 것처럼 메시지를 던지는 결과가 된다. 결국 독자들은 기자들이 취재원의 발언에 의존에 판단 없이 빠져나가려 한다고 생각하게 된다는 이야기다.

기자실과 출입처 중심주의도 한국 언론이 퇴행하는 요인이다. 기자실은 취재원과 밀접하게 접촉할 수 있는 공간이면서 동시에 통제의 공간이다. 정부 부처나 기업 등 취재원 입장에서는 기사의 작성 시점과 논조, 방향 등을 제안하고 실시간으로 피드백을 받을 수 있고 기자 입장에서는 크게 고민하지 않아도 기사 거리를 공급받을 수 있다. 기자실의 기자들 사이에서는 서로 경쟁 언론사들에 물 먹지 않을 수 있는 협력 관계가 형성된다. 문제는 이슈의 다양성이 사라지고 정치와 정책에 과도한 비중이 쏠리게 되고 권력에 대한 감시와 비판이 무뎌지게 된다는 것이다. 출입처로 커버되지 않는 이슈가 간과되는 문제도 크다.

독자의 눈높이가 높아져서 이제 누구도 언론 보도를 액면 그대로의 진실로 받아들이지 않으며 오히려 언론에 대한 과도한 불신과 냉소를 걱정해야 하는 때가 됐다. 사실과 사실을 연결하는 맥락과 과정에 대한 설명, 독자의 참여가 중요하게 됐다. 모든 국민은 그들의 수준에 맞는 정치를 갖는다. 동시에 수준에 맞는 언론을 갖는다. 깨어 있는 시민들의 비판과 압박이 건강한 언론을 만들 것이다.

독자들은 이제 사실이 나열이 아니라 사실과 사실이 연결되는 맥락과 뉴스 이면의 본질을 궁금해 한다. 더 이상 언론이 틀어쥐고 있으면 진실이 공개되지 않는 시대가 아니다. 언론이 민주주의의 최전선에서 권력과 맞서는 시대도 아니다. 오히려 거짓 정보와 왜곡된 기사들이 진실을 가린다는 오래된 불신을 극복하는 게 한국 언론의 과제가 됐다. 눈을 돌리면 어디에나 뉴스가 넘쳐나지만 진짜 뉴스에 대한 갈망은 더욱 커졌다.

성신여대 커뮤니케이션학과 이나연 교수는 사실 전달자로서의 기자의 역할이 퇴색한 이유를 다음 세 가지로 정리한 바 있다. 첫째, 사실의 객관성을 바라보는 회의적인 시각이다. 둘째, 언론의 객관성이라는 게 직업적 관행에서 도입된 가치라는 시각도 있다. 셋째, 단순한 사실 전달보다 해석이 중요하다는 시각도 있다. 기자가 과연 객관적인 사실을 전달하고 있느냐, 그게 과연 가능하기는 한 것이냐, 그리고 애초에 그게 무슨 의미가 있느냐는 이야기다.

사실과 의견을 뒤섞고 독자를 가르치려 드는 건 한국 언론의 오래된 습관이다. 좋은저널리즘연구회가 2016년 국내 일간신문 기사 694건을 분석한 결과 주관적 술어가 등장하는 빈도가 기사 한 건에 1.40건으로, 뉴욕타임스 1.22건이나 아사히신문 0.85건보다 높게 나타났다. "알려졌다"나 "전망된다" 등의 피동형 문장도 국내 기사에서는 1.19건이나 됐는데, 뉴욕타임스는 0건, 아사히신문은 0.82건이었다.[29]

진영 논리도 극복해야 할 과제다. 언론사도 기자도 당연히 의견과 가치 판단, 정치적 선택을 할 수 있다. 주관을 과하게 강요하는 것도 문제지만 기계적 중립도 문제고 객관적인 척 여론을 호도하는 것도 문제다. 언론은 진영을 대변하는 게 아니라 어디까지나 접근 가능한 최선의 진실이 최우선의 가치가 돼야 한다. 독자들을 설득하려면 충분한 맥락과 논리를 제시하고 토론에 참여하게 만들어야 한다. 사실과 근거로 말하기보다는 인상 비평, 사실 확인과 검증보다는 이론과 주장에 그칠 가능성을 경계해야 한다.

무엇보다도 단발성 속보 중심의 취재 관행을 극복해야 한다. 기자는 이슈가 생기면 뛰어든다. 그리고 새로운 이슈를 찾아 떠난다. 문제는 사건의 맥락과 구조를 읽지 못하고 사건을 나열하면

---

29 이나연(2019), 기사로부터 한 걸음 떨어지라, 월간 《신문과 방송》, 2019년 9월호.

2부 저널리즘 모포시스 : 저널리스트

157

서 구조적인 해법을 찾기 어렵게 만든다는 것. 독자들은 냉소하거나 절망하고 뉴스에서 멀어지게 된다. 속보는 속보 자체로 의미가 크고 기사의 핵심은 현장의 팩트에 있다. 다만 새로운 팩트를 찾아 떠나는 것 못지않게 팩트의 의미를 짚고 구조를 파헤치고 시스템의 문제를 드러내는 관점의 전환이 필요하다. 단순히 심층 탐사 보도뿐만 아니라 언론의 사명이 단순히 사실 전달을 넘어 의제 설정과 대안의 모색으로 확장돼야 하고 토론의 과정에 언론이 참여해야 한다는 의미다.

디지털 환경에서는 스토리텔링과 소통 방식의 문제도 크다. 과정으로서의 뉴스의 시대에 언론은 여전히 다음날 아침에 배달될 신문에 갇혀 있다. 뉴스는 리얼타임으로 쏟아져 나오고 계속해서 다양한 사실과 관점이 추가되면서 진화한다. 좀 더 친절하게 설명하고 좀 더 구체적으로 맥락을 복원하고 디지털과 소셜 환경에 맞는 스토리텔링을 고민해야 한다. 만들면 읽히는 시대가 아니고 읽히지 않는 뉴스는 그 자체로 생명력을 잃는다. 좋은 뉴스를 만드는 것 못지않게 읽히는 뉴스, 실제로 영향력을 갖는 뉴스를 만들기 위해서는 콘텐츠 플랫폼의 확장과 담론 구조의 변화를 따라 잡아야 한다.

문제는 누구나 알고 있다. 수십 년 동안 해왔던 익숙한 관행을 깨고 낯선 실험에 뛰어드는 것이 두려운 것이다. 모든 사람을 위한 모든 기사를 다 만드는 게 아니라 차별화된 기사를 만들어야 한다는 것, 발생사건보다는 사건의 맥락과 과정을 추적해야 한다는 것, 디지털과 소셜을 강화하고 광고주가 아니라 독자에 복무해야 한다는 것 등에 반대하는 사람은 없다.

지금 한국 언론이 겪고 있는 위기는 완전히 다른 종류의 위기다. 뉴스 없는 미디어의 시대, 그리고 독자 없는 언론의 시대에 진입하고 있다. 선민의식을 극복하고 가르치려 드는 태도를 벗어나야 하고 끊임없이 맥락을 다시 구성하고 계속해서 업데이트되는 기사를 만들어야 한다. 독자들의 압박에 굴복해서도 안 되지만 독자들과 싸워서는 안 된다. 계속해서 설명하고 사안의 이면을 파헤치고 폭넓게 공유해야 한다. 언론이 해야 할 일을 더 잘하는 것 이상의 해법이 있을 수 없다. 익숙한 관행과 문법을 버리고 계속해서 새로운 시도를 멈추지 말아야 한다.

이정환

21년차 기자다. 월간《말》에서 기자 생활을 했고 미디어오늘에서는 경제 보도 비평과 디지털 플랫폼 취재에 집중했고 미디어 편집국장을 두 번 지낸 뒤 2017년부터 대표이사 사장으로 발행인과 편집인을 맡고 있다. 성균관대학교 물리학과를 졸업했고 현재 카이스트 과학저널리즘대학원에 재학 중이다. 저널리즘 생태계와 플랫폼의 공정성, 디지털 트랜스포메이션, 솔루션 저널리즘, 공론장의 진화 등에 관심이 많다. 〈하드에서 다이내믹 페이월까지 : 뉴스 콘텐츠 유료화의 진화〉, 〈뉴스룸 혁신 데이터에 답이 있다〉등의 보고서를 썼고, 저서로《한국의 경제학자들》(2014),《저널리즘의 미래》(2015, 공저),《뉴스가 말하지 않는 것들》(2016, 공저),《투기자본의 천국》(2019) 등이 있다.

5. 신뢰회복의 첫 걸음, 저널리즘 규범 확립과 실천

이봉현 한겨레 저널리즘 책무실장

신뢰의 주춧돌을 놓을 때

한국 언론인을 부르는 멸칭인 '기레기'가 본격적으로 확산된 계기는 2014년 세월호 침몰 사고였다. 아침에 수학여행 잘 다녀오라고 쥐어준 용돈을 주머니에 넣고 떠난 고등학교 2학년 딸·아들이 느닷없이 배와 함께 바닷물 속으로 가라앉은 참사. 어찌할 줄 몰라 가슴을 쥐어뜯고 있는 유족에게 몰려든 기자들은 거칠게 질문을 하고, 마구 카메라를 들이댔다. 큰 재난을 당한 피해자를 대할 때 어떻게 해야 한다는 취재윤리나 보도준칙을 한 번쯤은 들어보았을 터이지만, 이를 기억하고 실행하는 기자는 드물었다. 경쟁사를 놀라게 할 한 조각 정보에 목마른 기자들에게 이런 원칙이나 규범은 그리 중요치 않아 보였다. 참다못한 유족이 "당신들은 가족도 없느냐"고 고함을 지르고 몰아낼 때까지 기자들은 그런 취재 방식을 되풀이했다.

한국 언론은 오래 전부터 '신뢰의 위기'를 겪고 있다. 2019년 한국언론진흥재단의 언론수용자조사에서 "언론을 신뢰할 수 있다"는 응답은 28.1%에 그쳤다.[1] 영국 옥스퍼드대학교 로이터저널리즘 연구소의 조사에서도 한국 언론의 신뢰성은 4년째 조사대상국 가운데 꼴찌를 면치 못하고 있다.[2] "언제 한국 언론이 신뢰받은 적이 있었느냐", "70-80년대 이른바 '구악' 기자들에 비하면 요즘 기자는 그래도 양반이다"는 반문은 일리가 없지 않다. 또 스마트폰만 있으면 누구나 기자가 될 수 있는 세상, 언론인뿐 아니라 모든 전문가의 권위가 무너지는 미디어 환경에서 언론의 신뢰하락은 어쩔 수 없는 것 아니냐는 푸념도 터무니없는 말은 아니다. 그렇다 해도 최근 몇 년 간 한국 언론에 대한 독자의 불신은 바닥권으로 치달았다. 그래서 제도로서 언론의 존립 기반마저 흔드는 지경에 이르렀다. 점점 심해지는 정파적 보도, 사실 확인의 소홀함을 넘어 의도적으로 행해지는 사실 왜곡, 인터넷 클릭수를 노린 선정적 보도는 사회적 신뢰와 합의를 생산하는 것이 가장 중요한 책무인 언론의 기능을 바닥에서부터 허물고 있다. 2019년 하반기 조국 법무부장관 관련 보도에서부터 2020년의 정의기억연대 회계부정 보도, 감염병 코로나19 관련 보도 등에서 한국 언

---

1 한국언론진흥재단(2019), 〈언론수용자조사 2019〉 서울: 한국언론진흥재단

2 Newman, Nic etal.(2020), 'Reuters Institute Digital News Report 2020' , Oxford (U.K): Reuters Institute and Oxford University.

론의 이런 역기능은 한층 확연히 부각됐다.

언론의 신뢰회복은 시급하다. 그리고 이는 언론 스스로의 노력이 없으면 불가능한 일이다. 한국 언론이 그런 의지와 자정능력이 있겠냐고 의심할 수도 있지만, 그마저 없다면 남은 선택지는 동반 몰락일 뿐이다. 한국의 언론인도 욕을 먹고 싶지 않지만 현장의 고쳐지지 않는 관행, 윤리 및 전문성 교육 미비, 사주와 기업적 요구의 구속력 등에 얽매여 늘 하던 일을 반복하는 측면도 분명히 있다.

그럼 가장 먼저 할 일이 무엇일까. "신뢰는 신뢰받을 일을 할 때 생겨난다"는 말이 있다. 동어반복인 듯하지만 통찰이 있는 말이다. 다른 사람의 믿음을 얻는 방법은 신뢰받을 수 있는 일을 꾸준히 하는 것이 방법이라는 뜻이다. 그럼 무엇이 신뢰받는 일이냐는 질문으로 이어진다. 그 첫걸음은 전문 직업인으로서 언론인이 지켜야 할 윤리를 충실히 지키는 것이다. 언론 윤리는 바람직하다고 묵시적·명시적으로 합의한 취재보도 활동의 원칙과 방법을 말한다. 이런 윤리는 언론인이 취재보도 현장에서 다양하게 접하는 윤리적 갈등상황에 지침을 제공해 올바른 선택을 하도록 돕는다. 이런 윤리는 언론 관련 협회나 개별 언론사의 윤리강령, 취재보도준칙, 특정 분야의 세칙 등의 형태로 만들어져 공유되고 있다. 언론은 이런 윤리규정을 성실히 실천해 스스로 정당성을 확보해 나가야 하는 시대를 맞았다.

이어지는 질문은 이런 언론 윤리가 과거부터 존재했지만 왜 언론의 신뢰가 이 지경에 이르렀느냐이다. 여기서 윤리규정은 만들어 둔다고만 해서 되는 것이 아님을 알 수 있다. 이 장에서는 한국 언론이 신뢰를 회복하기 위해 실천해야 할 윤리규정의 현황을 점검하고, 현업 언론인이 이런 것들을 어떻게 준수하는지 살펴본다. 나아가 좀 더 나은 방향으로 윤리가 작동하기 위해 필요한 것은 무엇인지를 알아본다.

언론 윤리규정의 중요성과 현황

언론 윤리규정은 왜 필요한가?

민주사회에서 언론은 자유와 특권을 누린다. 국가와 시민사회 유지에 필요한 정확하고 포괄적인 정보를 제공하고, 공론의 장을 만들어 올바른 여론을 형성하는 기능을 담당하기 때문이다. 하지만 이런 자유와 특권은 무조건적이라기보다는 상호적이다. 언론은 바람직한 원칙을 세우고, 최소한의 자율적 규제를 준수할 것을 요구받는다.

언론의 정체성을 규정하는 원칙은 추상적이고 핵심이 되는 가치에서 출발해 구체적인 행동에 지침을 주는 윤리규정으로 이어진다. 언론의 핵심 가치는 언론인 출신인 빌 코바치와 톰 로젠스텔

이 《저널리즘의 기본원칙》에서 포괄적이고 체계적으로 잘 정리했다.[3] 이들은 진실, 시민에 대한 충성, 사실 확인, 독립성, 권력 감시, 공공포럼의 제공, 독자 관련성, 포괄성 및 적절한 비중, 양심의 실천, 시민의 권리와 책임감 등 10가지를 원칙으로 제시했다. 2019년 언론진흥재단의 지원을 받아 바람직한 윤리규정의 체계를 연구한 배정근 등은 국내외 준칙 비교와 언론인 인터뷰를 통해 6가지 핵심 원칙을 도출했다.[4] 첫째는 진실성의 원칙이다. 이는 정확한 사실 확인과 충분한 맥락 제공 등을 말한다. 둘째, 공정성의 원칙이다. 특정집단이나 세력에 편향되지 않고 다양한 이해관계와 가치를 균형 있게 반영하는 것이다. 셋째, 독립성 원칙이다. 외부의 간섭이나 압력을 벗어나 편집과 편성의 자유를 수호하는 것을 말한다. 넷째, 투명성 원칙이다. 취재원과 보도 출처를 공개하고 독자와 적극 소통하는 것을 말한다. 다섯째, 배려와 존중의 원칙이다. 차별과 편견을 배격하고 취재원 등 개인과 공동체를 존중하는 것이다. 여섯째, 취재원을 협박하거나 매수하지 않는 등 직업윤리를 철저히 준수하고 품위 있게 행동한다는 품위유지의 원칙이다.

이러한 언론 윤리규정은 현장의 언론인에게 충돌하는 가치 사이에서 어떻게 하면 좀 더 바람직한 선택을 할지에 대한 지침을 제공한다. 언론은 민주주의를 지탱하는 사회적 제도로서 공적인 역할을 떠맡고 있지만 대부분은 사적기업으로 운영되고 있다. 언론인은 회사에 고용된 신분이면서도 전문성을 갖고 독립적으로 활동할 것을 요구받는다. 언론은 이렇게 공익성과 사익추구라는 공존하기 어려운 목표를 추구하는 과정에서 끝없는 윤리적 '딜레마 상황'에 직면하게 된다. 기자 개인으로도 취재 현장에서 독자에게 빨리 전달하는 것이 중요한지, 정확한 사실을 전달하는 것이 중요한지, 또 다소의 불법을 감수하고 진실을 캐내는 것이 중요한 지를 결정해야 하는 딜레마 상황에 직면한다. 윤리규정은 이럴 때 지침이 되는 행동수칙이다.

언론윤리는 미국 언론학자 필립 패터슨과 리 윌킨스의 말을 빌리면, '선언되는 것'이라기보다는 '논의 되어야 하는 어떤 것'이다.[5] 언론 활동은 어떤 법칙을 대입해서 답을 내는 것이라기보다는 복수의 가치가 갈등하고 충돌하는 상황에서 원칙에 기초를 둔 합리적 판단을 내리는 과정이라는 의미이다. 이런 윤리의 속성을 감안할 때 윤리규정을 준수한다는 의미는 언론인이 올바른 윤리적 판단을 내릴 수 있도록 '생각의 근육'을 키운다는 것과 다르지 않다. 언론인에게 자율성과 책임성을 부여하고, 적절한 교육 및 재교육 기회를 주며, 독자 등 외부와 내부 구성원간의 소통을 통해 이런 윤리적 판단과 행동 능력을 향상시키는 것이 실질적으로

---

3 빌 코바치, 톰 로젠스틸 지음, 이재경 역(2018), 《저널리즘의 기본원칙》, 한국언론진흥재단
4 배정근 · 유승현 · 오현경(2019), 《언론윤리규정 개선을 위한 연구》, 한국언론진흥재단
5 필립 패터슨, 리 윌킨스 지음, 장하용 역(2013), 《미디어 윤리의 이론과 실재》, 한울

윤리와 규범을 준수하는 길이다.

국내 언론 윤리규정 현황

국내에는 각종 언론단체와 개별 언론사가 윤리규정을 두고 있다. 2020년 현재 언론단체의 윤리규정은 25개에 이르는데, 대표적인 것은 '신문윤리강령 및 신문윤리실천요강'이다. 한국신문협회와 한국신문방송편집인협회, 한국기자협회가 공동으로 제정했다. 1957년 신문의 날에 맞춰 제정된 국내 최초의 윤리규범으로, 시대 변화를 반영하기 위해 1996년과 2009년에 대폭 수정·보완되기도 했다. 많은 언론단체나 언론사의 윤리규범이 이 강령을 준거로 삼거나 그대로 사용하고 있다. 이 밖에 한국기자협회, 한국사진기자협회, 한국영상기자협회, 인터넷신문위원회, 한국인터넷기자협회, 한국전문신문협회 등이 자체 윤리규정을 두고 있다.[6]

한국신문윤리위원회 신문윤리강령은 7개 조항으로 구성돼 있다. 언론의 자유, 언론의 책임, 언론의 독립, 보도와 평론, 개인의 명예존중과 사생활보호, 반론권 존중과 매체접근의 기회 제공, 언론인의 품위 등이다. 이런 윤리강령은 매우 포괄적이기 때문에 따로 16개 조항의 실천요강을 두고 있다. 범죄보도와 인권존중, 취

---

6 배정근, 앞의 책

재준칙, 보도준칙, 사법보도 준칙 등이다. 각 조항마다 세부조항 등을 별도로 규정하고 있다. 한국기자협회의 윤리강령은 10개 조항으로 구성돼 있다. 언론자유 수호, 공정보도, 품위유지, 정당한 정보수집 등이다. 또 실천요강은 3개 조항_{언론자유, 취재 및 보도, 품위유지}로 구성되며, 각 조항마다 세부규정을 두고 있다. 다른 언론단체나 개별 언론사의 윤리규정, 실천요강 등도 각 단체와 해당 언론사의 특성이 좀 더 반영되어 있을 뿐 대체로 앞서 언급한 틀에서 크게 벗어나지 않는다.

사회가 복잡해지고 인권의식이 높아짐에 따라 세부 영역별 보도준칙과 규범이 새롭게 만들어지고 있다. 한국기자협회가 국가인권위원회와 함께 2011년 9월에 제정한 '인권보도준칙'이 대표적이다. 인권보도준칙은 전문에서 "언론은 일상적 보도과정에서 인권을 침해하는 내용이 포함되지 않도록 주의를 기울"여야 한다며 특히 "'다름'과 '차이'가 차별의 이유가 되지 않도록 노력해야 한다"고 밝힌다. 준칙은 제1장 민주주의와 인권에서 출발해 인격권, 장애인 인권, 성 평등, 이주민과 외국인 인권, 노인 인권, 어린이와 청소년 인권, 성적 소수자 인권, 북한이탈주민 및 북한 주민 인권 순으로 올바른 취재보도 방법과 주의점을 서술하고 있다. 자살 보도는 언론 보도가 또 다른 극단적 선택을 부를 수 있다는 점에서 특별한 주의가 필요하다. 이와 관련한 규범은 한국기자협회, 보건복지부, 중앙자살예방센터가 2013년 9월 제정해 한 차례

개정된 '자살보도 권고기준 3.0' 및 한국기자협회와 한국자살예
방협회가 2014년 10월 제정한 '자살보도 윤리강령'이 대표적이
다. 이들 권고기준과 윤리강령은 "언론은 자살 동기에 대한 단편
적이고 단정적인 판단을 바탕으로 이를 보도해서는 안 된다" 등
자살보도의 원칙과 함께, 기사 제목에 '자살'이란 용어 대신 '사
망', '숨지다' 같은 표현을 쓸 것을 권고하는 등 세부적인 실천지
침을 담고 있다.

세월호 침몰 사고 보도에서 드러난 언론의 무분별한 행태는
대형 재난을 어떻게 보도하는 게 바람직하냐는 과제를 언론에
던졌다. 이런 문제의식을 담아 한국신문협회, 한국방송협회 등
언론 유관 단체가 공동으로 2014년 9월 제정한 '재난보도준칙'
은 "재난보도는 사회적 혼란이나 불안을 야기하지 않도록 노력해
야 하며, 재난 수습에 지장을 주거나 피해자의 명예나 사생활 등
개인의 인권을 침해하는 일이 없도록 각별히 유의해야 한다"고
서문에서 밝히고 있다. 특히 준칙 제20조[피해자 인터뷰]는 "피해자와
그 가족, 주변 사람들에게 인터뷰를 강요해서는 안 된다 (…) 인
터뷰에 응한다 할지라도 질문 내용과 질문 방법, 인터뷰 시간 등
을 세심하게 배려해 피해자의 심리적 육체적 안정을 해치지 않도
록 각별히 유의해야 한다"고 되어 있다. 세월호 사고 당시 언론이
자식을 잃은 부모에게 무분별하게 마이크를 들이댄 과오를 되풀
이 하지 말아야 한다는 뜻이다.

'코로나19' 같은 대규모 감염병이 사회와 경제에 심대한 타격을 가하면서 이런 유행병을 보도하는 원칙도 새롭게 부각된다. 코로나19 위기가 한창이던 2020년 4월 한국기자협회, 방송기자연합회, 한국과학기자협회가 공동으로 제정한 '감염병 보도준칙'은 전문에서 "감염병이 발생했을 때 정확하고 신속한 정보는 국민의 생명 보호와 안전에 직결되는 만큼 무엇보다 정확한 사실에 근거해 보도해야 한다"고 밝힌다. '준칙'은 5조에서 "감염인은 취재만으로도 차별 및 낙인이 발생할 수 있으므로 감염인과 가족의 개인정보를 보호하고 사생활을 존중한다"고 밝혔다. 또 7조에서 "기사 제목에 패닉, 대혼란, 대란, 공포, 창궐 등 과장된 표현 사용"을 자제할 것을 명시하는 등 세부적인 유의사항을 다루고 있다.

이주민, 성소수자, 여성, 장애인 등 소수자에 대한 차별로 이어지는 혐오표현을 언론이 어떤 관점에서 어떻게 다룰지를 규정한 규범도 제정됐다. 전국언론노동조합, 민주언론시민연합 등 10개 언론, 시민단체가 2020년 1월 공동으로 제정한 '혐오표현 반대 미디어 실천 선언'이 그것이다. 이 '선언'은 "미디어가 오히려 혐오표현의 복제, 유포, 확산의 매개체가 되어 사회의 분열과 대립을 증폭시키고 있다는 우려가 있는 것도 사실"이라며 "우리는 경제적 불황, 범죄, 재난, 전염병 등이 발생했을 때 혐오표현이 많이 발생한다는 점을 이해하고, 인권의 측면에서 더욱 면밀히 살피"겠다는 등 7개항의 실천사항을 밝히고 있다. 이른바 '미투' 이후 성희롱과 성폭력에 대한 감수성이 높아지면서 이런 내용의 보도에 대한 규범도 새롭게 조명을 받고 있다. 2018년 한국기자협회와 여성가족부가 함께 마련한 '성폭력·성희롱 사건보도 공감기준'은 △성폭력과 성희롱에 대한 잘못된 통념 벗어나기 △피해자보호 우선하기 △선정적·자극적 보도 지양하기 등 보도의 공감기준과 함께 "이슈가 된 사건의 피해자라고 해서 사생활까지 국민의 알권리 대상이 되는 것은 아니다", "낯선 사람의 접근만으로도 일상적 심리적 평온이 깨지고, 불안함을 느끼는 피해자의 심리상태를 먼저 이해하여야 한다" 는 등의 실천 요강을 기술하고 있다. 또, 기자협회와 국가인권위원회의 '인권보도준칙'은 부록에 '성폭력 범죄 보도 세부 권고 기준'을 두고 있다.

이 밖에 국지전이나 전쟁 등 국가안보상 중대한 위기가 발생했을 때 군대의 국민보호와 국민의 알 권리를 위한 언론의 보도가 조화를 이루도록 하는 '국가안보위기 시 군 취재·보도 기준'^{한국기자협회·국방부}, 남과 북의 평화공존과 민족동질성 회복을 위한 언론의 역할을 규정한 '평화통일과 남북 화해 협력을 위한 보도 제작준칙'^{전국언론노동조합·한국기자협회·한국PD연합회}, 민주주의의 핵심 과정인 선거에서 유권자에게 언론이 정확하고 신뢰할 만한 여론조사 정보를 제공하는 방안을 제시하는 '선거여론조사보도준칙'^{한국신문협회·한국방송협회 등 5단체} 등도 각각의 세부 영역에서 언론이 어떻게 보도하는 것이 올바른 지를 제시하고 있다.

윤리규정과 현장 사이의 간격

일견 촘촘해 보이는 국내 언론 윤리규정이 취재보도 현장에서 어느 정도 규범성을 갖고 있을까? 언론인들은 윤리적 딜레마상황에 부닥칠 때 이런 규정을 지침 삼아서 판단을 하고 행동할까? 유감스럽게도 윤리규정이 언론의 신뢰도를 높이는 데 큰 도움이 되지 못하고 있다. 우선 기자들 스스로가 자신들이 쓴 기사에 높은 신뢰를 주지 않는다. 2019년 한국언론진흥재단이 발행하는 전문지《신문과 방송》이 기자 284명을 대상으로 조사^{조사기간 11월11~11} ^{월29일}한 데 따르면, '스스로 작성한 기사를 얼마나 신뢰하느냐'는 질문에 27.5%가 "매우 신뢰한다", 59.5%가 "신뢰하는 편"이라고 답했고 2.5%는 "신뢰하지 않는 편"이라고 답했다. 100점 만점으로 환산했을 때 본인의 기사에 대한 신뢰도는 77.9점으로 나타났다, 자신의 기사에 대한 신뢰도로 결코 높다고 할 수 없는 점수이다. "다른 기자가 작성한 기사를 얼마나 신뢰하느냐"는 질문의 신뢰도는 본인 기사보다 16.7점 떨어진 61.2점으로 나타났다. 기자 스스로 기사생산과정의 정확성, 전문성, 공정성을 신뢰하지 않는 모습을 이 조사에서 들여다 볼 수 있다.

배정근 등의 연구는 신문, 방송기자, 언론단체 전문가 등 10명을 심층 인터뷰해 취재보도 현장에서 언론 윤리 문제에 직면했을 때 어떻게 해결하는지, 언론윤리 규정이 본인 및 기자사회에 얼마나 알려지고 공유되고 있는지, 이를 실천하는 데 따른 어려움과 그 원인을 조사했다.[7] 인터뷰에서 한 언론인은 "지금은 언론 윤리 의식이 희박한 상태라고 볼 수 있"다고 진단했다. 물론 신분을 사칭하거나 문서를 훔치는 취재처럼 과거에 무용담으로 회자되던 잘못된 취재관행이 사라진 측면도 있어 마냥 취재윤리가 바닥으로 떨어지는 것은 아니다. 그렇다 해도 이 연구는 "대부분의 조사에서 언론인 및 전문가들은 현재 마련되어 있는 윤리규정들이 제대로 활용되고 있지 않다고 진단했다"고 밝혔다. 윤리규정이 취재보도 현장에서 실질적인 도움이 되는 나침반 역할을 못한다는 의미이다. 무엇이 문제인지를 배정근 등의 연구에 인용된 인터뷰를 참고해서 좀 더 짚어보자

언론사 조직의 제약

언론윤리는 기자만 지키려 해서 되는 문제가 아니다. 언론인이 속한 조직으로서의 언론사도 보도가 얼마나 원칙과 규정을 지켜 이뤄지는지를 결정하는 핵심 요소이다. 어떤 면에서는 언론 조직의 제약이 언론인이 윤리를 제대로 실천하는 데 가장 큰 장애일 수도 있다. 미디어 사회학자 허버트 갠즈는 저널리즘 활동의 결함은 대부분 뉴스미디어조직의 구조적 성격과 관련돼 있다고 밝혔다.[8]

---

7 배정근, 앞의 책
8 허버트 갠즈 지음, 남재일 역(2008), 《저널리즘, 민주주의에 약인가 독인가?》, 강

많은 결함들이 거의 모든 매체에서 발견되는 보편적 성격을 띠고 있는 것이 이런 구조적 성격을 말해 준다는 것이다.

한국 언론이 공정성, 진실성 등의 영역에서 독자·시민의 신뢰를 얻지 못하는 결정적 원인으로 언론사주의 정치적 성향에 좌우되는 '정치 병행성'정파성. 조항제 2019과 기업으로서 언론사의 상업적 이해관계가 주로 지적돼 왔다. 한국의 신문과 방송은 사주, 대주주 또는 정권에 따라 논조뿐 아니라 사실에 대한 진술과 판단도 판이하게 다르다는 비판을 받아왔다. 이른바 '조중동-한경오'로 고착화된 활자매체의 진영 구도나, 어느 정권이 들어서든 불공정 시비를 벗어나지 못하는 공영방송의 모습은 한국 언론이 사실 확인을 통해 사안의 '전체 모습'진실을 공정하게 전하는 데 실패하고 있음을 보여준다. 더 심각한 문제는 자신이 속한 언론사의 정치적 입장이나 진영 논리를 내면화한 언론인들은 사실을 과장하거나 왜곡하고, 때로는 의도적으로 누락하면서도 윤리적인 문제의식을 크게 느끼지 못하는 경우가 많다는 점이다.

자본광고주에 취약한 것도 언론인이 원칙대로 보도를 할 수 없게 하는 중요한 제약요인이다. 광고주인 특정 기업의 기사를 크게 써주거나, 광고 문제가 안 풀린다고 과도하게 비판하거나, 광고와 비판기사를 이른바 '엿바꿔 먹는' 일은 종종 언론 전문지를 통해 밖으로 알려진다. 이정도로 노골적이지 않더라도 정부의 경제·사회 정책을 공공성 같은 잣대가 아니라 '규제 완화' 등 기업 관점에서 바라보고, 노동을 과도하게 적대시하는 보도 역시 큰 틀에서 자본의 제약에서 벗어나지 못한 보도태도라 할 수 있다. 남재일의 연구에서 한 대담 참석자는 이렇게 말한다.[9] "언론사가 언론으로 역할을 하기보다는 사업체로서 역할을 할 때 상업적인 역할과 언론 역할이 상충될 때는 어떻게 될 것인가 관심이 많습니다. 기자들의 경우, 일반적인 사안에 대해서는 비교적 공정하지만 회사의 이익과 관련된 경우에는 회사의 요구대로 갑니다". 언론을 둘러싼 경영 환경이 더 악화됨에 따라 언론의 이런 제약은 이 연구 이후로 10년이 넘었지만 개선됐다고 결코 말할 수 없는 상황이다.

규범 자체의 미비함

언론 윤리규정이 현업에 크게 참고가 되지 못하는 이유는 현존하는 규정이 미흡하기 때문이기도 하다. 언론 윤리규정은 한국기자협회 등 여러 언론단체와 언론사가 제 각기 제정해 결코 수가 적다고 할 수 없다. 하지만 체계성, 통일성, 구체성 측면에서 부족한 점이 많아, 제정한 취지를 충실히 살리지 못하고 있다.

먼저 규정에 쓰인 용어와 개념이 통일되어 있지 않다. 윤리규정에 사용되는 명칭마저 윤리규정, 윤리강령, 실천요강, 실천지침, 시행세칙, 보도기준, 보도준칙, 시행준칙, 권고기준 등 다양하다. 규범은 가장 추상성이 높은 가치에서 시작해 세세한 취재규

약까지 다층적으로 이루어진다. 하지만 현존 윤리규정은 추상적인 것과 구체적인 것이 섞여 있고 상위개념과 하위개념이 혼재되어 있는 경우가 많다. 배정근 등은 이런 체계상의 혼란을 지적하며, 포괄적인 핵심 원칙을 토대로 해 필수적 실행 준칙의 기둥을 세우고 그 위로 구체적 취재보도준칙의 지붕을 얹는 3단계 위계 구조가 바람직하다고 제안한다. 즉, 윤리강령-행동준칙-실천지침으로 이어지는 위계적 모델로 체계화할 필요가 있다는 것이다.[10]

아울러 현존 윤리규정은 매우 빠른 속도로 진행되는 미디어-사회 관계의 변화를 신속하고 유연하게 반영하지 못하고 있다. 최근 여성 및 소수자의 인권 의식이 높아지고, 디지털 미디어의 확산으로 기존 미디어 이론으로 설명하기 어려운 새로운 현상이 빈발하고 있지만, 현존 윤리 규정은 이런데 제대로 된 판단의 지침을 주지 못하고 있다. 사진 보도의 경우 시위현장 등 공공장소에 나온 시민은 자신의 의견을 전하러 온 것으로 보고 피사체의 동의 없이 얼굴 등을 노출시키는 것이 관행이었지만, 법적으로 초상권 및 사생활 보호가 강화되면서 보도의 공공성 사이에 윤리적 갈등이 심해지고 있다. 이런 상황에서 현존 윤리규정이 어떻게 할지에 대한 명확한 지침을 주지 못하자 현장에서는 이를 모자이크로

---

9 남재일(2007), 《한국 언론윤리의 현황과 문제》, 한국언론진흥재단
10 배정근, 앞의 책

처리하는 식으로 타협하는 상황이다.

윤리 규정이 너무 모호하고 추상적이고 선언적이어서, 현장에서 부닥치는 윤리적 딜레마 상황에 실천적인 지침이 되지 못하는 문제도 있다. 알면 좋지만 몰라도 크게 불편하지 않은 게 윤리규정이란 생각이 많은 것이다. 복합적인 가치가 충돌하는 윤리적 딜레마 상황에서 참고할 수 있는 명확하고 풍성한 가이드라인이 필요하다는 지적이 나오는 이유이다.

취재보도의 관행

관행화된 행동은 언론의 내용을 규정한다. '알려졌다' '전해졌다'와 같은 피동적 표현과 '관계자' 등 익명의 취재원을 남용해 사실 확인 부족을 얼버무리고, 정부부처나 사법기관의 공신력을 맹신해 이해당사자에 대한 교차취재도 없이 일방적인 보도를 하는 것까지 언론이 관행적으로 저지르는 윤리규정 위반은 적지 않다. 하지만 현업 언론인들 사이에 공유되고 습관화된 이런 관행은 쉽게 고쳐지지 않는다.

예를 들어 범죄사건 보도에서 경찰과 검찰이 피의자의 신상정보를 공개하기로 결정하면 언론사들도 피의자의 얼굴 및 신상정보를 보도해도 된다는 암묵적 승인으로 받아들이는 관행이 있다. 하지만 강력범이나 흉악범이라 해도 기소 또는 재판에서 유죄가 확정되기 전에는 언론이 피의자의 실명과 얼굴을 공개하지 않는 것이 원칙이다. 이는 헌법상 무죄추정 원칙에 따른 것으로 윤리보다 형법 위반의 문제이다. 검찰이 수사 중인 사건을 확정된 사실처럼 대대적으로 보도하는 관행은 언론계 내부에서도 바뀌어야 할 때가 됐다는 자성의 목소리가 나오고 있다. 이른바 '검찰 받아쓰기' 보도와 관련해 배정근 등의 연구에서 인터뷰 한 전문가는 "기자 윤리의식이란 게 거기서[11] 명료하게 드러났죠. 경쟁도 아닌 것이 왜 그렇게 따라가서, 특종도 아니고 팩트도 아니고 이도저도 아닌 건데. 한 마디 하면 받아 적어 썼어요...교차확인 굉장히 중요해요. 한쪽 이야기만 듣고 쓰는 거예요. 검찰에서 쏟아내면 다 써요. 한쪽 이야기거든요. 검찰의 공신력을 믿고 쓰는 거예요." 라고 말한다.[12]

문화와 인센티브의 미비

윤리는 법률과 달리 강제성이나 구속력이 없다. 언론윤리도 마찬가지이다. 그래서 규정을 지켜 올바른 저널리즘을 실천하자는 암묵적인 동의가 구성원 사이에 있어야 하고, 이런 것을 수평적인 소통 문화 속에서 함께 토의하고 실천해 가려는 분위기가 매우 중요한 성공요인이다. 하지만 한국 언론사에는 언론 윤리 규

---

11 2019년 하반기에 있었던 조국 전 장관 관련 보도를 말함.
12 배정근, 앞의 책

정을 중시하고 지켜가는 문화와 이를 북돋우는 인센티브 구조가 부족하다. 윤리 규정은 '지키면 좋은 일' 정도로 치부되고 취재보도 현장에서 다른 시급성이 있으면 지키지 않아도 할 수 없는 정도로 인식되고 있다. 언론사 차원에서도 이를 통해 신뢰도 높은 콘텐츠를 생산하고자 하는 의지가 크지 않으며, 이를 체화시키기 위한 신입사원 교육, 중간의 재교육 등도 거의 없는 형편이다.

특히 언론사내 포상, 징계의 기준과 기자협회 등 언론단체의 포상 기준 등에서 최근까지도 정확성보다는 타사를 '물 먹이는' 신속한 특종을 우수한 저널리즘으로 상찬하면서 윤리적 갈등상황에서 원칙을 희생할 수 있는 인센티브 구조가 형성돼 있다. 배정근 등의 연구에서 한 전문가는 "윤리규정을 잘 준수한 내부 구성원에게는 상을 주어서 그러한 행동들을 강화시켜주는 등의 유인은 필요"하다며 "언론사 외부적으로는, 윤리적 측면에서의 언론비평기능의 강화, …그 동안 한국의 언론 시상식에서는 시상 대상을 판단할 때 윤리강령, 준칙들을 준수했느냐가 반영이 잘 안 되고 있었던 것이 사실입니다. 신분사칭 · 위장 · 도청 사례가 수상작 중에서도 많이 발견되었습니다."고 말한다.[13] 윤리 규정을 모범적으로 지킨 기사와 언론인을 인사고과 등에서 우대하고, 사내 또는 언론단체의 시상에서도 윤리를 중시하는 문화가 만들어져야 한다. 언론상 시상에서 윤리규정 준수 여부를 반영하는 한국영상기자협회의 시도는 좋은 참고가 된다.

실천을 강제할 조직과 인력의 미비

윤리규범은 무엇보다 실천의 문제이다. 윤리적 실천을 중시하지 않는 언론사 문화와 분위기에서 윤리규정의 실천을 유도하려면 이를 전담하는 조직과 담당자가 있어야 한다. 물론 지금도 심의실, 시청자위원회, 시민편집인 등의 이름으로 옴부즈맨 기능을 하는 조직이 여러 언론사에 존재한다.[14] 하지만, 이런 조직이 가진 한계도 분명하다. 상당수가 독자나 시청자 고충 처리기능을 하는 조직에 머물고, 독자와 언론사 내부 구성원의 소통을 통해 윤리의식을 고취하고 뉴스의 신뢰를 높이는 체계적인 활동은 못하고 있다. 많은 경우 이런 기능이 언론의 핵심적인 일로 여겨지기 보다는 '한직'으로 취급돼 열정과 창의를 발휘하는 경우가 많지 않다. 외부인이 맡는 옴부즈맨은 취재보도가 이뤄지는 언론사 내부의 과정과 사정을 잘 알지 못하고 비평과 권고를 해 현업 언론인이 진지하게 참고하지 않는 경우가 많다. 윤리규정이 제대로 준수되려면 언론사 경영진의 의지가 실린 조직과 인력배치, 체계적인 접근이 필요하지만 그런 곳은 드물다.

---

13 배정근, 앞의 책

14 김옥조 (2004), 〈미디어 윤리〉, 커뮤니케이션북스

저널리즘 규범을 통한 언론 신뢰회복 방안

한국 언론이 '신뢰의 위기'에서 벗어나기 위해서는 오랜 기간 각고의 노력이 필요하다. 이를 위한 가장 먼저 할 일이 이미 마련되어 있는 언론의 원칙과 규정을 지키는 것이다. 하지만 규정을 준수하는 것도 앞 장에서 서술한 대로 많은 난관이 존재한다. 언론 사주의 영향력이 뉴스의 내용을 직접 지배하지 못하도록 민주적 거버넌스를 언론 스스로 구축해야 하고, 기자 역시 독립성과 전문성을 길러 언론사의 일개 '사원'으로 동원되는 일을 스스로 막아야 한다. 미비한 언론규정도 재정비하는 한편 출입처 주의 등 관행화된 부조리도 끊어내야 한다. 이 모든 것을 한꺼번에 이루기는 어려우므로 작은 성취를 쌓아가며 단계적으로 윤리규정 준수의 강도를 높여가는 것이 현명한 접근법이다. 이 장에서는 최근 언론에서 강조되는 '책무성'과 '투명성'을 중심으로 언론이 어떻게 규정 준수를 통해 신뢰성을 높여갈 지에 대해 서술한다.

최근 강조되는 책무성과 투명성

최근 언론환경 변화에 따라 언론의 책무성과 투명성이 중요한 취재보도의 원칙과 기준으로 부각되고 있다. 언론학에서 책무란 영어의 'accountability'를 번역한 용어이다. '설명하다' 또는 '책임지우다'라는 의미의 동사 'account'와 형용사 'accountable'에서 갈라져 나온 것이다. 미국에서는 언론의 역할을 말할 때 "권력에 대해 책임지게 하는 것holding power accountable"이라는 관용구가 널리 쓰이는데, 이 용법에서 보듯 책무성의 의미는 권력을 가진 이가 자신의 공적활동을 권한을 위임해 준 시민에게 투명하게 공개하고 설명한다는 의미이다. 책무는 책임과 의무를 뜻하기에 책임보다는 강한 의무성을 내포한다고 볼 수 있다.

전통적으로 언론은 권력을 가진 사람을 투명하게 하고 이들이 책무성, 즉 설명책임을 이행하도록 만드는 것이 역할이었다. 그런데 최근 그런 책무성을 언론 자신에게도 적용해야 한다는 생각이 공감을 얻고 있다. 지금까지는 언론의 자유를 보장하고, 규제를 하더라도 내부의 지율규제에 맡기자는 것이었는데 그런 방식이 한계에 이르렀다고 보기 때문이다. 언론이 독점화, 상업화, 정파화 되면서 독자와 시민을 배반하고 있다고 보기 때문이다. 여기에 더해 디지털 시대가 되면서 언론의 권위가 허물어지고, 언론인과 보도 내용에 대한 불신도 높아졌다. 그러자, 언론이 자신에게 부과된 사회적 책임을 명확히 하고, 이를 어떻게 이행하고 있는지 시민사회와 이해관계자에게 투명하게 공개하고 평가받으라는 요구가 책무성에 대한 강조로 나타난 것이다.

언론이 권력을 향해 요구하던 이 의무를 거꾸로 언론에게 돌린 대표적인 계기는 언론의 사회적 책임이론을 주창한 1947년 허친스Hutchins 보고서이다. 〈자유롭고 책임 있는 언론A free and responsible press〉이라는 제목의 이 보고서는 "자유로운 사회의 유지와 발전을 위해 자유로운 언론은 반드시 필요하다"고 전제하면서도 "이는 동시에 언론이 사회에 책무를 져야accountable 한다는 것을 의미한다"며 이 단어를 처음 사용했다. 미래의 언론자유는 오로지 책무를 지는 자유accountable freedom여야만 지속될 수 있다"는 것이 이 보고서가 강조한 것이다.[15]

투명성은 책무성을 이행해 가는 과정에서 반드시 함께 따라야 하는 저널리즘의 원칙이다. 투명성은 인터넷과 소셜 미디어가 널리 활용되는 디지털 시대에 기자들이 반드시 이해하고 실천해야 하는 규범으로 중요성이 높아졌다. 《저널리즘의 기본원칙》을 쓴 톰 로젠스틸은 "나를 믿으세요"Trust Me 시대에서 "나에게 보여주세요"Show Me 시대로 전환하면서 투명성의 중요성이 높아졌다고 설명한다. 누구나 뉴스를 생산하는 시대가 되자 독자가 신뢰할 수 있는 기사를 판단하기 위해 투명성을 점점 더 요구한다는 의미이다.[16] 투명한 보도는 기자가 어떤 취재원을 만나고 어떻게 자료를 수집해 기사를 작성했는 지 독자에게 명료하게 보여주는 기사쓰기 방식을 말한다. 취재원의 실명보도를 원칙으로 하고 익명으로 할 경우 왜 실명으로 못하는지를 독자에게 납득시켜야 한다. 또

---

15 허친스위원회 지음, 김택환 옮김(1947/2004), 《자유롭게 책임 있는 언론》, 커뮤니케이션북스
16 권혜진 등(2019), 《현장기자를 위한 체크리스트》, p206~210 재인용, 한국언론진흥재단.

영상을 쓸 경우 직접 찍은 것인지, 다른 회사의 것을 빌려온 것인지, 몰래 카메라 기법을 사용했는 지 등을 알려야 한다.

책무성과 투명성은 어떻게 실행하나?

그럼 언론이 어떤 절차와 방법으로 책무성을 실행해야 할까? 어느 측면에서 언론의 책무성 실현은 기업이 경제·사회·환경적 책임을 이행하기 위해 하는 사회책임경영CSR과 방법론이 비슷하다. CSR은 먼저 경제·사회·환경적 목표를 설정한다. 그리고, 이를 이행할 방법을 구체적으로 짜고, 중간평가를 하고 성찰하며, 이를 이해관계자와 사회에 널리 공표한다.

언론의 책무성과 투명성 이행 방법도 비슷하다, 우선 각 언론이 시민사회에서 자신이 해야 할 책임이 무엇이고, 이를 어떻게 이행할 지를 명확히 마련해 내외부에 공개한다. 보통 언론의 임무는 권력감시, 사실확인을 통한 올바른 정보제공, 건강하고 균형잡힌 공론의 장 제공 등인데, 이런 사명을 천명하기보다는 실천이 더 중요하기에 취재보도준칙을 구체적으로 마련하는 등 어떤 방법으로 사회책임을 실천할지를 제시하는 것이 중요하다.

다음은 실행 조직과 담당자를 배정하는 것이다. 자율에 맡겨놓을 때와 다르게, 책무성을 이행할 수 있도록 하려면 책임지는 조직과 인력이 있어야 한다. 저널리즘 책무실가청이나 책무위원회 같은 것을 구성하고, 이들이 일을 하는 프로세스를 갖추어야 한다.

세 번째는 모니터링 및 평가이다. 취재·보도의 내용이 앞서 공표한 취재보도 원칙이나 윤리와 기준에 맞는 지 감독하고 평가하는 것인데, 잘못된 보도가 나가기 전 모니터링을 해서 중단시키고, 이미 나간 잘못된 보도는 경위를 조사해 독자와 취재원에게 정정기사와 사과문을 내는 것도 여기에 해당한다.

네 번째는 내부와 외부의 소통으로 투명하게 알리는 것이다. CSR과 마찬가지로 언론의 책무성과 투명성도 사회와 대화하면서 실천해 가는 것이 매우 중요하다. 옴브즈맨 칼럼을 정기적으로 게시하고, 발행인이 독자 및 주주에게 때맞춰 편집방침 등을 설명하는 편지를 쓸 수도 있다. 아울러 독자 불만에 대한 성실하게 피드백 해주는 것, 그리고 언론 윤리 및 실천 방법에 대해 구성원 교육하는 것도 중요한 내외부 소통이다.

국내에서 책무성과 투명성을 체계적으로 실행하려는 시도로 한겨레의 경우를 들 수 있다. 한겨레는 취재보도준칙을 대폭 개정해 보강하고, 2020년 3월 말부터는 이런 취재보도준칙의 실행력을 높이기 위해 저널리즘 책무실을 설치해 운영하고 있다. 대체로 다음과 같은 방법을 통해 콘텐츠의 품질을 높이고 독자의 신뢰를 점진적으로 회복하는 것을 목표로 한다. 첫째, 감사 기능이다. 한겨레는 2020년 5월 기존에 있던 취재보도준칙을 개정해 독자에게 공개하고 준수를 다짐했다. 새로 마련된 준칙은 종전의 핵심내용을 유지하면서 내용은 2.5배에 이를 만큼 구체화해 현장에서 판단의 지침이 되도록 했으며, 디지털 시대에 새롭게 떠오르는 윤리적 갈등에도 대응할 수 있도록 했다. 이렇게 윤리규정을 만들어 놓고 지키지 않으면 아무 소용이 없기에 준칙에서 벗어난 기사나 독자의 불만이 집중된 기사는 조사해서 보도 책임자에게 시정을 요구하고, 필요시 독자에게 사과토록 하는 역할을 책무실과 책무위원회가 하고 있다. 물론 '채찍'만 있는 것은 아니며 윤리 규정을 잘 지키면 인사 고과 등에서 가점을 주고 '우수 보도준칙상'가칭 등을 신설해 시상하는 등 준칙을 지키면 좋다는 인식과 문화를 조성하는 것도 병행한다.

둘째, 지속적인 대화와 소통을 통한 교육이다. 윤리 규정을 아무리 상세히 만들어 놓아도 취재보도 과정에서는 윤리적 갈등상황이 발생하게 된다. 이럴 때 올바른 판단할 수 있는 '생각의 근육'을 평소에 키우는 것이 중요하다. 이를 위해 저널리즘책무위원회나 책무실이 중심이 돼 실재 사례를 통해 대화하고 합의해 가는 일을 일상화하는 것이다.

셋째, 취재보도의 과정을 투명하게 공개함으로써 독자와 기자 사이에 다리를 놓는 일이다. 디지털 미디어 시대의 언론에 투명성과 책무성 덕목은 갈수록 중요해진다. 독자에게 어떤 기사가 나오기까지의 과정을 책무실장의 정기 칼럼 등을 통해 소상히 설명하고, 잘못을 허심탄회하게 인정하고 사과하는 정책을 쓰고 있다. 언론이 잘못을 인정할 때 독자는 일시적으로 비판할 수 있지만 결국은 더 신뢰하게 되기 때문이다.

한겨레의 이런 시도는 아직 초기여서 시행착오도 없지 않다. 하지만, 한겨레와 비슷한 방식이나 또 다른 방식으로 책무성과 투명성을 높이는 것은 한국 언론이 지금 당장 시도하지 않으면 안될 만큼 시급한 과제이다. 아무리 살펴봐도 희망이 보이지 않는다고 포기하기 보다는 벽돌을 하나하나 쌓는 심정으로 신뢰의 주춧돌을 놓아갈 때이다.

이봉현

한겨레신문 저널리즘책무실장 겸 논설위원이다. 한겨레와 로이터통신에서 경제부 기자를 20년 이상했고, 한겨레 경제 · 국제에디터, 편집국 미디어전략부국장, 경제사회연구원 연구위원을 했다. 영국 런던대 골드스미스칼리지에서 정치커뮤니케이션으로 석사를, 경제저널리즘으로 박사학위를 받았다. 박사논문 타이틀은 〈경제권력의 성장과 민주주의의 왜소화〉로 1980년대 이후 신자유주의가 득세함에 따라 불평등과 불균형이 확산되는 과정에서 정치커뮤니케이션이 한 역할과 그 기제를 연구했다. 경제와 정치 사이에서 미디어와 저널리즘의 역할에 관심을 갖고 책을 읽고 글을 쓰고 있다.

6. 사실 확인 관행과
투명성의 윤리

심석태 세명대학교 저널리즘스쿨대학원 교수

모든 취재의 출발은 '사실 확인'

'사실'의 절대적인 힘

미국 워싱턴 D.C.에 있는 뉴스 박물관인 뉴지엄Newseum의 한 벽에는 "Let the people know the facts, and the country will be safe."라는 링컨 전 대통령의 말이 새겨져 있다. 이것은 그가 저격범의 총탄에 숨진 직후인 1865년 4월 17일 〈보스턴 모닝 저널Boston Morning Journal〉이라는 신문에 실렸던 말이다. 겉으로 평화를 주창하는 사람들이 있는데 실제로는 그 주장이 연방의 분리를 의미한다는 '진실truth'을 알게 한다면 국민들이 오도되지 않고, 그래서 나라가 안전해질 것이라고 말했다는 것이다.

당초 기고문에 실렸던 표현이 이후 문맥 등을 반영해 조금씩 바뀌었는데 '진실truth'이라는 표현도 '사실facts'로 바뀌어 인용되고

〈그림 1〉 미국 뉴지엄에 있는 링컨의 말 부조. 앞은 링컨의 원래 인용문이 실린 〈보스턴 모닝 저널〉 1865년 4월 17일자. "E. K."라는 필자가 쓴 기고문에 나온 링컨의 말 원문은 "Let them know the truth, and the country is safe."였다.

있다. 하지만 단순히 '주장하는 것'을 넘어서서 실제로 그것이 의미하는 바가 무엇인지, 실상을 제대로 아는 것이 중요하다는 것을 강조한 링컨의 뜻은 그대로 살아 있다.

사실 보도의 중요성에 대한 전설적인 사례를 몇 개 보자. 제1차 세계대전이 한창이던 시기에, 영국의 다른 언론들은 모두 정부 방침에 협조해 영국과 프랑스 연합군이 연전연승하고 있다고 보도했지만 데일리메일은 전선에서 연합군이 지고 있다고 보도했다. 데일리메일은 당시 연합군이 독일군에게 패하는 원인을 파악하기 위해 전선으로 특파원을 보내서 취재를 했는데 영국의 대포가 성능이 떨어질 뿐만 아니라 불발탄이 많기 때문이라는 점을 밝혀냈다는 것이다. 하지만 정부와 다른 언론은 이런 데일리메일을 비난했고, 성난 군중은 데일리메일을 매국노라고 부르며 신문을 불태웠다. 그런데 귀국한 부상병 등을 통해 데일리메일 보도가 사실이라는 것이 점점 드러났고, 영국 정부도 뒤늦게 대포 성능개량에 나서 결국 전쟁에서 이기게 됐다는 것이다. 이런 내용은 "펜의 힘"이라는 제목으로 1970년대 중반까지 초등학교 6학년 2학기 국어교과서에 실려 있었다. 정부와 대립하거나, 당장 많은 사람들이 불편해 하더라도 사실 보도를 하는 것이 언론의 사명이라는 취지였다. 이 단원의 마지막은 이렇게 되어 있었다.

전쟁이 끝난 뒤, 도이칠란트의 카이저 황제는 다음과 같이 자인하였다.
"나는 신문 때문에 졌다. 데일리 메일이라는 한 장의 신문 때문에…."
이것은 펜의 힘이 얼마나 위대하고, 신문의 힘이 얼마나 큰가를 증명해 주는 말이다.

이후 교과서에서 사라지기는 했지만 언론의 '사실 보도'의 중요성을 강조하는 내용이 유신 체제 하의 초등학교 교과서에 실렸다는 점은 매우 인상적이다.

전쟁과 관련해 사실 보도의 중요성을 보여주는 사례는 국내에서도 찾을 수 있다. 한국전쟁 초기, 국군이 후퇴를 거듭하고 있는 상황인데도 국방부는 오히려 '맹렬한 반격을 가하고 있으니 국민들은 안심하라'는 취지의 발표를 잇달아 내놓았다. 과장된 주장이 부풀려져 일부 부대가 3·8선 이북인 해주에 진입했다거나 아예 해주를 점령했다는 허위 보도까지 나왔다. 국방부 장관과 육군총참모장^{현재의 육군참모총장}은 국회에서까지 허위 보고를 했다. 사실과 다른 발표, 사실과 다른 보도의 결과는 참혹했다. 엉터리 전황 보도를 믿은 일선 부대들은 잘못된 상황 판단으로 병력을 움직이는 바람에 안 그래도 허약한 국군의 피해를 키웠다. 정부 말을 믿고 피란을 가지 않은 일반 국민들은 죽거나, 납북되거나, 인민군 병사로 징집되기도 했다^{문창재, 2020}.

이들 사례는 사실 보도 여부에 수많은 사람의 목숨과 나라의 운명까지 좌우될 수 있다는 것을 선명하게 보여주고 있다. 이 사례들이 너무 극단적이고 오래전 일이라고 생각된다면 비교적 최근 사례로 눈길을 돌려보자. 먼저 박근혜-최순실 국정농단 사건에서 등장했던 '태블릿 PC' 얘기이다. 당시 수많은 언론이 의혹의 외곽을 맴돌고 있었는데 최순실이 사용한 것으로 보이는 태블릿 PC가 등장하고, 거기서 비정상적인 국정 운영을 보여주는 여러 근거들이 발견되면서 일거에 국면 자체가 바뀌게 되었다. 또 다른 사례도 있다. 성완종 전 경남기업 회장이 스스로 목숨을 끊은 뒤 모든 언론이 그의 사망 소식을 전할 때 경향신문은 그가 숨지기 전 육성으로 털어놓은 정권 실세들의 비리 혐의를 보도함으로써 역시 국면을 바꿔버렸다. 사실 보도가 갖는 이런 힘 때문에 언론은 집요하게 사실을 추구하려 한다.

언론윤리에 관한 많은 강령과 준칙들도 엄정한 사실 보도의 중요성을 강조하고 있다. 한국기자협회 윤리강령은 제2항 '공정보도'에서 "우리는 뉴스를 보도함에 있어서 진실을 존중하여 정확한 정보만을 취사선택하며, 엄정한 객관성을 유지한다"고 선언하고, 실천 요강에서도 "객관적 사실에 입각한 진실보도를 위해 최선을 다한다"며 사실 보도가 공정보도의 핵심이라는 점을 강조하고 있다.

방송기자연합회 저널리즘특별위원회가 2012년부터 이명박 정부 하의 방송 보도의 문제점을 몇 년에 걸쳐 분석해 발표한《한국 방송 저널리즘의 7가지 문제》의 첫 번째 항목도 '사실 확인 부족'이었다. 당시 저널리즘특위는 최종 보고서에서 "저널리즘의 본질은 진실을 추구하는 것"이며 "진실 추구는 사실 확인으로부터 출발한다"고 지적하고 있다심석태 외, 2014. 빌 코바치와 톰 로젠스틸도 '사실 확인의 원칙'을 저널리즘을 연예 오락이나 선전 선동, 소설, 예술 등과 구별해 주는 중요한 특성으로 꼽았다Kovach & Rosenstiel, 2011. 이들은 저널리즘의 10대 기본 원칙을 제시했는데 "저널리즘의 첫 번째 의무는 진실에 대한 것"이며, "저널리즘의 본질은 사실 확인의 규율"이라고 밝히고 있다. 1999년에 실시한 조사이기는 하지만 미국 퓨 리서치 센터 조사에서도 기자들은 뉴

스룸에서의 지위를 불문하고 "사실을 정확하게 전하는 것"getting
facts right을 저널리즘의 핵심 원칙으로 공유하고 있었다.[7] 국내 기
자들의 경우에도 마찬가지다. 2012년에 방송기자연합회 소속 기
자 292명을 대상으로 한 조사에서 취재보도 원칙 중에서 가장 중
요하다고 조사된 것은 "사실을 정확하게 취재하는 것"이었다. 당
시 조사에서 "사실을 정확하게 취재하는 것"은 5점 만점에 4.95
로, 다른 항목들에 비해 월등하게 높은 중요성을 갖는 것으로 조
사되었다심석태 외, 2014.

결국 한국이나 미국이나, 언론 보도에 관한 모든 윤리적 논의
의 귀결점이 객관적인 사실을 추구하는 것을 향하고 있다는 점
은 분명하다.

사실 확인의 어려움

하지만 한 가지 큰 문제가 있다. 사실은 확인하기 어렵다는 것이
다. 단순히 눈앞에 보이는 작은 사실들의 조각을 수집하더라도 어
떤 사안의 본질에 닿기는 어렵다. 때문에 기자들이 아무리 열심히
취재한 기사라도 독자나 취재 대상이 어떤 작은 문제점도 발견할
수 없을 것이라고 자신하기는 어렵다. 모든 사안은 당장 눈에 보

---

7 https://www.pewresearch.org/politics/1999/03/30/section-i-the-core-principles-of-
journalism/ (방문일자 2020. 7. 4.).

이지 않는 이면이 있고, 특히 크게 보도될 정도의 중요한 사안일수록 그만큼 복잡한 사연들이 얽혀 있을 가능성이 크기 때문이다.

그러니 아무리 면밀하게 취재를 하더라도 어딘가는 실체와 다른 부분이 있을 가능성이 크다. 그래서 적어도 부분적으로는 거의 모든 보도에 '오보' 요소가 포함되어 있다. 또한 보도가 이어질 경우 모든 보도물에 종합적인 맥락을 담지 못하고 부분적 사실만 전하게 될 수 있기 때문에, 이런 개별 기사만을 접하는 독자로서는 기사가 그 사안의 전체적 맥락과 동떨어져 있다는 느낌을 받을 가능성이 크다. 이 대목은 실제로 많은 보도의 대상자들이 불만을 제기하는 부분이기도 하다.

개별적인 언론 보도 모두가 종합적인 진상을 전하지 못하는 데서 오는 문제는 조금은 기술적인 측면이니 일단 뒤로 미루어 놓고 객관적인 사실의 오류, 즉 오보 문제에 대해서 조금만 더 생각해보자. 보도의 주요 부분인지를 떠나, 사실 확인에서 오류가 발생할 수 있다는 것은 비단 언론의 문제만이 아니다. 언론과는 달리 강제적인 조사권을 갖고 있는 수사기관도 종종 사실관계를 잘못 파악해 엉뚱한 사람을 범죄자로 모는 경우가 있다. 최근 큰 관심을 모았던 연쇄살인범 이춘재의 경우도 그렇다. 재조사 끝에 이춘재가 그 사건도 자신이 저지른 범행이라고 시인했을 때는 이미 성폭행과 살인죄로 무고한 인물이 무기징역을 선고받고 20년의 징역형을 복역한 뒤 가석방된 상태였다. 경찰과 검찰 수사, 그리고 세 번의 재판이 있었지만 그렇게 오랫동안 그의 무고함을 밝혀내지 못했던 것이다.

스스로 언론을 통해 홍보를 하고자 하는 사람들도 정확한 사실을 알리기보다는 과장을 하는 경우가 적지 않다. 더구나 부정적 사건에 연루되어 언론의 취재 대상이 되는 사람들은 더욱 적극적으로 거짓말을 하는 경우가 많다. 심지어 고위 공직자들이 공공연히 언론을 통해 거짓말을 하는 경우는 큰 혼란을 초래하기도 한다. 특히 취재 단계에서 사실을 부인하고 거짓말을 해놓고도 언론 보도의 사소한 허점을 찾아내어 전체 보도를 오보라고 공격하는 경우들도 많다. 법적인 책임을 질 위험만 없다면 적극적으로 거짓말을 했다가 나중에 기억이 잘 나지 않았다는 식으로 얼버무리고는 오히려 언론 보도의 허점을 공격하는 일이 수시로 나타나는 것이다.

고위 공직자들의 거짓말은 분명히 문제가 있다. 하지만 분명한 것은 그렇다고 언론이 오보를 해도 된다는 것은 아니라는 것이다. 경위가 어떻든 사실과 다른 보도를 하게 되면 그 책임은 온전히 기자와 언론사의 몫으로 남는다. 지금 언론은 사실에 대한 취재는 점점 어려워지고, 반면에 사실관계를 제대로 담아내지 못한 것에 대한 책임 추궁은 점점 강해지는 상황을 맞고 있다.

사실 확인은 기자들의 숙명

사실 확인이 어렵고, 사실상 완벽한 취재는 불가능하다는 것을 알고 있지만, 그래도 기자인 한 사실 확인을 위한 취재를 하는 것은 숙명이다. 기사를 쓰기 위해서는 무조건 '사실 취재'가 우선되어야 하기 때문이다. 기자들은 실제로 '사실'을 취재하기 위해 온갖 위험한 상황에 노출되기도 한다.

물론 기자들에게 잘 가공된 자료를 건네며 보도를 기대하는 곳도 많다. 하지만 안타깝게도 그런 자발적인 자료 제공자들은 자신들의 이해관계를 위해 자료를 건넬 뿐이다. 그런 사안들은 통상 일반 시청자, 독자의 시각에서는 중요성을 갖는 기사가 되기 어렵다. 때문에 기자들은 장애물들 속에 숨겨진 정보들을 찾아 나선다. 이런 일은 홍보를 원하는 곳이 내놓는 보도자료에 적당히 살을 붙이는 정도의 취재를 하는 것과는 질적으로 다르다. 보도자료에 약간의 확인 취재를 거쳐 보도를 하는 일은 그렇게 어렵지도, 위험하지도 않다.

정치적으로 민감한 사안은 원래 구체적인 사실에 도달하기도 어렵지만 취재 과정에 참여하는 것만으로도 기자들을 공격에 노출시킨다. 조국 전 법무부 장관 집을 압수수색하는 과정에서 아파트 주변에서 대기하던 기자들이 음식 배달원에게 집안 분위기를 물어보는 과정에서 웃는 모습이 사진에 찍혔는데, 그 자리에 있던 기자들은 이 때문에 인신공격을 받았다. 당시 검찰 수사에 비판적이었던 조 전 장관 지지자들은 기자들이 조 전 장관의 자택에서 압수수색이 진행 중인데 부근에서 웃으면서 음식 배달원과 질문을 주고받는 상황 자체를 용납할 수 없었던 것이다. 조 전 장관 수사와 관련해서는 주로 법조를 취재하는 낮은 연차 기자들이 이처럼 현장 취재 과정에서 공격에 노출되었다. 여성 기자들에 대한 성적 모욕도 있었고, 신체에 대한 물리적인 공격까지 발생했다. 하지만 이런 공격이 있다고 해서 기자들이 앞으로 예민한 사안들에 대한 현장 취재를 포기할 가능성은 없다.

이렇게 드러난 공간에서의 취재가 아니라도 작은 사실의 조각들을 취재하고 이를 꿰어 숨어 있는 맥락을 드러내는 작업은 발굴, 고발, 기획 취재에서는 일상적인 일이다. 거의 대부분을 취재해 놓고도 마지막 연결고리 하나를 찾지 못해 몇 달씩 기사를 묵히거나, 혹은 상당한 시간과 노력을 쏟아 붓고도 결국은 기사화를 포기해야 하는 상황도 종종 발생한다. 사실의 파괴력을 누구보다도 기자들이 잘 알기 때문에 부실한 보도가 가져올 파장을 감안하지 않을 수 없기 때문이다. 물론 뒤에서 언급하겠지만, 모든 사안에서 이런 저널리즘적 판단 기제가 정상적으로 작동하지는 않는다. 그리고 문제적인 사례 하나가 언론의 평소 작업 방식 전반에 대한 사회적 평가를 한 순간에 바닥으로 끌어내리게 된다.

어떤 언론사는 몇 개의 퍼즐 조각이 모자라 아예 기사화를 포기했는데, 경쟁사가 그보다도 훨씬 더 성근 취재를 바탕으로 그 사안을 크게 보도해서 세상을 떠들썩하게 하는 경우도 있다. 물론 전혀 법적 · 윤리적으로 문제가 제기되지도 않으면서 말이다. 이는 앞서 보도를 포기한 언론사의 판단이 잘못일 수도 있지만 언론 보도에 대한 대중의 반응이 그때그때 다르게 나타나기 때문인 경우가 더 많다. 보통 이런 사안에서 보도를 한 언론사는 자신의 보도에 위험 요소가 있었다는 사실 자체를 인식하지도 못한다. 이런 경험은 보도에 관한 판단 기준을 어디에 맞출 것이냐는 고민을 던져주는데, 이런 고민 또한 기자들에게는 숙명과도 같은 것이다.

'사실 확인'은 마법의 창이 아니다

'사실'을 바라보는 인식의 차이

뉴스 소비자도 사실의 중요성에 대해 잘 안다. 언론에 대한 감시 활동을 하는 시민단체들도 기본적으로는 '사실'을 중요하게 취급한다. 언론 시민단체들이 내놓은 언론 비평에서 오보에 대한 지적이 많은 것을 보면 쉽게 알 수 있다. 하지만 기자 집단 내부와 외부에서 갖고 있는 사실에 대한 인식은 비슷한 것 같지만 많이 다르다. 특히 정치적인 의미가 큰 사안일수록 기자 집단 내부와 외부의 인식 차이는 크게 벌어진다.

기자 집단은 대체로 개별적인 보도의 사실 여부를 중시하는 경향을 보인다. 특히 큰 사건과 관련해 후속 보도가 이어지는 상황에서는 이런 특성이 두드러진다. 기자들은 해당 사건의 줄기와 방향성이 같은 세부적인 사실 확인을 중시하며, 그것들이 개별적으로 사실로 확인될 수 있는 한 관련 보도를 이어가는 것에 별 문제의식을 느끼지 않는다. 하지만 해당 사안에 대한 본질적 의문을 제기하는 쪽에서는 이런 주변 사실에 대한 후속 보도들의 개별적인 사실관계보다는 바탕이 되는 사안에 대한 자신들의 판단을 기준으로 보도의 정당성을 판단하려는 경향을 보인다. 조국 전 장관 사건에서 법조 출입 기자들이 쏟아낸 관련 보도들을 놓고 사람들 사이에 큰 시각차가 생기는 것도 바로 이런 지점이다.

이런 경우 기자 집단은 일부 뉴스 소비자 그룹이 '사실'을 '사실'로 보지 않는다고 생각하고, 해당 뉴스 소비자 그룹은 언론의 사실 보도 이면에 '의도'가 있다고 의심한다. 문제는 이 둘의 시각차이가 쉽게 해소되기 어렵다는 것이다. 실제로 일부 언론이 그동안 사실을 취사선택해서 보도하는 과정에서 기획이나 편집 의도에 억지로 꿰맞춤으로써 전체적인 사건의 전모를 교묘하게 왜곡한 사례들이 적지 않았다. '언론은 그저 최선을 다해 사실을 보도하면 된다'는 간단한 명제가 사회적으로 전혀 다르게 받아들여지는 상황이 갑자기 초래된 것은 아니라는 말이다.

어떤 기사에 '단독'이라는 말을 붙이는 것에서도 사실에 대한 기자들과 뉴스 소비자들의 인식 차이가 나타난다. 언론이 '단독' 표시를 남발한다는 지적은 어제 오늘의 일은 아니다. 하지만 언론의 '단독' 남발에 대해 언론이 그저 자신들의 성과를 과장하는 것 아니냐는 정도의 지적을 넘어서는 비판이 제기되고 있다. 어떤 이유에서 단독인지를 세세하게 따져본 뒤 납득이 되지 않으면 오히려 언론을 조롱할 수 있는 좋은 소재가 되는 것이다.

실무적으로 기자들은 처음으로 어떤 사회적 문제나 중요한 숨겨진 사실을 발굴해 냈을 때만이 아니라 다른 언론이 먼저 보도한 사안이라도 여러 사실관계 중에서 어떤 작은 부분을 자체적으로 취재하면 단독 보도라고 표시하는 경우가 많다. 그러다보니 일반 뉴스 소비자로서는 어떤 기사가 왜 단독이라는 표시를 달고 있는지 이해하기 어려울 때가 적지 않다. 심지어 같은 언론사에 소속된 기자들 사이에서도 '단독' 표시를 달고 나간 기사가 어떤 점에서 단독인지 이해하기 어려울 때가 있다. '단독 보도'라는 직접적인 표현을 쓰지 않더라도 "~한 것으로 저희 취재 결과 드러났다"며 사실상 자신들이 발굴해냈다는 식의 표현을 사용하는 경우도 마찬가지다. '단독' 표시에 대한 뉴스 소비자들의 까다로워진 인식을 전혀 이해하지 못하는 이런 단독 표시의 남발은 실제로 어떤 언론이 심혈을 기울여 의미 있는 문제점을 발굴해낸 '진정한 단독 보도'조차 제대로 사회적 평가를 받지 못하게 만든다.

이런 문제는 민주언론시민연합이 2020년 4월 한 달 동안 7개 방송사 저녁뉴스를 대상으로 '단독' 표시를 한 기사들을 수집해 조사한 결과에서도 확인되었다. 이 기간에 모두 118건의 기사에 '단독' 표시가 있었는데 그 중에서 5건은 아예 단독으로 볼 수 없는 것이었고, 지엽적인 사항에 불과한 것이 22건, 사실 여부가 모호한 것이 6건이었다고 한다. 민언련은 '단독'이라는 표시를 한 기사만 대상으로 삼았는데, 만약 '저희 취재 결과 확인됐습니다'와 같은 형식의 수많은 유사 단독 보도 사례까지 포함했더라면 문제 사례를 더 많이 찾아냈을 수도 있다.

이런 문제에 대해 기자들은 '어쨌든 이 내용은 처음 보도하는 것'이라거나, 심지어 별 의미는 없지만 '일선 기자들의 사기를 위해 단독 표시가 필요하다'는 주장을 펴기도 한다. 물론 최초 발굴은 아니라도 진행 중인 큰 사건의 흐름에 변곡점이 될 만한 추가 사실을 발굴하는 것은 충분히 단독 보도로 칭찬할 만하다. 하지만 그 사건을 구성하는 작은 요소나 주변적 사실들이 새로 발견될 때마다, 단순히 발표 기사가 아니라는 취지로 단독을 남발하는 것은 아무리 '사실 보도'가 중요하더라도 뉴스 소비자의 눈높이에는 맞지 않는다. 더구나 일선 기자들의 사기 진작 운운하는 주장은 현재 언론이 처한 엄중한 상황에 대해 아무런 인식이 없다는 안이함을 보여줄 뿐이다.

사실에 대한 공공연한 도전을 만나다

이처럼 많은 기자들이 작은 사실관계 하나하나에 집중하는 사이 '사실'이 아닌 '해석'과 '추론'을 앞세운 사람들이 대중의 관심을 끌고 있다. 마음에 들지 않는 보도라 하더라도 '이것이 사실이야'라며 언론이 정색을 하고 보도하면 그것이 사실이 아닌 것으로 드러나기 전에는 반박할 방법이 마땅치 않았다. 자신이 지지하는 사람이나 진영이 언론의 '사실' 보도로 곤경에 처하는 것을 지켜볼 수밖에 없었던 사람들에게, '해석'과 '추론'을 동원해 모든 사실 보도를 '의도'와 '프레임'이라는 주관적 문제로 만들어버리는 것은 큰 위력을 발휘했다. 단순히 마음의 위안을 얻는 정도를 넘어 심리적으로 정당성의 훼손을 막을 수 있었기 때문이다.

'사실 보도'를 반박하기 위해서는 해당 사실에 대한 면밀한 검증이 필요하고, 이 경우 이미 어떤 사실을 확보한 쪽이 아무래도 우위에 서게 된다. 이것이 '사실 보도'의 힘이기도 하다. 한 쪽에서는 사실을 이야기하는데 다른 쪽에서 의견이나 해석으로 이에 맞서는 것은 통상 허용되지 않았다. 하지만 공개되는 사실이 부분적이고, 특히 권력의 통제 등으로 중요한 사안에 대해 제한적인 사실만이 유통되고 있을 때에는 그런 사실의 한계를 뛰어넘는 해석과 추론이 설득력은 물론 어느 정도의 정당성을 갖는다. 권력이 사실을 통제함으로써 사실이 갖는 힘을 왜곡하는 상황을 뚫을 수 있는 효과적인 방법이 될 수 있기 때문이다.

이명박, 박근혜 정부 시기에 특히 이런 '대안적 언론 활동'이 활발히 전개되었다. 기성 언론이 제대로 하지 못하는 권력에 대한 견제와 감시 역할을 수행했다는 평가를 받기도 하였다. 하지만 언론을 다른 사회적 활동과 구분하는 지표로 '사실 확인의 규율'을 제시하고 있는 로젠스틸과 코바치의 기준을 보면 이런 활동은 전통적 의미에서의 언론과는 많은 면에서 구분이 된다. 이런 '대안적 언론 활동'을 하는 사람들을 실제로 언론인으로 받아들이고 큰 신뢰를 부여하는 뉴스 소비자들이 늘면서 어쨌든 사실을 확인하지 않고서는 앞으로 나아가지 못하는 전통적 언론에 대한 불신이 더 커지게 되었다.

'해석'과 '추론'이 극단으로 가면 아예 새로운 사실관계를 창조한다. 국정농단 사건으로 헌정사상 처음 탄핵이 된 대통령을 두고 지금까지도 태블릿 PC 조작설 등 음모론을 제기하거나, 대통령선거나 국회의원 총선거 결과가 투개표 조작에 의한 것이라고 주장하는 것, 세월호 참사와 관련해 이른바 '인신공양설' 등 국가권력에 의한 '고의 침몰'을 주장하는 것, 5·18 광주 북한군 특수부대 투입설 등이 대표적인 사례이다. 이들 주장은 무척이나 정교한 통계적 수치 분석이나 그럴 듯한 사진 자료 등과 함께 제시되기 때문에 이를 믿고 싶은 사람들에게는 큰 영향력을 행사한다.

뉴스가 전하는 사실에 대한 뉴스 소비자들의 선택적 신뢰도 강하게 나타난다. 2017년 11월 문재인 대통령이 미국을 처음 방문했을 때 백악관 대통령 집무실에서 열렸던 기자 회견에서 트럼프 대통령이 한국 기자들을 나무랐다는 한 미국 언론의 보도가 있었다. 국내에 잘 알려진 매체가 아니었는데도 곧바로 한국의 뉴스 소비자들은 이 기사를 가져와 한국 기자들을 비판했다. 현장에 있었던 한국 기자 일부가 현장 영상까지 제시하며 트럼프가 나무랐던 대상은 미국 기자들이었다고 반박했는데^{정영태, 2017}, 한국 기자들이 뭐라 해도 믿지 않을 거라는 네티즌들의 댓글이 줄줄이 달렸다. 이 뉴스 소비자들에게 '사실' 여부는 중요한 문제가 아니었던 셈이다.

이런 현상은 이후 정치적으로 민감한 사안들에서 수시로 나타나고 있다. 기자들 중에는 뉴스 소비자들이 자신들이 지지하는 진영에 불리한 사실은 아예 거부하고 있다고 생각하는 사람들이 많다. 실제로 검찰의 수사 상황을 보도하면 검찰과 언론의 유착이 문제라고 주장하거나, 피의사실 공표로 처벌해야 한다거나, 혹은 검찰이 불러주는 대로 받아쓰는 언론이 문제라는 식으로 보도된 사실 자체를 우회해버리는 것이다.

기자들 가운데 이런 생각에 동의하는 사람들도 있다. 이런 언론계 내부 인사들이 언론의 사실 보도를 공격하면 그런 보도에 비판적인 뉴스 소비자들은 더 힘을 얻고, 종래에는 '언론을 개혁해야 한다'는 주장으로 이어진다. 검찰이 수사를 하면 검찰 개혁이 필요하다는 주장이 제기되는 것처럼 언론이 불편한 사실을 보도할 경우에도 '언론 개혁'이 필요하다는 주장은 아주 효율적인 방패가 된다. 지지하는 진영의 문제를 들춰낸 보도를 일일이 반박할 필요도 없다. 보도 자체가 어떤 불순한 의도에서 출발한 것이라면 사실 여부를 신경 쓸 필요도 없는 잘못된 보도이기 때문이다. 트럼프 미 대통령이 자신에게 불리한 모든 보도를 '가짜 뉴스'fake news라고 주장하며 통째로 부정해버리는 것, 나아가 아무런 근거도 제시하지 않은 채 자신에게 유리한 주장을 사실인 것처럼 주장하는 것과 방법론적으로 별 차이가 나지 않는다.

사실이라고 전부가 아니다

그렇다면, '사실'을 추구하는 것을 사명으로 알고 있는 언론은 이 대목에서 정말 100% 억울할까? 여기서 우리는 사람들이 사실로 알고 있는 것들이 얼마나 진실에 가까운 것인지 조금 냉정하게 따져볼 필요가 있다. 특히 언론을 다른 것들과 구분하는 기준이 '사실 확인의 규율'이라는 점에서 더욱 엄정한 판단이 필요하다.

먼저 언론이 수집한 '사실'이 정말 진실에 부합하는 것인지 어떻게 확신할 것이냐는 문제가 있다. 필자도 그랬지만 기자들은 어느 정도씩은 오보를 한 경험을 갖고 있기 마련이다. 정도의 차이가 있는데 소소한 부수적 사실관계의 오류는 물론 완전히 사안에 대한 기초 판단을 잘못해 엉뚱한 기사를 쓴 경우도 종종 있다. 그것이 문제가 되어 언론중재나 소송을 당하지 않았더라도 그것은 보도가 완전해서가 아니라 상대를 잘 만났기 때문일 수도 있다.

압수수색을 통한 증거 수집도 가능하고, 통신 자료를 비롯한 각종 개인적 자료까지 뒤질 수 있는 수사기관도 수시로 잘못된 수사결과를 내놓는다. 그런 강제 조사권이 없는 언론이 오보를 하는 것은 어느 정도 감수할 수밖에 없는 측면도 있다. 법원이 이른바 '상당성'의 법리를 통해 오보에 대한 언론의 책임을 경감해 주는 것도 사실관계 확인의 어려움을 충분히 인정하고 있기 때문이다.

원칙적으로 형법은 오보, 즉 사실과 다른 내용을 보도한 경우에는 명예훼손죄의 위법성 조각을 상정하지 않고 있다. 하지만 대법원은 보도가 사실인 경우만이 아니라 언론인이 그것이 사실이라고 믿었고, 그렇게 믿은 데에 상당히 합리적인 이유가 있으면 이 위법성을 조각할 수 있다고 본다.[8] 언론에 대해 지나치게 엄밀한 사실 확인 의무를 부여하는 것은 자칫 언론보도를 부당하게 방어적으로 만들고, 자체 검열을 과도하게 만드는 이른바 '위축효과'chilling effect를 초래할 수 있기 때문이다. 미국 연방대법원 판례

---

8 대법원 1988. 10. 11. 선고 85다카29 판결, 대법원 1996. 5. 28. 선고 94다33838 판결 등.

를 통해 제기된, 이른바 표현의 자유에 '숨 쉴 공간'breathing space을 남겨줘야 한다는 주장도 언론 보도에 대해 어느 정도 사실관계가 틀릴 수 있다는 점을 인정해 주지 않으면 정말 필요한 언론 보도 조차 위축될 수 있다는 취지를 담고 있다.[9]

하지만 바로 이런 한계 때문에 언론이 '사실로 확인했다'고 믿는 것에 대해 겸허해야 한다는 것도 분명하다. 언론이 스스로 사실로 확인했다고 생각하는 것을 함부로 믿어서는 안 된다는 것이다. 이런 점을 분명하게 인식하는 것은 실천적으로 매우 큰 의미를 갖는다. 만약 돌이킬 수 없을 정도로 확인된 것이 아니라면 기사를 쓰는 방법이 달라져야 할 것이기 때문이다. 사법절차에서조차 사실관계를 쉽게 확정하기 어렵다는 점을 감안해 언론이 취재한 사실에 대해 조금 더 신중한 태도를 가져야 한다. 확보한 '사실'을 지나치게 확신한 나머지 반대의 가능성에 너무 쉽게 문을 닫지 말아야 한다.

---

9 '숨 쉴 공간', 즉 'breathing space'라는 표현이 처음 나타난 미국 연방대법원 판결은 NAACP v. Button(1963)이다. 이 판결에서 Brennan 대법관은 "Because First Amendment freedoms need breathing space to survive, government may regulate in the area only with narrow specificity." 라고 주장하였다. 실제로 이런 취지는 그 이전인 Cantwell v. Connecticut(1940) 판결에서 언급된 바 있다. 이후로는 New York Times Co. v. Sullivan(1964), Gertz v. Robert Welch, Inc.(1974) 등 후속 판결에서 계속 언급되었다. 사실과 다른 부분이 있다는 이유로 함부로 표현의 자유를 제약해서는 안 된다는 점을 강조하고 있다.

한 가지 문제가 더 있다. 자신이 취재해서 보도하려는 사실이 정말 그 사안의 전모를 파악하는 데 필요한 것인지를 따져보아야 하는 것이다. 실제로 큰 사건에 대한 보도가 진행되는 과정에서 너무나 많은 주변적 사실들에 대한 보도가 쏟아지는 경우 뉴스 소비자들은 물론 언론 자신조차 본질이 무엇인지를 놓치는 경우가 있다. 본질과는 거리가 먼 주변적 사안을 놓고 자극적인 보도가 이어지는 것이 디지털 공간에서의 조회수 경쟁에는 도움이 되겠지만 해당 사안 자체의 공익적 의미를 퇴색시키는 경우도 있다. 더구나 이런 주변에 대한 과도한 취재가 엉뚱한 논란으로 비화되는 경우도 많이 있다. 실제로 사안을 진영 논리로 바라보지 않는 뉴스 소비자들조차, 종종 너무 맥락을 벗어난 주변적 사실 보도가 쏟아지면 언론이 특정 방향으로 사건을 몰고 가려 한다거나, 어떤 정치적 의도를 갖고 있다는 느낌을 갖게 된다.

어디까지가 본질적 영역이고 어디서부터 주변적 영역인지 확실하게 구분할 수는 없다. 하지만 사안이 중요하다고 끊임없이 곁가지를 쳐나가는 방식의 취재를 자제한다면 불필요한 논란의 발생을 상당 부분 차단할 수 있을 것이다. 사실 주변적 사실에 대한 취재와 자극적인 기사의 양산은 현재의 언론 상황과도 관련이 깊다.

언론중재 대상 매체 수가 거의 1만 개에 육박해가고, 뉴스 소비의 축이 전통적 전달 방식에서 인터넷 포털로 옮겨가면서 모든 언론이 조회수 경쟁에 내몰리고 있다. 하지만 전체 언론 시장의 질서에 책임감을 느껴야 할 전통 언론들까지 당장 눈앞의 이익을 위해 짧은 조각 기사들을 쏟아내며 클릭 수 경쟁에 나서며 '이것도 사실이야'라고 주장한다면, 언론이 그렇게 중시하는 '사실에 대한 존중'이 오히려 바닥에 떨어질 수 있다는 점을 엄중하게 인식해야 한다.

여전한 사실 숭배: 저널리즘 관행의 문제

소비자 인식과 괴리된 언론의 사실 숭배 관행

뉴스 소비자들이 언론이 전하는 사실에 대해 과거와 같은 무한한 존중의 태도를 버린 지는 오래되었다. 하지만 그것을 언론 현장에서는 아직 충분히 깨닫지 못하고 있다. 매우 안타까운 일이다. 언론인들도 우리 뉴스 소비자들이 '사실'에 대해 상당히 이중적 태도를 갖고 있다는 점은 알고 있다. 사회 전반의 진영적 행태가 뉴스 소비 행태에서도 그대로 나타나고 있고, 따라서 자신이 속하거나 지지하는 진영에 불리한 사실관계는 아예 '중요하지 않은 주변적 사실'에 불과하다고 치부하거나, '다른 의도에서 비롯된 것'이라며 간단히 사실 자체를 부정해 버리려는 경향이 기사 댓글이나 SNS를 통해 드러나고 있다.

따라서 언론이 어떤 사실을 보도할 경우 그것이 어떻게 소비될지 어느 정도는 예측이 가능하다. 하지만 언론은 아직 이런 측면을 종합적으로 자신들의 취재와 보도 관행을 조정하는 데까지 나아가지 않고 있다. 언론은 여전히 '사실 보도'면 충분하다거나, 어쨌든 자신이 더 할 수 있는 것은 별로 없다고 생각하는 수준에 머물러 있는 것으로 보인다. 여전히 '사실 숭배의 관행'에서 벗어나지 못하고 있다고 볼 수도 있다. 사실도 중요하지만 단순한 '사실의 발신'이 끝이 아니라 그것이 어떻게 소비될지, 그리하여 우리 사회의 공적 논의에 어떤 영향을 미칠지를 종합적으로 판단하지 못한다면 '사실 보도'라는 것이 갖는 사회적 가치는 매우 공허할 수밖에 없다. 지금 여러 사건에서 사실을 보도하는 언론인들이 겪고 있는 고난은 소비자들의 현실적 상황을 외면한 공급자들의 비극이라고 할 수도 있다.

우리 사회의 뉴스 소비 행태가 단순히 마음에 들지 않는 언론사나 언론인 개인에 대한 혐오를 표출하거나 언론 전체를 매도하는 수준을 넘어서서, 극단적으로는 사적인 폭력이 행해지는 수준에 이른 것이 어쩔 수 없는 현실이다. 아무리 언론에 대한 비판은 자유라고 하더라도 이런 극단적인 행태까지 정당화될 여지는 물론 없다. 하지만 이런 언론 소비 행태에 언론의 잘못은 전혀 없는 것일까? 그렇지 않다. 언론 소비가 이렇게까지 험악해진 데에는 언론이 자초한 부분이 분명히 있다. 그리고 그런 점은 지금도 잘 바뀌지 않고 있다.

사실과 사실의 연결: 구성적 사실의 문제

우리 언론의 사실 숭배 관행에 큰 허점이 있다는 점도 지적하지 않을 수 없다. 언론이 수집하는 사실과 사실 사이에는 크든 작든 공백이 있다. 점과 같은 사실들을 이어서 어떤 결론에 도달하게 된다. 해당 사실 하나하나를 정확하게 검증하는 것도 중요하지만 점과 점 사이의 공백을 어떻게 처리할 것이냐는 문제가 제기된다. 이 과정에서 사실과 사실 사이에 기사를 작성하는 기자나 언론사의 주관이 개입할 가능성이 커진다.

실제로 논란이 된 기사들의 상당수는 사실과 해석 또는 의견의 구분을 모호하게 만든 것들이 많았다. 어떤 중요한 사안과 관련해 극히 부분적 사실을 확보했을 뿐인데도 그 주변을 해석으로 채워서 어떤 방향성을 갖는 기사로 구성해내는 것이다. 이런 '구성적 사실'은 경우에 따라서는 실체적 사실에 부합할 수도 있지만 그렇지 않은 경우가 발생할 수밖에 없다.

수사 관련 보도에서 이런 문제는 특히 자주 발생한다. 엄청나게 많은 언론 보도가 쏟아졌던 2019년 손혜원 전 의원이나 조국 전 장관 관련 수사와 관련해서 이런 문제 제기가 유독 강하게 제기됐는데, 그것은 물론 이들 사안에 뉴스 소비자들이 매우 정치적으로 예민하게 반응했기 때문이라고 볼 수 있다. 때문에 이런 문제 제기가 지나치게 극단적으로 묘사되기도 했고, 언론으로서는 수긍하기 어려운 수준이었다고 볼 수도 있다.

일부에서는 이런 문제 제기 자체가 매우 정파적인 것으로서 박근혜, 이명박 정부에 대한 이른바 '적폐수사' 과정에서는 전혀 제기되지 않았다는 점을 지적한다. 일견 타당한 지적이다. 실제로 최근 조국 전 장관 사건 등에 대한 언론 보도를 문제 삼는 사람들은 과거 박근혜 전 대통령 주변의 국정 농단 사건이나 이후 양승태 전 대법원장의 사법 농단 사건에 이르기까지 일련의 적폐 사건 수사에서 쏟아졌던 엄청난 양의 보도에 대해서는 같은 잣대를 들이댄 적이 없다. 그 이후로도 이른바 여권을 대상으로 하지 않은 사건과 관련해서는 언론이 비슷한 보도 관행을 보여도 별 문제제기를 하지 않는다.

하지만 중요한 것은 이들 뉴스 소비자들의 정파적인 행태와는 무관하게 이들 사건에서 실제로 공통적으로 비슷한 문제가 존재한다는 점이다. 사실을 다루는 방법에서부터 수집된 사실에 과도한 신뢰를 부여하는 것, 그리고 사실과 사실 사이의 공백을 기사 작성자의 해석과 추론으로 채워 넣은 '구성적 사실'을 만들어놓고 마치 '실체적 사실'인 것처럼 보도하는 것이 그것이다.

어떤 사안을 취재하는 것은 하나의 가설을 세워놓고 관련 정보를 수집하면서 그 가설을 점차 구체화하는 과정이라고 할 수 있다. 때문에 모든 기사는 실체적 사실을 추구하지만 실제로는 어느 것이나 구성적 사실을 전하는 것이라고 보는 것이 맞다. 문제는 이것이 검증 과정에서 일정한 단계에 도달한 구성적 사실이라는 점, 그리고 어디까지는 검증이 되었지만 어떤 단계 이상은 검증이 되지 않았다는 점을 분명히 하는 업무 관행이 필요하다는 것이다. 오래 전에 언론계에서 유행했다는 '반만 맞으면 된다'는 식은 아니지만, 이제 가설 수준을 겨우 넘었을 뿐인데도 마치 콘크리트 기초 위에 집을 다 지은 것처럼 단정적으로 기사를 쓰는 경우가 적지 않다.

이미 뉴스 소비자들도 언론의 보도가 실체적 사실을 전하는 것이 아니라 구성적 사실을 전하는 것이라는 점을 알고 있다. 자신에 불리한 언론 보도를 공격하는 사람들은 이런 점을 파고든다. 언론을 공격하는 사람들로서는 이를 이용해 아주 사소한 부분에서의 오류만 발견해도 보도 전체의 신뢰도를 공격해 무너뜨리는 전략을 취할 수 있다.

최근 들어 언론이 부쩍 '사실 보도'를 강조하고 있음에도 언론에 대한 신뢰가 올라가지 않는 현실을 우리는 지켜보고 있다. 그렇다면 우리는 언론의 '사실 보도 관행'이 어느 정도의 설득력을 갖는지 냉철하게 평가해보아야 한다. 지금 사실 보도에 대한 신뢰의 위기는 '무늬만 사실보도'인 것들 때문일 수 있다. 저널리즘을 유지하는 규율 가운데 중심축이 '사실의 확인'이라는 것은 부인할 수 없지만, 요즘 보도되는 사실들 가운데는 사실인지 아닌지 믿을 수 없는 것들이 너무나 많다는 지적이 나오고 있는 것이다. 겉으로는 사실 보도인데 실상은 추론과 해석 등 글쓴이의 의견이 뒤섞여 있는 경우가 많다김지영, 2019. 더구나 이런 사실과 의견의 범벅이 어떤 진영적 이해나 다른 목적에 닿아 있다면 소비자를 오도할 가능성은 훨씬 커진다. 특히 '전해졌다', '알려졌다', '파악되고 있다' 같은 모호한 서술이 도대체 사실 보도의 방식으로 적당한 것인지에 대해서도 의문이 제기된다. 법적인 한계나 문화적 특수성이 반영된 측면도 있지만 익명 표현이 아예 기본적인 관행으로 정착하면서 검증 불가능한 사실 보도가 난무하는 난무하는 상황은 문제가 있다.

정파적 사안에서만 이런 일이 벌어지는 것은 아니다. 우리는 코로나19나 메르스 관련 보도에서 철학 없는 '사실 보도' 경쟁이 어떤 오보를 낳는지 지켜보았다. 중환자실에서 치료를 받고 있는 환자에 대해 사망 선고를 한 것은 대표적이다. 마찬가지로 코로나19 관련 보도 가운데 이태원 클럽발 감염 보도에서 성소수자 클럽이라는 사실을 특별히 강조해서 보도했던 언론이 있다. 이것도 사실이니까 괜찮은 것인가? 결국 해당 언론이 사과를 했지만 이런 식의 '사실 보도'가 저널리즘을 규정하는 '사실 확인의 규율'을 조롱거리로 만들고 있다는 것을 기억할 필요가 있다.

새로운 상황에는 새로운 전략이 필요하다

억울해하기 전에 반성이 먼저다

언론의 사실 보도에 대한 사회적 냉소에 많은 언론인들은 SNS 등에서 억울함을 피력하고 있다. 언론학자들 사이에도 이런 사회적 흐름에 문제의식을 제기하는 목소리가 커지고 있다. 실제로 현재 '사실 보도'에 대해 일부 언론 소비자들이 보이는 지나치게 선택적인 태도는 분명히 문제가 있다. 이런 태도조차 언론에 대한 건강한 비평이라고 평가하는 사람들의 주장까지 포함해서, 뉴스에 대한 이런 소비 행태는 사실상의 정치 활동이라고 보는 것이 더 타당할 것이다.

중요한 것은 앞에서도 언급했지만 이런 현상에 언론이 아무런 책임이 없는 게 아니라는 점이다. 특히 오랜 기간 언론 시장을 주도했던 전통 언론들의 책임을 인정하지 않고는 이 문제를 해결할 수 없다. 지금 언론 소비자의 상당수가 이런 언론 소비 행태를 보이는 것이 분명히 일정한 정치적 동기 때문인 것은 맞지만, 언론이 이런 상황을 자초한 측면을 인정하고 이를 개선하기 위해 움직이지 않고서는 문제 해결의 단초를 마련할 수 없기 때문이다.

사실을 취재하고 해석, 보도하는 방식에서의 절차적 전문성을 축적하고 그러한 과정을 윤리적 수준으로 발전시켜 뉴스 소비자들에게 제시하지 못한 것은 바로 언론 자신이다. 이렇게 언론에 대한 신뢰가 바닥에 떨어진 지금도 언론이 이 문제를 제대로 직시하지 못하고 비슷한 수준의 보도를 양산하고 있는 것은 안타까운 일이다.

책임 문제보다도 더 중요한 점은 지금까지와 같은 방식의 '사실 보도'로는 언론에 대해 광범위하게 퍼져 있는 불신을 극복하기 어렵다는 것이다. 주변적 사실에 대한 과도한 집착, 내가 취재한 사실에 대한 과도한 신뢰, 사실과 사실 사이의 공백을 채우는 과정에서 의견과 사실을 명확하게 구분하지 않는 편의적인 작업 방식 등이 사라지지 않는다면 소비자의 문제를 정면으로 제기하는 것 자체가 불가능하다. 이 문제는 뉴스의 생산자와 소비자 어느 한 쪽의 변화만으로 온전히 풀 수 없는 것인데, 각자 상대방의 문제만 지적하고 있어서는 해결의 실마리조차 찾을 수 없다. 그래서 언론 사업자와 종사자가 먼저 전문성과 책임성을 바탕으로 이 문제를 해결하기 위한 첫걸음을 떼는 것이 필요하다고 강조하는 것이다.

투명성을 윤리적 차원으로 끌어올리자

그럼 구체적으로 어떤 해법이 있을까. 이 문제에 대한 다양한 해법은 결국은 투명성과 책임 윤리가 될 수밖에 없다. 먼저 언론의 보도 활동이 지향하는 바가 정확하게 무엇인지, 다시 말해 왜 취재와 보도를 하는지 종사자들부터 명확한 인식을 가져야 한다. 이를 바탕으로 업무 방식이 그 본질적 가치를 벗어나지 않도록 전반적인 취재와 보도 관행을 재조정해야 한다. 그리고 그러한 업무 관행을 소상하게 소비자들에게 공개하는 것이 필요하다.

내용물을 제대로 이해하기 위해서는 그것이 어떤 방식으로 생산되는지를 이해하는 것이 대단히 중요하다. 우리는 주방 내부를 손님들이 누구나 들여다볼 수 있게 만들어놓은 식당의 위생 상태를 쉽게 신뢰할 수 있다. 실제로 어떤 환경에서 음식을 만들고 있는지, 재료는 제대로 된 것을 쓰고 있는지 알 수 없도록 폐쇄된 주방을 갖고 있는 식당이라면 일단 의심을 할 가능성이 크다. 손님들이 갖고 있는 의심이 부당하다고 억울해하지 말고, 그런 의심이 생길 여지를 제거하는 것이 현명하다.

어떤 식당에서 내놓은 음식에 문제가 있을 경우 그 식당은 최악의 경우 문을 닫아야 한다. 그래서 제대로 된 음식점을 운영하려면 재료의 선택에서부터 조리 환경의 관리까지 철저해야 한다. 자칫 식중독이라도 걸린다면 손님이나 식당 모두에게 치명적이다. 단순히 손님의 입맛만 잘 맞춘다고 사업이 안전하게 굴러갈 것이라고 생각하면 안 된다. 작은 식당 하나의 운영도 그럴진대, 언론은 과연 이 정도의 절박함을 갖고 움직이고 있을까?

그렇지 않은 것 같다. 설익은 음식을 내놓기 일쑤고, 음식에서 불순물이 발견돼도 언론중재위원회나 법원이 나서지 않는 한 자발적으로 책임지고 대응 조치를 하지 않는다. 내놓았던 메인 요리에 문제가 있는데 서비스 음식 한 접시로 모면할 수 있을까? 지금 언론의 정정이나 반론 보도는 거의 이런 수준이다. 지면 한쪽 구석에 적당히 반론을 끼워 넣거나, 혹은 오보를 바로잡는다면서도 정정기사는 잘 보이지도 않는 곳에 조그맣게 싣는 게 보통이다. 오보를 처리하는 언론의 이런 태도를 보면 언론이 '사실 보도'를 그렇게 중시한다고 말하는 것이 진정성 있게 느껴지지 않는다는 비판이 설득력을 갖는다. 실제로 내용에 대해 아무런 책임도 지지 않는 콘텐츠 생산자들에 대해 제대로 된 언론이 분명하게 선을 긋기 위해서도 오류에 대해서는 분명하게 책임을 지고 바로잡는 태도가 필요하다. 우리 사회에 퍼진 확증 편향, 내 편의 오류에 둔감한 진영 논리에 빠지는 것을 경계하기 위해서도 언론이 적극적으로 사실의 오류를 바로잡는 것이 필요하다는 것이다김서중, 2020.

결국 해법의 출발점은 개별 언론사들이 스스로의 작업 방식을 투명하게 공개함으로써 소비자들과 진솔하게 소통하는 것이다.

자신들의 주방을 공개하고, 잘못이 있을 경우 확실하게 책임을 지고 바로잡는 관행을 확립해야 한다. 그렇게 스스로가 작은 사실 하나도 소중하게 다룬다는 것을 실천적으로 보여준다면 그 언론사가 내놓는 사실 앞에 소비자들이 조금이라도 더 마음을 열 수 있을 것이다. 이렇게 투명성을 윤리적 수준으로 끌어올린다면 당연히 뉴스 소비자들은 해당 언론의 기사를 더 존중하고 신뢰할 것이다. 언론 쪽에서 이런 신뢰의 기초를 먼저 확립하는 것이 소비자를 탓하는 것보다 선행되어야 하는 이유이다.

핵심은 결단과 실천이다

이런 방향으로 가기 위해서 가장 먼저 넘어야 하는 것은 언론이 항상 내세우는 현실적 한계 운운하는 핑계들이다. 언론인들이 사실을 좀 더 면밀하게 취재하고 신중하게 다루는 것을 중요하지 않다고 생각할 리가 없다. 그럼에도 불구하고 설익은 기사들이 난무하고, 지엽말단적인 기사가 양산되는 것은 언론사들이 처한 치열한 경쟁 상황과 무관하지 않다. 언론사들 사이의 경쟁은 물론, 유튜브나 각종 SNS를 기반으로 해서 움직이는 개인들과의 경쟁까지, 생존을 장담하기 힘든 경쟁 상황이 벌어지고 있다.

이런 상황에서 보도 시간을 뒤로 미루더라도 엄밀한 사실을 확인해 보다 책임성 있게 기사를 작성해야 한다는 주장이 현실의 뉴스룸에서 힘을 얻기는 쉽지 않다. 이런 현실적인 이유로 언론사들은 물론 기자들 개인들도 어느 정도만 윤곽이 잡히면 우선 기사를 내보내려고 시도하게 된다. 완벽하게 취재를 하는 것이 좋기는 하겠지만 조금 덜 완벽하더라도 경쟁사에게 기회를 빼앗기지 않는 쪽이 낫다는 생각을 하게 만든다.

물론 전제는 그것이 스스로 판단하기에 최소한의 보도 요건은 충족했다고 생각하는 것이다. '어느 정도 확인이 되면 보도를 할 수 있는지'를 놓고 내부적인 토론도 더 자주 벌어지고 사내외 법률 전문가로부터 자문을 받는 경우도 늘고 있다. 하지만 아직 현장 기자들은 물론 데스크를 포함한 언론사의 의사 결정권자들이 이런 보도의 위험성을 충분히 엄중하게 인식하고 있지는 않다는 데 문제가 있다.

언론을 바라보는 사회적 시선이 바뀌었고, 이제는 그것이 언론의 존재 자체를 위협할 정도가 되었다는 점을 분명히 인식해야 한다. 이런 상황이 어제 오늘 일도 아니어서, 이미 많은 언론인들이 사회 분위기의 변화를 인식하고 있다. 하지만 큰 사건이 터지기만 하면 갑자기 과거와 전혀 다를 바 없는 판단을 하는 경우들이 계속 나온다. 심지어 다른 언론의 보도에 대해 언론윤리 차원의 문제를 제기하는 보도를 둘러싸고도 새로운 윤리적 논란이 제기되는 것은 이런 현실 때문이다.

한국기자협회와 신문방송편집인협회, 한국신문협회가 공동으로 제정한 '신문윤리강령'은 제3조 보도준칙에서 해설을 포함한 모든 기사는 "사실의 전모를 충실하게 전달함을 원칙으로 하며 출처 및 내용을 정확히 확인해야 한다"고 선언하고 있다. 여기서 말하는 '사실의 전모'는 단순한 사실의 조각이라기보다는 전체적인 맥락을 포함한 어떤 사안의 진상, 즉 진실을 의미하는 것이라고 할 수 있겠다. 제3조 보도준칙은 이런 '사실의 전모'를 보도하는 데 필요한 다양한 기술적 측면을 언급하고 있다. 이런 강령과 준칙들이 일상의 업무를 실질적으로 규율하는 규범력을 갖지 못하면 아무런 의미가 없다. 언론사 차원에서 이런 강령과 준칙을 실질적인 업무의 기준으로 적용하는 결단을 내려야한다. 언론계가 먼저 바뀌면 언론 소비자도 바뀔 수 있다. 공급자 자신은 온갖 핑계를 대며 변화를 거부하면서 소비자에게 먼저 변화를 요구해서는 승산이 없다.

참고문헌

김서중(2020. 7. 6). [미디어 세상] 오류를 인정하는 언론의 자세. 경향신문, 27면.
김지영(2019). 사실의 실종, 붕괴하는 저널리즘, 《위기의 언론 새 길을 찾는다》. 관훈클럽
문창재(2020. 7. 2). "해주 진격" 발언이 "해주 점령"으로 둔갑…100만 명 목숨 건 기만극. 한국일보, 10면.
민주언론실천시민연합(2020. 7. 7.). http://www.ccdm.or.kr/xe/watch/296372, http:// www.ccdm.

or.kr/xe/watch/296378.(2020. 9. 29. 방문).

심석태 외 8명(2013). 《방송보도를 통해 본 저널리즘의 7가지 문제》. 컬처룩.

심석태 외 9명(2014). 《방송뉴스 바로하기》. 컬처룩.

정영태 (2017. 7. 2.). [취재파일] 한국 취재진 때문에 백악관이 엉망이 됐다고요?. SBS 인터넷 홈페이지 http://news.sbs.co.kr/news/endPage.do?news_id=N1004274233. (2020. 7. 10. 방문).

초등학교(당시는 초등학교) 6학년 2학기 국어 교과서 (1974). "펜의 힘", 제3장.

Kovach & Rosenstiel(2011). The Elements of Journalism, Three Rivers Press, New York.

Pew Research Center(1999.3). https://www.pewresearch.org/politics/1999/03/30/ section-i-the-core-principles-of-journalism/. (2020. 7. 4. 방문).

판례

대법원 1988. 10. 11. 선고 85다카29 판결.

대법원 1996. 5. 28. 선고 94다33838 판결.

Cantwell v. Connecticut, 310 U.S. 296 (1940).

Gertz v. Robert Welch, Inc., 418 U.S. 323 (1974).

NAACP v. Button, 371 U.S. 415 (1963).

New York Times Co. v. Sullivan, 376 U.S. 254 (1964).

심석태

세명대학교 저널리즘스쿨대학원 교수이다. 서울대학교 법과대학에서 학사, 서강대학교에서 법학으로 석사와 박사 학위를 받았다. 미국 인디애나주립대 로스쿨(블루밍턴)에서 LL.M. 학위를 받았고, 미국 뉴욕주 변호사시험에 합격했다. 서강대학교 법학전문대학원에서 겸임교수로 언론법을 강의했다. 1991년 SBS에 기자로 입사해 사회부, 정치부, 국제부, 편집부 등을 거쳤고, 법조팀장, 뉴미디어국장, 보도본부장으로 일했다. 주요 논문으로는 언론법학회 철우언론법상을 받은 〈한국에서 초상권은 언제 사생활권에서 분리되었나〉를 비롯해 〈공인 개념의 현실적 의의와 범위에 대한 고찰〉, 〈방송심의 기구의 '민간·독립성 신화'에 대한 고찰〉 등이 있고, 저서로는 《문화적 예외와 방송시장 개방》(2003), 《저널리즘의 7가지 문제》(2013, 공저), 《방송뉴스 바로하기》(2014, 공저), 《언론법의 이해》(2016), 《미디어와 법》(2017, 공저) 등이 있다.

3부

저널리즘 모포시스:
플랫폼과 테크놀로지

7. 체류의 경제학:

포털의 클릭 상업주의와 저널리즘 위기

임종수 세종대학교 미디어커뮤니케이션학과 교수

서론: '조국', 일차 규정자론과 취재관행, 그리고 포털 대중주의

미디어가 보편화된 이래 공적 세계의 일은 그것을 다루는 해당 영역의 일이기보다 '미디어의 일'이 되는 경우가 많다. 사실 허다하다고 말할 정도이다. 2019년을 관통했던 조국 현상 또한 그랬다. 청문회라는 정치의 한 가운데에 뛰어든 검찰 수사로 시작했지만 또한 언론의 문제이기도 했다. 정치나 수사라는 공적 행위가 기본적으로 국민을 상대로 하는 서비스이고, 이는 대체로 언론을 통해 국민과 소통되기 때문이다. 언론의 주된 취재원이기도 한 이같은 기관을 저널리즘에서는 흔히 일차 규정자primary definers라고 한다.[1] 일차 규정자는 미디어로의 접근이 가능한 공신력 있는 개인이나 어떤 제도적 기구, 즉 정치·경제·문화적으로 엘리트 그룹에 속하는 전문가, 공무원, 그리고 지도적인 정치인과 종교인 등을 일컫는다. 그들은 자신들의 권능이 발휘되는 영역 안에서 벌어지는 사건에 대해 프레임을 주도할 능력을 가진다. 그러니까 정치인은 정치현상에 대해, 검찰은 수사에 대해 제일 먼저 프레임할 수 있는 능력을 지닌다. 그럼으로써 주어진 사건을 자신들에게 유리한 방향으로 현실정의를 할 수 있다. 하지만 누구나 커뮤니케이션을 할 수 있는 이 시대에 그런 일차 규정자에 과잉의존하는 언론은 자칫 그 전문성을 의심받고 급기야는 '기레기'라는 명칭을 얻게 되는 이유가 될 수도 있다.

사실 일차 규정자가 제공하는 프레임을 '그대로' 전달할 것 같으면 언론은 존재할 이유가 없다. 그들과 다른 언론 고유의 영역으로서 취재가 없기 때문이다. 취재의 성패는 언론과 특정 영역 간의 상호 협력성과 긴장도의 조화에 달려 있다. 일차 규정자들은 언론이 필요한 정보를 가지고 있고, 언론은 일차 규정자들의 프레임을 전달할 것이기 때문에 평소 협력관계이다. 하지만 당연한 말이지만 취재가 단순한 의존이 되어서는 안 된다. 취재는 반드시 일차 규정자의 현실정의에 대한 그 의도와 목적, 결과의 의미에 대해 관심을 기울여야 한다. 그래야 일차 규정자로부터 연원하는

---

1 일차 규정자론은 홀 등의 연구에서 찾아볼 수 있다(Hall, et al. 1978). 홀 등은 그람시의 헤게모니 개념을 적용하여, 오늘날 자본주의 사회에서 지배 블록의 헤게모니가 매스 미디어를 통해 어떻게 재생산되는가를 '정보원으로서 국가 기구'의 역할을 통해 밝히고자 했다. 그들의 주장을 한마디로 요약하면, 미디어에 반영되는 구조화된 선호(structured preference)는 국가권력과 같은 공신력있는 정보원(accredited source)을 해당 토픽을 정의할 수 있는 '일차 규정자'(primary definers)가 되도록 했기 때문이다.

사실의 무게감과 질감을 이해할 수 있다. 미디어가 넘치는 시대의 저널리즘은 과거 그 어느 때보다 그런 기능과 역할이 기대된다.

　이제 조국 관련 보도에서 상상할 수 있는 무게감과 질감을 떠올려 보자. 조국과 그의 가족의 부정에 관한 '피의사실'을 보도하는 것과, 개혁의 대상인 검찰과 그 조직의 수장으로서 개혁을 시도하려는 조국 법무부 장관후보 간의 당사자 '이해충돌'을 보도하는 것에는 뉴스가치의 경중이 있을까? 다툴 여지도 없이 모두 중요하다.[2] 공직자 후보의 도덕성도 중요하지만 공동체의 운명과 관련된 검찰개혁은 그 못지않게, 아니 어쩌면 그보다 더 중요할 지도 모른다. 사실보다 중요한 것은 이해충돌 안에 피의사실의 진실성이 부분집합으로 포함되어 있을 수도 있다는 것이다. 하지만 주지하듯이 전자에 대한 보도는 넘쳐났던데 반해 후자는 거의 찾기 힘들었다. 언론이 이해충돌과 피의사실 간의 관계성을 보지 못해서였을까? 당시 많은 뉴스가 검사가 제공하는 정보의 진위를 확인하고, 그런 정보가 부딪힐 수도 있는 이해충돌에 대해 질문했더라면, 그 많은 뉴스가 그 외에도 우리가 알아야 했을 또 다른 진실들을 압도하는 지경에는 이르지 않지 않았을까?

　그럼에도 이런 일이 발생하는 것은 왜일까? 역시 일차 규정자론에서 힌트를 얻을 수 있을 것 같다. 일차 규정자론의 핵심은 공신력 있는 기관의 현실정의가 언론이 추구하는 객관보도의 출발점이 되고, 그런 언론활동이 기성 질서의 정당화에 기여한다는 데 있다. 일차 규정자는 공적 사건에 대한 국민적 해명을, 언론은 근거에 기반한 보도를 함으로써 두 집단 모두 안전하게 자신들의 일을 '관행적으로' 수행해낼 수 있다. 하지만 그 가운데 부수되는 기성질서의 정당화_{검찰권력의 유지?}를 놓쳐서는 안 된다. 조국 사건의 경우, 과잉수사에서 획득되는 어떤 사실이 기성 질서에 기여한다고 본다면, 이해충돌에서 얻어질 수 있는 사실은 그 '사실의 진실성'을 의심케 한다. 이 경우 기자는 어떻게 해야 하나? 전자는 익숙하고 쉽지만 후자는 낯설고 어렵다. 어쩌면 조국 관련 보도과정도 이전의 정치 스캔들 보도와 크게 다르지 않았다고 볼멘소리를 할지도 모르겠다. 하지만 그런 호소는 언론의 과도한 일차 규정자 의존 관행만을 보여줄 뿐이다. 그때 그랬던 것이 지금 그러는 것의 이유가 될 수는 없다. 흥미롭게도 이런 의존성의 관행은 1980년대 신군부에 의한 언론의 권력 종속성과 사뭇 달라 보인다. 오히려 그 반대일 수 있다.

나는 '기자의 취재는 어떠해야 하는가'에 대한 논의는 '취재된

---

2 사실 일차 규정자가 사회적 이슈의 당사자인 경우는 수없이 많다. 어떤 정치 세력의 거대한 스캔들이나 거대 기업 또는 정부기관이 노조 파업, 최근 코로나19 국면에서 접한 대한전공의협회 파업 등이 그것이다. 이런 경우 해당 당사자들의 주장을 일방적으로 뉴스를 내보내는 것은 그리 좋은 저널리즘이아니다. 그런 행위를 일방적으로 매도하는 것도 문제지만 그들의 주장하는 바를 그대로 중계하는 것은 더더욱 바람직하지 않다.

기사가 어떻게 보도되는가'와 밀접하게 연결되어 있다고 생각한다. 관행은 다른 관행과 대체로 연결되어 있기 때문이다. 그렇기 때문에 우리는 관행에 따른 안일한 뉴스 생산에 대한 비판을 그런 관행을 가속화시키는 특별한 뉴스 유통과 결부시켜서 비판해야 한다. 현장에서의 뉴스 생산 관행과 결부된 포털 종속적 언론 시장에서의 관행, 그러니까 그런 시장 구조에서 상품성 있는 '단독'을 길어올려야 하는 뉴스 생산-유통-소비의 왜곡된 구조에 대해 논의해야 한다. 조국은 오랜 세월 축적해 온 일차 규정자-언론 간의 뉴스 생산 관행과 그것의 소비 트렌드가 합일하는 지배적 정서, 즉 낙마가 필요했던 검찰과 클릭이 필요했던 포털, 그 사이에서 좋은 대학에 잘생기고 깨끗한 척하며 민정수석까지 지낸 피의자에게서 발견된 얼룩이 주는 상품성이 십분 활용된 것은 아닐까? 그에 반해 이해충돌 같이 직접적이지 않은 문제는 그것을 확인할 관행도 없는 상태에서 그냥 지나쳐버린 것은 아닐까?

돌이켜보면 2000년대 초반 언론사의 뉴스가 포털 수용자의 선택을 받아야 하는 운명에 처함으로써 포털은 비교와 경쟁을 통해 뉴스의 질을 고양시킬 수 있는 좋은 기회를 가질 수 있었다. 하지만 포털은 언론을 보다 좋은 저널리즘으로 탈바꿈할 수 있는 길을 선택하지 않았다. 그것은 포털의 문제이기도 하고 언론사의 문제이기도 했다. 나는 이것을 오랜 세월 비판적인 양질의 뉴스를 찾기 힘든 '약한 저널리즘'weak journalism과 한국 포털 특유의 '체류성의 경제학'economy of sojourning이 빚어낸 저널리즘 잔혹사로 진단한다.[3] 저널리즘이 포털 트래픽 뉴스 창과 검색 모두에서이라는 미디어 논리media logic, 정치 논리보다 미디어 논리에 종속되고, 종국에는 이론적으로 증명되어 왔던 저널리즘의 정치경제학이 해체되는 '클릭 상업주의'click commercialism 또는 '포털 대중주의'portal populism가 현실화한 것이다. 저널리즘에 있어서 대중주의popular journalism는 1960년대 저널리즘이 대중문화를 다루면서 나타난 의미의 다원성, 비규범성, 개방성 등을 일컫는 개념이었다Sparks, 1992. 이후 지속적으로 이어져온 연성화된 저널리즘의 시작이라 할 수 있다. 그런 대중주의가 탈미디어적 뉴스의 확장, 가령 미국은 물론 필리핀, 브라질, 헝가리, 프랑스 등지에서 대중은 물론 심지어 정치 지도자마저 기성언론을 외면하고 SNS에서 직접 커뮤니케이션함으로써 기성 언론과 대립각을 세우는 방식으로 진화되고 있다Filloux, 2019. 노회한 정치 지도자가 뿌리는 '가짜뉴스' 담론은 어디에도 진실을 찾아보기 힘들게 되어버린 저널리즘의 현주소를 보여준다.

전통적인 언론사들의 활약?이 두드러졌던 조국 관련 보도는

---

3 체류 경제(또는 정주 경제)는 이민학에서 주로 언급되는 것으로 이민을 통한 체류의 경제적 효과에 대해 다룬다. 유학, 여행, 쇼핑 등에서도 체류 개념이 사용되곤 한다. 각종 복합쇼핑몰이 단순히 상품 판매만을 고려하지 않고 다양한 서비스를 구비하는 것은 고객의 체류시간을 최대화하는 것이 곧 마케팅에 도움이 되기 때문이다. 코로나19로 인해 가정 내에서 보내는 시간이 길어지면서 가구나 가전 내구재 소비가 급증하는 것도 그 때문이다.

기묘한 반대 지점을 보여주지만 마치 동전의 양면처럼 그 구조는 같다. 주지하듯이 조국 관련 보도에서는 정보를 독점하는 검사로부터 나온 기성 언론의 단독 뉴스가 '주로' 의제를 견인했다. 다른 제휴 미디어들은 기성언론의 담론을 거들면서 클릭과 주목의 수혜를 나눠가졌다. 그것이 몇 차례 돌고 나면 사실은 또 다른 사실과 결부되며 무엇이 진실인지 모를 지경에 이른다. 이쯤 되면 사태에 대한 맹목적 비난과 야유가 난무하게 된다. 언론이 밝혀낸 진실은 찾기 힘들고 언제 검증될지 모를 일차 규정자의 프레임만 남는다. 이런 맥락에서 볼 때, 작금의 한국 포털의 대중주의는 트래픽을 추종하는 약한 저널리즘이 저널리즘 내 전문직주의의 기준점을 잃고 언론사 간의 무한 트래픽 경쟁으로 내몰리는 상황을 일컫는다. 뒤에서 자세히 다루겠지만, 그것은 몇 차례 단계를 거쳐 왔는데, 최근에는 뉴스 대상으로부터 의제를 생산하는 것이 아니라 상대방 뉴스를 염두에 두고 의제를 따라가는 데까지 이르렀다여기에는 기성언론과 이른바 인터넷 언론간의 미묘한 차이가 있지만 여기에서는 다루지 않는다.

이 글은 문제적 용어인 기레기가 이같은 과정에서 탄생했음을 말하고자 하는 시론이다. 뉴스 생태계를 지배하는 포털의 뉴스 편집 및 검색 정책과 그런 변화에 맞춰 생존의 길을 모색해온 언론사들이 탄생시킨 비극이 기레기라는 것이다. 물론 언론 자체가 이런 논란의 주된 주체가 아니라고 주장하는 것은 아니다. 사실을 뉴스로 포장하는 언론사가 생산의 기준을 포털과 같은 신생 뉴스 플랫폼의 문법, 즉 미디어 논리의 당대적 형태인 플랫폼 논리platform logic와 연동하고 있음을 강조하는 것이다. 애초에 언론은 그것에 '동조했고' 지금은 '동조되고' 있다. 더욱이 커뮤니케이터가 된 수용자들이 이에 대해 적극적으로 개입하고 '평가'한다. 관행적이라는 이유로 저널리즘적 수행이 더 이상 양해받지 못하는 이유이다. 이 글은 한국 사회를 관통하고 있는 기레기 담론의 중요한 축이, 하지만 쉽사리 망각하는, 사실은 포털이 견지하고 있는 체류성의 경제학과 밀접하게 결부되어 있음을 논하고자 한다. 체류성은 2020년 현재 보편화되고 있는 플랫폼 구독경제의 최고 미덕으로서 그 역사가, 특히 한국 포털에서는 그 역사가 깊다. 미디어–독자/광고 시장이라는 전통적인 미디어 정치경제학을 해체하면서 등장한 플랫폼 공정에서의 뉴스 생산–소비의 체류 경제학이 어떻게 질 낮은 저널리즘을 양산하고 있는지, 그 해결 방안은 무엇인지 살펴보는 것이 이 글의 목표이다.

그 전에 분명히 하고 싶은 것이 있다. 지금의 질 낮은 저널리즘 현상을 포털–언론사 간의 클릭 상업주의의 동맹관계로 파악한다고 해서 클릭 자체가 저널리즘 붕괴의 원흉이라고 단정해서는 안 된다. 그같은 기술 결정론은 우리에게 닥친 문제를 해결하는 데별로 도움이 되지 않는다. 클릭은 그것을 받아들이는 플랫폼에 따라 다양하게 활용될 수 있다. 사실 클릭은 디지털 가상세계에서 이루어지는 모든 행위의 기본 양식이다. 따라서 클릭 상업주의는 포털-언론사 동맹관계의 상수이다. 변수는 특별히 한국의 경우 약한 저널리즘 전통의 언론사와 체류성의 경제논리를 내재화한 포털이다. 이 두 변수의 결합이 클릭 상업주의와 만나 사회적 논의 제도로서 저널리즘에 기레기 현상을 낳는다. 이는 다양한 정보와 지식으로 무장한 개인 커뮤니케이터의 등장으로 인해 더욱 증폭된다. 결국 기레기의 문제는 언론사의 문제임과 동시에 포털의 문제이며, 인간을 포함해 모든 사물이 커뮤니케이션에 참가하는 미디어화mediatization 시대에 아직 제 길을 찾지 못한 오래된 저널리즘에 새겨진 생채기이다.

약한 저널리즘과 포털 체류의 경제학

약한 저널리즘이라고 힘없는 저널리즘이라는 것은 아니다. 오히려 그 반대인데, 정치-언론의 공생관계가 여론과 광고시장을 지배하는 현실을 말한다. 후기 식민성과 냉전의 지배 이데올로기가 여전히 진행형인 한국에서 정치-언론은 정상적인 '강한 저널리즘'을 가로막는 이분법적 프레임을 일상화시켰다. 적어도 징후적으로 볼 때 여기에서 여론이란, 훗날 클릭이란, 전통적으로 이런 이분법에서 파생된 기존 관념, 즉 '지배적 정서'의 반복이었다. 그런 정서의 흐름에 편입되지 않는 비판적 기사나 대안적 프레임은 힘을 얻기 힘들었다. 최순실 사건^{박근혜 대통령 사건이라고 해야 하}^{나 언론은 그렇게 표현하지 않는다}과 같이 특이한 사례를 제외한 대부분의 경우에 대안 세력이 여론의 뭇매를 맞는 이유이다. 지배적 정서의 반복이 지배블록 내 일차 규정자와 기자 간의 취재관행 때문인지, 언론사의 압박 때문인지, 빨리빨리 처리되는 의제순환의 속도 때문인지, 그런 뉴스를 외면하는 수용자 때문인지 밀도있는 사회심리학적 분석이 필요하다.

어쨌든 새로운 뉴스 플랫폼이 된 포털은 이같은 약한 저널리즘의 전통을 혁신하기보다 오히려 확대 재생산했다. 2000년대 초반 '미디어'를 표방했던 포털은 기존 언론사 출신의 젊은 기자들을 주요 보직에 앉혔고, 그들을 통해 신선한 뉴스 경쟁을 유도하는 듯 보였다. 언론사의 개별 플랫폼에 얹혀진 것이 아닌 어떤 집합소에 모여든 뉴스들이 이용자의 '선택'을 기다리는 유래 없는 비교와 경쟁시장이 예고되었다. 이는 건전한 뉴스 경쟁을 통해 좋은 저널리즘의 전통을 쌓을 수 있는 소중한 기회였다. 때마침 당시는 언론개혁에 대한 국민적 열망이 어느 때보다 뜨거웠다. 하지만 포털은 이슈에 대한 체계적 경쟁을 유도하기보다 약한 저널리즘의 구도는 그대로 유지한 채 이용자 트래픽^만을 거둬가는 것으로 정책의 가닥을 잡았다^{이에 대한 진단적 근거는 다음 절을 참고}.

이에 한국 포털이 체류의 경제학에 입각해 작동한다는 진단이 가능하다. 체류의 경제학이란 포털이 자신의 사이트에 이전부터 있던 커뮤니티와 이메일 외에 뉴스, 부동산, 증권, 패션, 사전, 쇼핑, 지도, 환율, 날씨 등 일상생활에 필요한 모든 콘텐츠를 갖춤으로써 최대한의 페이지뷰와 체류시간을 확보하는 전략이다. 쇼핑몰의 체류 전략이 늘어난 시간만큼 소비를 유도해내는 것처럼, 포털에서 체류 경제는 늘어난 시간만큼 쌓인 클릭으로 광고를 유치한다. 원하든 원하지 않든 여론형성의 효과도 덩달아 따라붙는다. 대중문화 시대의 수용자 상품론audience commodity, Smythe, 1982과 디지털 미디어에서의 자유노동free labor, Fuchs, 2012 개념을 서로 연결시켜 보면, 클릭의 노동량이 많은 뉴스가 중요해지고 광고 노출의 기회도 많은 상품이 되기 때문이다. 따라서 광고시장과 이데올로기 시장이 선형적으로 연결되어 있었던 기성 미디어와 달리, 포털의 뉴스 시장은 거기에 참여하는 다양한 이용자의 욕망에 충실한, 혹은 그런 욕망을 이끌어내는, 뉴스로 클릭을 최대화하는 것이 목표이다. 그렇기 때문에 뉴스 독자들이 기성 언론사의 약한 저널리즘에 등지고 포털에 모였음에도 포털이 그들에게 준 것 또한 지배적 정서의 체류였다.

포털뉴스가 수용자에게 미친 정동은 포털이 최종 뉴스 매체로서 '가장 먼저', 그리고 '가장 빈번히' 뉴스를 이용할 수 있는 뉴스 소비의 선차성priority을 선취했기 때문에 빛을 발할 수 있었다임종수, 2005. 하나의 뉴스 매체가 단일한 독자시장과 광고시장으로 연결된 언론-미디어의 수용자 상품성과 달리, 포털과 같은 탈언론-미디어는 복잡한 취향과 이념의 스펙트럼을 지닌 독자 모두를 만족시키는 상품성을 구성해내야 한다임종수, 2017. 결국 지배적 정서의 반복은 '미디어 독자-광고 시장'이 아닌 '플랫폼 독자-광고 시장'에서 시장성과를 최대화하기 위한 뉴스 배치의 동기이자 결과라 할 수 있다. 거기에 의제 순환 속도를 높이면 더 없이 좋다. 때마침 모바일 혁명도 이를 뒷받침했다. 이제 약한 저널리즘의 '생산자 미디어'를 떠난 뉴스는 갖가지 '유통 플랫폼'의 소비양식에 적응해야 한다. 뉴스소비의 선차성을 획득한 포털은 뉴스소비의 호흡을 하루가 아니라, 오전 오후가 아니라, 시시각각으로 바꾸는 편집기법으로 체류성을 강화한다. 거기에서 '단독'은 가장 손쉽게 포털 1면에 올라갈 수 있는 재료이다.

그렇다고 플랫폼 경제 시대 체류성이 저주받아 마땅한 악인 것만은 아니다. 4차 산업혁명의 디지털 경제가 도래하면서 플랫폼 구독의 체류성은 변화하는 밸류체인에서 더 이상 외면하기 힘든 시대적 조류이다. 오히려 디지털 밸류체인 상의 중심 논리이기도 하다. 다만 구독이 완성시키는 체류성은 자신의 삶의 지향성을 지지하는 경우에 한해 가치를 가진다. 피할 수 없는 구독은 폭력이다. 지난 수년간 망 중립성이 붕괴된 미국에서 보여준 통신사들의 폭주특정 의견을 검열하거나 집단적 수요가 있는 경우 임의로 속도를 늦추는에서 보듯이, 유무선 네트워크를 외면할 수 없는 21세기적 삶에서 피할 수 없는 구독을 강요하는 것은 결코 민주적이지 않다. 특히 저널리즘에서 강요된 체류는 나름의 정보와 지식을 겸비하여 대등한 커뮤니케이션에 나서는 개별 이용자에게 강한 저항과 냉소를 불러일으킨다. 기레기가 바로 그것이다. 하지만 불운하게도 기레기라 칭하는 타깃은 주로 기자와 언론사이다. 포털이 아니다.

포털 뉴스의 게토화 과정: 플랫폼 논리의 정립

포털이 체류를 통해 미디어화의 길을 걸은 것은 정확하게 월드컵의 열기가 고조되던 2002년의 일이다. 포털이 재매개의 논리에 따라 뉴스 소비의 최종 후방시장이 되면서 뉴스의 새로운 매개지가 되었다임종수, 2004, 2012. 4강 신화만큼이나 뜨겁던 온라인 대화는 때마침 나타난 온라인 정치세력화와 맞물려 포털의 미디어적 기능에 대한 관심을 높였다. 다음커뮤니케이션은 '미디어 다음'을 공식적인 뉴스 서비스 창구로 론칭했다. 네이버도 그 뒤를 따랐다. 미디어일 것으로 생각지 않았던 포털이 미디어가 되는 순간이었다. 당시 미디어 전문지는 "포털사이트 다음의 '미디어화'는 지난해 11월 임시조직이었던 미디어팀을 미디어본부로 승격시키고 조선일보 기자 출신인 석종훈 씨를 부사장급 본부장으로 영입하면서 본격화됐다"고 전했다신미희, 2003.

이후 포털에 뉴스를 올리는 수많은 온라인 뉴스 제작사가 생겨났고 기성 언론 또한 포털과의 뉴스 공급 계약에 나섰다. 우리 역사에서 기성 언론사가 아닌 뉴스를 소비하는, 기성 언론사라 하더라도 동일한 조건에서 경쟁하는 유래 없는 일이 일어났다. 앞서 언급한 체류의 경제학 논리로 볼 때, 포털이 군이 광고시장이나 구독시장 모두에서 특정한 방향성을 보일 필요가 없었기 때문에 경쟁을 통해 옥석을 가리는 참신한 뉴스 시장이 등장하는 듯했다. 하지만 포털뉴스는 점차 게토화되었다.

첫 번째 게토화는 저질이었다. 오문이 범람하고 핵심이 사라진 뉴스, 이용자의 흥미만을 낚는 뉴스가 포털뉴스의 대명사처럼 되었다. 댓글 역시 마찬가지였다. 그러나 이 시기만 하더라도 그런 문제는 주로 신생 온라인 뉴스매체로 국한된 일이었다. 발 빠르게 포털사용자위원회를 출범시켜 사회적 책임을 다하려는 노력을 보이기도 했지만, 여느 위원회가 그렇듯 강제성 없는 위원회의 지적이 뉴스 운영에 직접 영향을 미치지는 못했다. 이 시기는 아직 광고가 기성언론을 지지하고 있었고 포털은 좀 질 낮은 이차 뉴스 무대였을 뿐이었다.

두 번째 게토화는 뉴스 플랫폼으로서 쓸모 있게 된 포털에 대한 이데올기적 투쟁이었다. 그것은 아마도 "네이버 평정"이라는 조선일보 출신의 모 국회의원의 일성으로 대표될 지도 모른다.

모든 뉴스가 모인 바로 그곳은 점점 더 이데올로기 전투장이 되었다. 뉴스 편집은 물론 실시간 인기어, 댓글, 검색 등에 대한 타당성 논란과 함께 편집자_{또는} 알고리즘 중립성의 필요성이 제기되었다. 포털도 편집으로부터의 자유로움을 과시하는 방안을 몇 차례 발표했다. 이 국면에서는 이전까지만 하더라도 '언론도 아닌' 포털을 비판하던 기성 언론이 본격 등판했다. 포털뉴스 저질론을 일갈하던 그들도 온라인 뉴스 소비자를 낚는 노하우를 터득해갔다. 기회가 될 때마다 아웃 링크를 주장했지만 스스로 자사 플랫폼을 끌어갈 의지와 여력이 없었던 '약한 저널리즘'의 언론사들은 궁극에는 포털과 타협했다. 광고와 독자가 떠난 언론이 자체적으로 경영과 영향력을 유지해가기 힘들다는 것을 인지한 것이 아닌가라는 생각이 든다.

이 국면은 포털-언론이 이전에 없던 제휴 생태계를 만들던 세 번째 국면, 즉 트래픽 퍼스트의 국면으로 이어졌다. 이전까지만 하더라도 기성언론의 경영과 영향력이 형편 없이 무너지지 않아 생존의 여력이 남아 있었지만, 이 국면에서는 포털의 뉴스 정책이 언론사에 직접적으로 영향을 주게 된다_{기성언론은 영향력 면에서 신생 인터넷 언론은 경영 면에서 특히 그런 것으로 판단된다}. 뉴스룸 혁신을 꾀하는 기성 언론사들의 디지털 퍼스트_{digital first}는 '트래픽 퍼스트'_{traffic first}로 변질되었다. 실제로 데이터 저널리즘, 로봇 저널리즘에 대해 고민은 있되 실천은 늘 부재할 뿐이었다_{백재현·임종수, 2018}. 트래픽 퍼스트는 기성 언론사나 포털 모두의 관심사였지만, 특히 포털이 주도하는 트래픽 퍼스트는 뉴스생산과 소비의 호흡을 극도로 짧게 하여 최소한의 시간에 최대한의 뉴스를 노출시키는 것을 공식적인 관습으로 정착시켰다. 거기에는 특종보다는 단독이, 읽을거리보다는 볼거리가 우선시되었다. 이제 이 국면에서 포털과 언론사는 '제휴'라는 이름으로 완전한 생태계를 구축하기에 이른다. 2018년 드루킹 사건 당시 급조했던 네이버의 뉴스 아웃링크 정책에 한 언론사만 찬성한 것을 보면 이 말이 크게 틀리지 않음을 알 수 있다. 진정한 디지털 퍼스트를 하기 싫었던 혹은 할 수 없었던 언론사가 스스로를 뉴스 도매상으로 위치짓고 포털 소매상과 트래픽 퍼스트의 시장원리를 공고히 한 것이다.

이 과정은 저널리즘이 플랫폼 논리에 따라 재조정되는 변곡점이라 기록해도 그리 틀린 말이 아닌 듯 보인다. 비극적이게도 이과정은 저널리즘의 성격 자체를 변질시켰다. 대표적으로 저널리즘에 취재행위가 포털의 뉴스 문법을 따라가게 된 것이다. '기레기'라는 용어가 본격적으로 사용된 것도 이 즈음이었다. 여기에서는 뉴스의 의제설정이 정보원을 대상으로 하기보다 뉴스 생산자들간의 상호참조 과정으로 변질된다. 주목받는 어떤 의제가 단독으로 뜨면 대부분의 제휴사들은 그것을 서로 참조한다. 그랬을 때 지배적 정서의 트래픽을 나눠가질 수 있다. 이제는 좋은 뉴스보다 단독에서 멀어지지 않는 것, 빠른 편집 순환을 효과적으로 따라잡을 수 있는 것이 뉴스 생산자의 미덕이다. 어떻게든 상대방보다 빠른 클릭을 유도하여 포털 뉴스시장의 주도주가 되어야 한다. 일부 영세한 신생 언론사들은 마치 그런 작업을 겨냥한 별동대 같이 움직인다. 뉴욕타임스의 유료화 실험 과정에서 보듯이, 뉴스 소비자에게 지각되는 뉴스의 질은 지불 의사를 북돋운다. 하지만 이렇게 상호참조된 뉴스에는 애초부터 지불의사가 존재하지 않는다. 잘 취재된 기사, 통찰을 주는 해설이 아니라 빠르게 돌아가는 뉴스 순환에서 빨리 클릭되고 소비되는 것이 미덕인 왜곡된 저널리즘이 보편화된다.

팬데믹과 '노출' 비즈니스

체류를 위한 포털의 클릭 상업주의는 2020년을 관통하는 역사적인 코로나19 전염병 사례에도 여전하다. 코로나19 팬데믹 상황에서 누구라도 쳐다봐야 할 정보의 플래그십은 무엇일까? 뉴스일까? 블로그, 카페, 그것도 아니면 지식인? 2020년 내내 코로나19로 몸살을 앓고 있는 한국에서 '중앙방역대책본부'는 적어도 포털에서만큼은 방역의 중심이 아니었다.

필자는 지난 3월과 4월 한국의 코로나19 팬데믹 상황에서 포털의 편집을 관찰한 바 있다. 검색창에 중앙방역대책본부를 치면

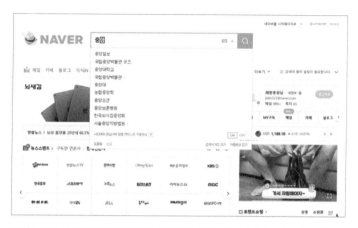

〈그림 1〉 코로나19 2차 팬데믹이 진행되던 2020년 9월 8일 네이버 검색에서도 키워드 '중앙'에는 여전히 중앙방역대책본부가 없다.

코로나 관련 뉴스, 뷰, 블로그, 그리고 질병관리본부에 관한 백과사전이 일차로 노출된다. 포털의 메인 화면에 있는 별도의 코로나19 관련 창도 중앙방역대책본부의 정보가 아닌 관련 뉴스가 노출된다. 검색 자동완성에서 '중앙'을 치면 중앙일보, 중앙대학교, 중앙선거관리위원회, 심지어 연세중앙교회, 중앙육아종합지원센터는 있어도 중앙방역대책본부는 없다. 바이러스의 팬데믹이 손쓸 수 없는 바이러스의 과잉 유포라면, 인포데믹은 쓸 데 없는 정보의 과잉 유포이다. 쓸 데 없는 과잉 정보는 정보의 옥석을 구분하기 힘들게 하여 급기야 판단착오, 2차 가해, 사회적 비용 등을 야기할 수 있다.

코로나19 같은 국가위기 상황에서 정보의 플래그십은 중앙방역대책본부이다. 코로나19 팬데믹 정국에서 검색창에 중앙을 치면 중앙방역대책본부가 가장 먼저 노출되어야 정상이다. 적어도 국가위기관리 '심각' 단계가 발효된 상황에서 포털 메인창은 중앙방역대책본부에 허용되어야 한다. 그래서 마스크, 자가격리, 생활지원센터, 해외배송, 위생수칙 등 현재의 방역과 관련된 핵심 키워드의 정보만큼은 중앙방역대책본부 또는 정부기관이 직접 생산한 '확인된' 것이 우선적이어야 한다. 관찰 도중 어떤 지역의 확진자 상황이 궁금해 검색해보니 도저히 알 수 없는 그 지역 관련 뉴스나 블로그, 카페 글만 무성하다. 답답해서 '중앙방역대책본부 홈페이지'를 검색하면 알고자 하는 지역과 다른 울산 지역의 부동산업체에서 올린 글이 1순위로 검색된다.

4차 산업혁명 시대 가상현실은 현실의 일에 대해 알아듣는 앱이어야 한다. 이는 현실의 있는 그대로의 정보를 제공하는 것에서 시작한다. 지금의 포털은 그 반대다. 지금이야 코로나19가 워낙 기세등등하니 질병관리본부KCDC가 어느 정도는 노출되지만, 지금까지 포털은 질병과 관련해 한 번도 질병관리본부를 전면에 노출시킨 적이 없다. 지금도 검색창에 독감을 치면, Influenza 검색에서 CDC가 노출되는 구글과 달리, 국내 포털이 만든 확인되지 않은 카페, 블로그, 뷰, 지식인, 그리고 그들과 제휴관계인 뉴스가 우선적으로 검색된다. 실제로 포털에서 어떤 질병명으로 질병관리본부 사이트를 찾는 것은 모래알에서 바늘 찾는 것만큼이나 어렵다.

결국 포털은 현실 공간의 오리지널리티를 결코 축적해오지 않았다. 거기에 관련 정보가 없어서라고 토로할 수도 있다. 그 토로는 클릭이 안 나온다는 말로 들린다. 그럴수록 노출을 많이 하여 대중적 감시 기능을 작동하는 것이 맞지 않을까? 포털의 노출 비즈니스가 생명과 관련된 정보의 플래그십에 선행되어서는 안 된다. 포털이 속절없이 무너지는 경제에서 유래 없는 '불안팔이'로 재미봤다는 불명예를 차지하지 않기를 바랄 뿐이다.

포털 재매개의 책임성

포털의 뉴스 재매개의 책임성은 여기에 있다. 어차피 뉴스 자체를 생산하지 않는 포털에게 뉴스 자체에 대한 깊은 저널리즘적 성찰과 책임을 요구할 수는 없다. 언론사들이 종종 제기하는 포털의 무책임성은 사실 그들이 뉴스 편집에서 소외되었을 때이다. 포털이 그런 것까지 귀담아 들을 필요는 없다. 뉴스를 '편집'하는 포털에게 있어 책임성은 뉴스 상품의 자유롭고 건전한 경쟁 유도로 옥석을 구분하는 데 있다. 그런 구분을 통해 사회적 효용성이 닿는 뉴스에 대해 보상하는 데 있다. 포털 체류의 플랫폼 논리는 이렇게 다시 디자인되어야 한다. 그것은 곧 포털이 당신에게 노출되고 있는 뉴스가 왜 그렇게 되고 있는지에 대해 답할 수 있음을 의미한다. 포털은 이 과정을 통해 모든 크고 작은 언론사를 제휴라는 이름으로 책임질 필요 없이 좋은 저널리즘을 실천하는 언론이 보다 더 잘 살아남게 하는 생태계를 만들 수 있어야 한다.

하지만 그것은 포털이 유일하게 외면한 것이기도 하다. 포털이 관행화한 짧은 호흡의 뉴스소비와 트래픽 우선 정책을 포털 스스로 내려놓을 용기가 있을까? 포털은 약한 저널리즘의 관행에 올라타 트래픽만을 챙길 것이 아니라 뉴스 이용자의 선택을 창의적으로 읽어내어 기성 언론사로 하여금 진정한 의미의 '강한 저널리즘'을 수행하도록 자극할 용의는 없는가?

2018년 5월 네이버가 '뉴스알고리즘검토위원회'를 구성했다. 무엇을 검토한다고 했을 때는 검토의 기준이 있어야 한다. 하지만 위원회의 활동에도 불구하고, 기본적인 설명책임accountability인 알고리즘의 기본정책에 대해 대외적으로 투명하게 선언한 바는 없다. 보다 나은 품질과 진실을 찾고자 하는 뉴스를 우대하기 위한 포털의 편집 원칙은 무엇인가? 어느 공직자의 미세한 가족 이야기가 당시 함께 진행되었던 급변하는 북미관계, 유례 없는 일본의 무역보복, 유력 지자체장의 2심 유죄 판결, 포털 자신에게 비수이기도 했던 드루킹의 법정 진술 번복, 그리고 유명 야당 의원 아들의 음주운전 사고와 은폐의혹, 그 공직자의 자녀와 비슷해 보이는 야당 원내대표 아들의 논문 1저자 건 등에 비해 압도적으로 다뤄져야 하는 이유는 무엇인가? 그런 기사보다 조국 관련 기사가 압도적으로 많아서인가? 그렇다면 많은 기사가 포털의 알고리즘 원칙 중 하나인가? 그 이유는 명백해 보인다. 체류의 경제 관점에서 조국은 다른 무엇보다 클릭의 상품성이 높아서이지 않을까? 정치 논리가 아니라 언론과 플랫폼 자체의 논리에 입각한 하이에나 저널리즘의 전형이 아닐까? 그런데 이와 관련해 기레기 이슈는 있어도 포털 책임론은 어디에도 없다.

　사실 포털은 지금과 같은 논란이 있을 때마다 뉴스 정책을 개편해왔지만 지금까지 한 번도 뉴스를 편집하고 댓글을 관리하는 기준으로 체류라는 플랫폼 논리를 버린 적이 없다. 체류의 경제학이 악은 아니지만, 뉴스 체류만을 목표로 했을 때 빚어지는 사회적 비용은 포털의 책임이다. 저질 논쟁은 물론 특종과 오리지널 뉴스의 실종, 기계적 양비론의 편집 등과 함께 뉴스 댓글 조작은 온라인상의 자연스러운 담론 흐름을 하나의 저수지에 담음으로써 나타난 일종의 '공유지의 비극'이다. 클릭과 좋아요의 체류 논리에 따라 움직이는 가운데 시민이 기대하는 좋은 저널리즘이 점점 더 멀어지는 것이다. 따라서 포털은 온갖 위원회 같은 것에 숨어서 체류처의 책임을 방기해서는 안 된다. 물론 이것이 포털의 알고리즘을 만천하에 밝히라는 주장은 아니다. 자신들의 편집에 대한 이러저러한 문제제기를 귀담아 듣고 플랫폼 논리를 보다 선순환적으로 바꾸려는 노력의 근거를 보이라는 것이다. 포털 스스로의 저널리즘 원칙이 자사의 알고리즘에서 어떻게 실현되는지, 그래서 뉴스 이용자의 체류의 성격이 어떤지 설명하는 것은 사회적 책무이다.

저널리즘의 회복, 오리지널 뉴스에 대한 보상부터

언론을 표방하지 않는 사기업에게 저널리즘 원칙에 입각한 편집을 요구하는 것이 가능할까? 공정성과 불편부당성, 사실과 주장의 분리, 오리지널 보도와 하위 또는 후속보도, 특집과 스트레이트, 취재력으로 검증된 기자와 상대적으로 그렇지 못한 기자 등을 편집 알고리즘의 주요 피처feature로 삼는 것이 불가능한 일일까? 빠른 호흡으로 대중의 노출을 최대화하는 클릭 상업주의를 추구하는 것은 위와 같은 알고리즘 책무성을 배치하는 것과 상반되는 일일까? 제휴 업체의 뉴스나 자사의 저작도구가 아닌 현실에서 파생되는 가치 있는 정보를 적극적으로 활용할 의지는 없는가?

그 물꼬는 오리지널 뉴스 그리고 오리지널 콘텐츠에 대한 보상을 극대화하는 알고리즘에서부터 시작해야 한다. 무엇보다 포털은 저널리즘의 최대 미덕인 환경감시에 기여하는 오리지널 뉴스에 분명한 트래픽으로 보상해야 한다. 여기에서 오리지널 뉴스란 의미 있는 사회적 주목을 끄는 뉴스를 말한다. '의미 있는' 이라는 다소 모호한 용어를 사용할 수밖에 없지만, 말하자면 강화된 취재 기사를 뜻한다. 넓은 의미에서 보자면, 저널리즘의 백미인 특종^{단독}이 아니라이라 볼 수 있다. 예를 들자면, 2018년 충격적인 기업 CEO 갑질과 각종 불법을 밝혀낸 모 기업의 양○○ 대표 사건 보도가 있다. 이 기사는 셜록의 박상규 기자가 오랜 시간 취재하면서 밝혀낸 의미 있는 특종이었다. 하지만 이 기사는 당시 제휴 매체였던 뉴스타파를 통해 포털 1면에 잠깐 노출되었을 뿐이었다. 이후 대부분의 트래픽은 그런 오리지널 뉴스를 다양한 기교로 복제한 하위보도가 가져갔다. 후속보도도 박상규 기자의 것보다 '클릭하기 좋은' 선정적인 제목의 다른 제휴 매체 뉴스가 선택됐다. 이는 검색에서도 마찬가지이다. 지금도 네이버나 다음 어디에도 양진호 사건에 대해 셜록이나 뉴스타파 보도를 일차적으로 노출하는 곳은 없다. 지금과 같은 포털의 구조에서 대중적 이목을 끌려면 별도의 블로그를 만들어야 한다. 그것도 포털에서 제공하는 블로그를 이용해야 한다.

그렇게 볼 때, 포털의 일차적인 커뮤니케이션은 자사가 개발한 저작도구이고 그 다음이 제휴 CP들의 콘텐츠라는 의심을 거둘 수 없다. 셜록은 포털의 뉴스 및 검색 제휴 매체가 아니다. 따라서 셜록과 같은 매체가 아무리 좋은 뉴스를 생산하더라도 지금과 같은 뉴스 생태계에서 보상받을 길이 없다. 설혹 제휴 매체라 하더라도 클릭을 더 많이 끌어낼 수 있는 수많은 카피본에게 포털 1면을 내 주어야 한다. 포털은 '입점'해 있는 제휴 언론사들이 노출에서 소외되지 않도록 관리해야 하기 때문이다. 그런 점에서 보면 지금 포털이 뉴스나 검색 제휴를 맺고 있는 방식은 포털이라는 가부장이 뉴스 CP라는 자식을 부양하는 구조이다. CP가 혜택을 받으려면 자극적인 하위기사제목, 흐름에 편승하는 기사, 끊임없는 연관기사 등을 생산해 포털의 선택을 받아야 한다. 이는 앞서 짚어본 낚시성 편집, 짧은 호흡의 뉴스소비, 뉴스와 뉴스 간의 상호참조 등으로 이어온 클릭 상업주의의 생태계를 정확하게 반영한다. 그런 점에서 포털이 오리지널 뉴스에 대한 보상을 강화한다고 하더라도 정작 당사자인 뉴스 CP들이 찬성할지 의심스럽다.

특정 사건을 세상에 드러낸 오리지널 뉴스에 더 많은 보상이 가도록 구조화하는 것은 결코 어렵지 않다. 뉴스를 선택하고 배치하는 알고리즘을 그렇게 조정하면 된다. 박상규 기자와 같이 저널리즘에 기여하는 기자들이 적극적으로 보상을 받을 수 있어야 한다. 선별 기준이 모호하다면 적어도 객관적이고 권위 있는 기자상을 받은 기자는 그렇지 않은 기자와 구별되어야 한다. 그 과정을 통해 좋은 뉴스를 제공하는 미디어는 보상받고 그렇지 않은 것들은 자연도태 되도록 해야 한다. 기왕에 뉴스 편집을 떠맡았다면 그래야 한다알고리즘이든 사람이든 포털은 더 이상 자신의 뉴스 제공을 뉴스 편집이 아니라고 말하지 말아야 한다. 지금과 같이 '고른 클릭 기회'는 클릭에 체질화된 언론사들을 겨우 생존시키겠지만 약한 저널리즘을 되풀이 할 뿐이다. 거기에서 이익은 포털과 일부 제휴 언론사에게, 피해는 저널리즘과 민주주의, 그리고 함께 사는 우리들 모두에게 갈 뿐이다. 극단적으로 비유하자면, 그런 생태계에서 언론사는 포털의 영주 안에 열심히 뉴스의 밭을 가는 소작농처럼 보인다. 언론은 근대 자유인이어야 하고, 영주는 건강한 자유인이 생산한 것을 보다 잘 유통시키는 건전한 자본가여야 한다.

결론: '좋은 저널리즘' 생태계 관행을 위하여

21세기 초반 저널리즘 세계의 오염을 상징하는 기레기 담론은 단순히 직업으로서 기자, 직장으로서 언론사만의 문제로 국한된 것이 아니다. 뉴스생산의 구조상 그들을 일차적으로 비난할 수 있지만, 뉴스의 생산-유통-소비 구조가 완전히 달라진 21세기 뉴스 생태계에서는 특히 포털의 책임을 외면할 수 없다. 하지만 이를 지적하고 분석하고 비평하는 것이 생각보다 쉽지 않다. 왜냐하면 대부분의 사람들은 자신이 접하는 뉴스를 '포털뉴스'로 인식하지만 정작 문제가 될 경우는 관습적으로 특정 언론사 또는 해당 언론사의 기자를 일차적으로 언급하기 때문이다. 디지털화 이후 플랫폼 논리는 자연환경과 같은 것이어서 주어진 자연으로, 특별히 삶의 전 영역이 미디어화되고 하부기반화되고 있는 조건에서는 자연 그 자체로 여겨지기 때문이다Peter/이희은 역, 2018. 콘텐츠가 그런 하부기반의 지배를 받지 않은 적이 없었다.

포털의 뉴스 재매개는 낚시성 편집, 짧은 호흡의 뉴스소비, 뉴스들 간의 상호참조 등으로 그 명맥을 이어온 클릭 상업주의의 생태계를 만들어왔다. 클릭 상업주의 상수는 약한 저널리즘 전통과 포털 체류경제라는 변수와 화학작용을 함으로써 지금의 포털 뉴스 제휴 생태계를 만들었다. 체류의 생태에서는 어떤 뉴스를 생산할 것인가가 중요한 것이 아니라 포털 제휴사에게 고른 클릭을 제공하여 체류의 시간을 극대화하는 플랫폼 논리가 중요하다. 그런 조건에서 뉴스 생산자의 직업적 소명vocational callings은 일찍 눈뜬 자도 아니고 나름 과학적인 시각으로 사태를 관찰하는 기록자도 아니다. 그들은 마치 양대 포털이 만든 거대한 뉴스소비의 수레바퀴를 얼마나 효율적으로 굴릴 수 있는지에 몰두하는 직장인에 다름 아니다. 그들을 기레기라고 부르는 것이 마음에 들지 않는다면 매일매일 실적을 쌓아야 하는 뉴스 노동자라고 명명할 수도 있을 것이다. 하지만 그들을 부리는(?) 실적 지표는 포털이 들고 있다.

이제는 '좋은 저널리즘'을 위한 사회적 대화가 필요한 시점이다. 참조 사례로 1974년 이른바 글라스고우미디어그룹Glasgow Media Group, 1974이 진행했던 Good News Bad News 연구 프로젝트를 오늘날에 맞춰 살펴볼 것을 제안한다. 이스라엘-팔레스타인, 북아일랜드-난민 구도에서 항상 힘있는 세력에게 편향된 뉴스를 생산하는 것에 대한 비평으로 시작한 이 작업은 현재 구성되고 있는 텔레비전 뉴스가 실제 세계의 사건들을 설명하고explain, 명확히 하는clarify 데 도움이 되는지, 그것이 아니면 오히려 실제 세계를 혼란스럽게mystify 하고 모호하게obscure 만드는가를 좋은 뉴스와 나쁜 뉴스의 기준으로 삼았다.

이런 시도를 모델로 삼아본다면, 좋은 포털이란 그들이 선정한 뉴스는 물론 그 검색 알고리즘이 현실 세계의 사건들을 충분히 설명하고 주어진 현실의 문제를 선명하게 하여 타당한 사회적 실재성을 얼마나 잘 보여주는가에 달려 있다. 이를 위해서는 무엇보다 충실한 취재에 기반한 뉴스와 관련 기자의 노동에 대해 정당한 노출로 보상하는지가 검증되어야 한다. 이를 통해 현실이 투명하게 반추되어 저널리즘 영역이 선순환적 궤도로 들게 해야 한다. 결국 무엇보다 중요한 것은 포털이 매개하는 실재성reality이 포털이라는 가상세계의 창이 구현하는 과잉된 매개hyper-mediacy가 아니라 현실 세계actual world에 좀 더 충실한 매개의 결과물이 되는 '관행'을 만들어야 한다. 앞서 살펴본 여러 사례처럼, 포털이 자극적인 제휴 언론사 뉴스나 자사의 저작도구로 생산한 콘텐츠를 우선 노출한다면 그것은 포털이 우리들 삶의 실재성을 과잉 정의하는 주체임을 자임하는 것이다. 지금보다 훨씬 큰 책임을 자임해야 하는 것은 당연한 이치다.

이는 실제 연구결과로도 뒷받침된다. 좋은 저널리즘의 구성요소에 대한 기자집단 인식 연구에 따르면남재일·이강형, 2017, 좋은 저널리즘의 구성요소로 정확성, 중립성 등과 같은 객관주의 저널리즘의 규범적 가치는 상대적으로 약화되고, 실체적 진실, 사회정의와 같은 주창 저널리즘의 규범적 가치가 강조되고 있다. 하지만 사회정의를 비롯한 규범적 가치의 실행에 대한 기자들의 평가는 그 강조점과 달리 상대적으로 낮아서 인식과 실천의 괴리가 있는 것으로 나타났다. 실천의 장애요인으로는 자본의 통제, 정치권력의 통제, 조직의 통제 등이 순차적으로 꼽혔다. 결국 이들 연구자들이 지적하듯이, 전통적인 객관보도의 관행만으로 저널리즘의 역할을 다했다고 볼 수는 없다. 어떤 특정 사실을 토대로 보도하는 것은 이제 설명하고 선명하게 하기 위한 조건이지 저널리즘의 마지막 필요충분조건이 아니다. 미디어화 시대이기 때문이다. 기자는그리고 포털은 항상 어떤 뉴스 소비자가 자신보다 더 많이 알고, 더 깊이 생각하며, 더 비판적일 수 있음을 염두에 두어야 한다. 개인은 언제든 정보와 지식에 접근할 수 있고 누군가와 연결될 수 있기 때문에, 언론이그리고 포털이 여전히 집착하는 지엽적 사실보도는 자극적 클릭은 유도할지 몰라도 그들의 일에 직업적 차별성을 부여하지는 못한다. 기자와 언론사, 포털은 과거의 약한 저널리즘 관행에 계속 유지해 갈지 말지 선택해야 한다. 특히 다양한 뉴스가 있어 실체적 진실에 어느 누구보다 가까이 갈 수 있는 포털이 성찰해야 한다. 객관보도의 관행이 변화된 커뮤니케이션 환경 안에서 잘못 빚어낸 기레기 현상을 넘어설 수 있는 새로운 저널리즘 관행과 패러다임을 건설할 시점이다.

저널리즘이 무너지고 기자와 언론사가 기레기로 멸칭당하는 상황에서, 더욱이 유래 없는 역병 상황에서 포털만이 뉴스와 검색에서 오히려 수익을 더 크게 늘려간다면 그것은 역사의 아이러니가 아닐 수 없다. 저널리즘에서 플랫폼 논리가 수익모델로 간주되겠지만 뉴스를 그렇게만 사용하는 것은 사회적 낭비이다. 사회적 요구가 있다면 포털은 플랫폼 논리 하에서 이용자들에게 배달된 뉴스와 검색의 이유를 설명할 수 있어야 한다. 단순히 이러저러한 미디어의 뉴스를 무작위로 보여준다는 예의 그 기계적 중립이라는 말로 현혹해서는 안된다. 매개된 현실이 기계적 중립의 세계일 수는 없지 않은가? 사실 기계적 중립의 알고리즘은 세상에 존재하지 않는다. 알고리즘 역시 '사람'그리고 조직이 만들고, 기계-행위자로서 '의미'를 매개하기 때문에 애초에 중립적 알고리즘 따위는 없다. 유일하게 남은 것은, 인간이 하든 기계가 하든, 의미의 매개물에 대한 설명이다. 생산물 자체는 농부가 만들었다 하더라도 '선별'을 통한 매매의 결과는 순전히 도소매 상인의 몫이다. 판매를 한 이상 책임 또한 상인의 몫이다.

참고문헌

남재일 · 이강형(2017). '좋은 저널리즘'의 구성요소에 대한 기자 인식 변화 추이,《언론과학연구》, 17권 2호, 82~128.

신미희(2003).   '미디어다음' 언론진출 가속화, 미디어오늘, 2003년 4월6일.

백재현·임종수(2018).   '혁신없는' 로봇 저널리즘: 자동화된 저널리즘의 양식화를 위한 제언을 담아. 《방송통신연구》103호, 103~136.

임종수(2004).   미디어로서 포털: 포털, 저널리즘, 변화, 한국언론학회 2004년 가을철 정기 학술대회 발표자료집(광운대).

임종수(2005).   포털미디어 재매개에서의 뉴스소비: 하나의 탐색적 연구.《한국방송학보》19 권 2호, 48~45.

임종수(2012).   미디어화: 일상의 미디어에서 미디어의 일상으로.《디지털 테크놀로지 문화》, 26~54, 한울.

임종수(2017).   '탈언론' 미디어의 등장과 그 양식, 그리고 공공성: 알고리즘 미디어에 대한 비판적 소고,《한국언론정보학보》86호, 116~147.

Filloux, F.(2019).   The Rise of Populism and He damage to journalism, Mondaynote. com : https://mondaynote.com/the-rise-of-populism-is-hurting-journalism-ea20bf02c99d

Fuchs, C.(2012).   Dallas Smythe Today - The Audience Commodity, the Digital Labour Debate, Marxist Political Economy and Critical Theory. Prolegomena to a Digital Labour Theory of Value, Triple C, 10(2), 692~740.

Peters, J. D.(2016).   The Marvelous Clouds, 이희은 역(2018).《자연과 미디어》, 컬처룩.

Smythe, D. W.(1977).   Communications: Blindspot of Western Marxism. Canadian Journal of Political and Social Theory 1(3), 1~27.

Sparks, C.(1992).   Popular Journalism: Theories and Practise, In P. Dahlgren & C. Sparks (Ed.). Journalism and Popular culture(24~44), London: Sage.

Hall, S., Critcher, C., Jefferson, T., Clarke, J., & Roberts, B.(1978). Policing the Crisis. Mugging, The State and Law & Order. London and Basingstoke: The Macmillan Press.

임종수

세종대학교 미디어커뮤니케이션학과 교수이자 글로벌미디어소프트웨어융합연계전공(GMSW) 센터장이다. 한양대학교 신문방송학과에서 학사와 석사, 박사 학위를 받았다. 박사 학위 후 초기에는 1970년대 텔레비전 도입의 문화적 맥락을 주로 연구하다가, 포털 미디어와 OTT, 방송 콘텐츠, 최근에는 AI 미디어와 빅데이터의 결합이 빚어내는 미디어 양식에 주목하고 있다. 주요 논문으로 〈텔레비전 안방문화와 근대적 가정에서 생활하기〉, 〈한국 방송의 기원〉, 〈포털미디어 재매개에서의 뉴스 소비〉, 〈HLKZ-TV, 텔레비전과의 조우〉, 〈수용자의 탄생과 경험〉, 〈디지털TV의 양식성〉, 〈남편찾기와 완고한 수용자〉, 〈'탈언론' 미디어의 등장과 그 양식, 그리고 공공성〉, 〈AI 로봇 의인화 연구〉, 〈오토마타 미디어〉 등이 있고, 주요 저서로는 《미디어와 일상》(2008, 공역), 《디지털, 테크놀로지, 문화》(2012, 공저), 《미디어 빅데이터 분석》(2018, 공저), 《넷플릭스의 시대》(2019, 역) 등이 있다.

8. 유튜브와 저널리즘의 교차학:

뉴스생산 분화, 정보흐름 역진 그리고 뉴스 이벤트 재구조화[1]

유용민 인제대학교 신문방송학과 조교수

유튜브로 바뀐 저널리즘의 신세계?

현대사회에서 뉴스와 저널리즘은 오랫동안 민주주의를 위한 필수품으로 간주되어 왔다. 신문 없는 정부보다 정부 없는 신문을 택하겠다는 토마스 제퍼슨Tomas Jefferson이 남긴 유명한 문구는 민주주의 환경에서 입법, 사법, 행정에 뒤이은 제4부로서 언론이 갖는 상징성을 잘 보여주는 말이다. 이러한 믿음과 기대 안에는 권력을 감시하고 비판하는 언론이 없다면 민주주의 사회는 필연적으로 부패하고 그 결과 사회는 혼란과 붕괴에 빠지고 말 것이라는 우려가 자리 잡고 있다. 기자라는 직종에 진실을 추구하고 국민의 알 권리 실현을 우선하는 특별한 일을 하는 전문직이라는

---

1 이 글은 2019년 한국방송학보에 게재한 필자의 논문 〈유튜브 저널리즘 논쟁하기〉의 내용 일부를 활용하여 작성한 글임을 밝힙니다.

타이틀이 허락된 이유도 뉴스와 저널리즘이 산업과 비즈니스의 부산물이 아닌 민주적 제도와 관행 그리고 문화를 지탱하는 공공성을 가져야 한다고 보았기 때문이었다.

그러나 오늘날 이러한 기대와 믿음을 유지하는 일은 점점 더 어려워지고 있다. 그렇게 된 이유는 사람들이 더 이상 민주주의를 원치 않게 되어서는 아니다. 때때로 제 역할을 못하는 언론의 책임이 전부인 것도 아니다. 그보다는 정치 시스템과 여론이 선순환하며 작동하는 민주주의 정치 과정에서 언론이 누렸던 배타적 지위가 도전받고 흔들리고 있기 때문이다. 뉴스에 관한 학자들의 깐깐한 정의는 잠시 제쳐 놓고 본다면 사람들이 잘 모르는 새로운 소식을 수집하는 일부터 그 소식을 여기저기 퍼뜨리는 일의 관할권은 언론과 기자의 수중 안에 머물지 않게 됐다. 이러한 변화는 물론 인터넷 등장 이후 점진적으로 지속된 흐름이다. 시민 저널리스트의 출현은 전문직주의 저널리즘에 도전하는 시민 저널리즘을 가능케 했다. 포털 미디어와 검색 엔진의 등장과 더불어 언론이 뉴스를 독자에게 직접 전달하는 뉴스 유통 방식은 디지털 정보 중개자에 의해 매개되는 방식으로 변했다.

보다 최근으로 오면서 유튜브가 뉴스 소비를 위한 플랫폼으로 주목받게 되면서 저널리즘의 세계에는 보다 극적인 변화가 찾아왔다. 사람들이 유튜브를 뉴스 매체로 인식하고 유튜브 채널에서 생산된 시사정치 정보를 뉴스로 소비하는 현상 또한 폭증했다. 유튜브를 소유한 구글은 언론사 담당자를 초대해 뉴스에 관한 자신들의 정책을 설명하는 세상이 됐다. 여론조사에서 유튜브는 언론의 범주에 속하는 미디어에 포함된다. 관료들, 정치인들, 지식인들 모두 언론사를 제치고 대신 유튜브에 출연해 대중과 소통한다. 여전히 논쟁적인 개념이기는 하지만 유튜브 저널리즘이라는 용어는 바로 이런 일들이 벌어지는 사이의 어딘가에서 출현했다.

그렇다면 유튜브 저널리즘이라고 불리는 현상은 저널리즘의 세계에 어떤 변화를 가져온 것일까? 그리고 그 의미는 무엇일까? 물론 이러한 질문은 최근 유튜브가 저널리즘을 위한 공간으로 주목을 형성하게 됨에 따라 적지 않은 미디어 연구자들과 언론들로부터 검토된 질문이다. 그러나 그에 관한 지금까지의 논의들은 대부분 유튜브는 가짜뉴스의 온상일 뿐이라며 유튜브 비난에 열을 올리거나 알고리즘에 의한 필터 버블filter bubble 또는 콘텐츠 극단화extremization 같은 기술에 의해 유도된 현상에만 관심을 돌리는 등 지나치게 편협한 이해에 머물러 있다. 그러다 보니 미디어 지식들이 내놓는 처방 또한 '유튜브 규제' 아니면 '알고리즘이 관건'이라는 식의 단순 논리가 횡행하고 있다. 그 과정에서 기존 저널리즘 환경에 내재된 편향과 구조적 문제가 유튜브 환경에서 나타나는 새로운 저널리즘적 사례들과 접합하면서 야기되는 또 다른 문제적 맥락들은 제대로 검토되지도 못한 것 같다.

대신 이글에서는 그러한 기술의 영향력뿐만 아니라 유튜브상의 부정적인 정보 현상의 폐해 또한 인정하면서 동시에 그 안에서 저널리즘과 관련하여 새로운 뉴스 관행과 문화가 왜 그리고 어떻게 등장하게 되었는지 그 배경과 맥락 그리고 그 효과를 보다 폭넓게 이해해보고자 한다. 이를 위해 저자는 일부러 기술에 관한 이야기는 배제하고 관행과 실천 그리고 행위자들의 문제에 집중했다. 따라서 필자가 제시한 논리들이 기술과 무관한 것은 아니라는 점 또한 유념해주길 바란다. 아울러 본론에서 필자가 제시하는 '취재원의 자기-매체화', '행동주의 저널리즘', '언론 없는 공론장', 그리고 '뉴스 이벤트 소멸' 같은 가설적 표현들은 엄밀하게 검증된 개념과 이론이라기보다 아직은 메타포 정도로 받아들였으면 한다.

많은 사람들이 공인하는 사회과학 개념이나 정설을 좇는다고 탁월한 지식이 되는 것은 아니다. 오히려 많은 이들이 합의한 정설을 가져다 쓰면 쓸수록 현실에 뒤쳐진 낡은 지식으로 남거나 다수의 시선을 의식해 포장만 그럴싸하게 꾸민 지식으로 전락할 가능성을 무시할 수 없다. 비록 아직은 엉성한 메타포라 하더라도 낡은 이론보다 현실을 더욱 생생히 비추는 참신한 거울이 될 수 있다. 논의에 앞서 덧붙이자면 이글에서 전제하는 유튜브 저널리즘 현상은 유튜브상에서 시사, 정치를 비롯하여 공적 현안에 대한 정보를 생산하고 유통하는 채널들이 등장하고 동시에 이를 뉴스처럼 받아들여 소비하는 수용자들이 늘어난 현상에 관계된 것으로 정의하고자 한다.

일차 정의자의 자기-매체화와 뉴스생산 분화

　미국의 저널리즘 학자 마이클 셧슨Michael Schudson은 2018년 자신의 저서《왜 여전히 저널리즘이 중요한가》에서 현대사회가 저널리즘화된 사회journalized society로 이행하고 있다는 문제의식을 통해 오늘날 뉴스와 저널리즘이 처한 상황을 이해할 수 있다고 제안한다.[2] 그가 말하는 저널리즘화된 사회의 근거는 여러 가지가 있지만 핵심은 뉴스와 저널리즘의 경계가 극도로 모호해졌다는 점에 근거한다. 실제 20세기 디지털 혁명이 시작된 이후 사실 정보를 광범위한 독자 공중에게 공급하는 언론의 역할이 갖는 배타성은 지속적으로 도전받았다. '뉴스 생산자 = 전문가' 등식은 시민 블로거가 등장하면서 와해됐다. 뉴스 유통 또한 언론사가 독자들을 대상으로 뉴스를 전달하고 공급하는 일방향적이고 수직적인 위계를 갖는 전달 구조에서 포털, 검색엔진 그리고 소셜 미디어를 통해 매개되는 비선형적이며 네트워크적인 흐름의 과정으로 재구조화되었다Papacharissi & de Fatima Oliveira, 2012. 뉴스 소비 측면에

---

2 물론 그의 이러한 테제는 처음 제시된 것이 아니다. 이에 대해서는 그의 이전 저서《뉴스의 사회학》을 보라.

서도 미디어 수용자들의 뉴스정보 습득 채널은 뉴스 생산을 본업으로 하는 언론사 외에도 시민 블로그, 소셜 미디어, 인터넷 커뮤니티, 메신저 등 폭넓게 다변화 되었다.

하지만 이런 변화는 유튜브 등장 이전부터 점진적으로 전개된 저널리즘의 현상이다. 그렇다면 유튜브가 저널리즘과 만나기 시작하면서 나타난 새롭게 고유한 변화의 지점은 어디 혹은 무엇일까? 그것은 바로 뉴스 생산의 새로운 분화 현상에 있다. 유튜브 공간에서 나타난 뉴스 생산의 새로운 분화란 바로 뉴스 생산자의 분화를 뜻한다. 과거 포털 저널리즘 환경에서 나타난 변화의 핵심이 뉴스 유통의 분화라면 유튜브 환경에서 나타난 변화의 핵심은 바로 생산에 있다. 그런데 앞서 말한 것처럼 뉴스 생산자의 분화는 인터넷이 등장한 이후부터 이미 발생했던 일이다. 여기서 말하는 뉴스 생산자의 분화의 초점은 기존에는 뉴스 취재원 information source이었던 공적 행위자들이 이제는 때로 언론을 거치지 않고 직접 뉴스 생산자 역할을 자처하고 있다는 데 있다. 실제 유튜브는 바로 그런 역할 수행을 위해 효율적으로 기능하고 접근성 또한 용이한 플랫폼으로 채택되면서 주목받기 시작했다. 2010년대 중반 기점으로 정치인, 언론인, 시사평론가 그리고 일부 당파적인 시민사회 조직과 활동가들은 1인 미디어 형태로 시사정치 평론을 하거나 시위 현장을 중계하거나 또는 주류 언론 보도에 대한 문제제기를 하는 등 시사적인 정보 생산을 기능을 수행하는 유튜브 채널을 개설하여 활용하기 시작했다.

이들은 스튜어트 홀Hall et al., 1978이 오래 전 말한 것처럼 대부분 1차 정의자primary definer로서 지금까지는 주로 언론을 통해서 많은 공중과 접촉할 수 있었지만, 이제는 유튜브 등 소셜 플랫폼을 통하여 대중들과 직접적으로 상호작용함으로써 언론이라는 매개체에 대한 의존 없이도 공적 담론에 직접적 영향력을 행사하고 있다Carlson, 2016. 과거 그들이 공적 담론에 행사하는 영향력은 언론의 게이트키핑을 거치는 과정에서 언론사의 이해관계, 뉴스 규범과 언론 윤리에 의하여 제약을 받고 조정되는 맥락이 작동했지만 이제는 자신들이 갖고 있는 정보나 의견을 무기로 공론장에서 자신이 의도하고자 하는 여론 형성이나 대중의 반응을 이끌어 내기 위한 대중적인 자기 커뮤니케이션mass self-communication이 가능해졌다. 이들이 어떤 의도나 동기를 갖고 유튜브 매체를 운영하든 간에 그리고 그것을 저널리즘으로 부를 수 있는지 여부와 무관하게 독자들 입장에서는 언론 대신 세상사에 대한 정보를 듣고 다른 사람들의 의견을 참고하기 위한 대안적 뉴스 출처로 유튜브가 각광받게 된 현상은 바로 이러한 변화에 일차적으로 기인한다. 일부에서는 주류 언론 대신 이들이 진정한 저널리즘 역할을 대신한다고 추종하기도 한다.

이처럼 기존의 취재원들이 뉴스와 시사 현안을 놓고 독자들과 직접적으로 커뮤니케이션할 수 있게 된 변화는 곧 저널리즘 분야에 나타난 취재원의 자기-매체화self-mediatization 현상으로 해석할 수 있다. 주로 미디어화 연구자들이 고안한 자기 매체화self-mediatization, Meyer, 2002; Spörer-Wagner & Marcinkowski, 2010 개념은 사회적 행위자들이 자신의 전략적 목표를 달성하기 위하여 뉴스 미디어 논리를 받아들여 자신의 관행과 실천을 재조직하는 경향을 설명하는 개념이다. 그렇다면 이런 현상이 몰고 온 저널리즘 세계의 또 다른 변화의 결과가 무엇을 뜻하는 것일까? 그것은 바로 주류 언론에 대한 의존도가 감소하고 그에 따라 언론이라는 매개 없이 작동하는 공론 과정의 부상이라고 할 수 있다. 이 문제를 이해하기 위해서는 보다 구체적으로 '언론 없는 공론장' 혹은 '저널리즘 없는 민주주의'라는 최근의 문제의식을 살펴볼 필요가 있겠다.

언론 없는 공론장 또는 저널리즘 없는 민주주의

디지털 테크놀로지 혁명 이후 제도와 시민 사이를 연결함으로써 공론장에서의 영향력을 행사하는 언론의 매개 역할은 위협받게 되었으며 그 원인은 사람들이 유튜브나 소셜 미디어 기반의 효율적인 커뮤니케이션을 대안으로 추구하게 된 변화에 있다는 지적Boczkowski, in Nieman Report, 2018은 그리 새삼스러운 일은 아니다. 하지만 유튜브 저널리즘 현상에서 확인된 새로운 차이는 사람들이 이제는 아예 언론을 건너뛴다는 것이다. 몇 년 전부터 유행하던 '저널리즘 패싱'이라는 용어는 바로 이런 경향을 설명하기 위해서 나온 것이다. 그런데 언론이 사회적으로 점점 더 많은 외면을 받게 되는 경향을 설명하는 학계나 언론계의 시각은 대부분 언론의 위기를 언론과 독자 사이의 유대관계 측면에서 주로 바라본다. 많은 저널리즘 이론가들은 언론의 위기 탈출을 위한 해법을 언론사의 독자 신뢰라는 지표에 근거해 설명한다. 하지만 그런 접근은 제도와 언론 사이에서 발생하는 구조적 괴리와 그 결과 나타나는 언론의 매개 역할의 약화가 갖는 의미를 간과한다. 유튜브 공간에서 나타난 소위 '저널리즘 패싱' 현상은 언론과 독자 사이는 물론 언론과 전통적인 취재원 사이에서도 발생하는 양가적인 설명적 의미를 갖기 때문이다.

그렇다면 이런 현상이 갖는 의미를 아는 일은 왜 중요할까? 그 대답의 출발점은 언론이 민주주의와 공론장과 관련해 지니는 필수적인 중요성에 대한 지나친 믿음이나 맹신에서 찾아볼 수 있다. 미디어 학자들을 비롯하여 대다수 언론 전문가들은 너나할 것 없이 저널리즘을 위한 언론의 역할이 필수적이고 중추적으로 중요하다고 강조하고 언론이 독자 신뢰를 회복함으로써 저널리즘의 위기를 극복해야 한다는 식의 이야기를 공통적으로 말하는 경향이 있다. 이러한 견해들은 비교적 저널리즘의 위기를 대부분 일시적이고 예외적인 상황으로 간주하는 전제에 기초한다. 즉 저널리즘의 위기가 개선되는 '정상적 상황'으로 복귀할 수만 있다면 언론이 민주적 공론권이나 민주주의 같은 사회적 가치를 실현하는 데 중심에 설 것이라는 논리다.

그런데 최근 그러한 사고에 대한 지나친 고집은 현실 변화에 비춰볼 때 그렇게 타당하지도 않을 뿐만 아니라 동시에 저널리즘의 미래를 전망하는 데에도 별 도움이 되지 않는다는 문제의식이 커지고 있다. 예를 들어, 미국의 니먼 연구소가 2018년 전세계 저널리즘 학자와 언론 현장의 전문가들을 대상으로 저널리즘에 관한 전망을 질문한 결과 적지 않은 응답자들이 질적 수준, 윤리, 신뢰의 측면에서 저널리즘의 위기를 논하지만 실제 위기의 핵심은 뉴스 자체가 죽어간다는 데 있다는 도발적인 주장을 내놓았다. 즉 최근 전문직주의 저널리즘이 사람들에게 신뢰를 얻지 못하고 그 권위가 추락하게 된 이유를 단지 주류 언론이 수행하는 저널리즘이 일시적이고 잠정적으로 위기에 처해 있었다고 덮어볼 일이 아니라 뉴스나 언론 그 자체의 사회적 필요나 생명력, 효용 또는 존재 가치 자체가 소멸해 가는 맥락의 가능성을 고민해야 한다는 것이다. 이렇게 보면 유튜브 저널리즘 현상 또한 그런 맥락의 가능성을 보여준 사례로 볼 수 있다. 언론학자 빅터 피카드Victor Picard 또한 자신의 최근작《저널리즘 없는 민주주의》2018에서 맥락은 다소 다르지만 이와 유사한 문제의식을 제시한다.[3] 그것은 오늘날 저널리즘이 민주주의의 필수품이라는 이상적 명제는 최근으로 올수록 점점 더 많이 도전받고 있다는 점이다.

　　이런 견해들이 오늘날 저널리즘의 변화상을 이해할 때 제공하는 유용한 시사점은 민주주의나 공론장이 제대로 작동하기 위해서 필수불가결하며 유일한 제도적인 요소는 바로 언론, 특히 전문직주의 언론뿐이며 진실은 오직 − 특정한 조건을 충족하기만 한다면 − 언론을 통해서만 비춰질 수 있을 것이란 식의 저널리즘 이론의 저변에 깔린 이상주의idealism는 유튜브 환경에서 저널리즘을 둘러싸고 벌어지는 일들을 설명하는 데에는 더 이상 긴장과 자극을 주지 못한다는 점이다.[4] 사람들이 더 이상 뉴스나 저널리즘이라는 고정 불변의 실체를 인정하지 않는다면 달리 말해 사람들이 절실히 원하는 것이 더이상 언론의 계몽주의적인 의제설정 또는 게이트키핑이 아닌 현실에서 저널리즘 이론에 깊게 뿌리박힌 이상주의적 복음을 다시 암송하는 것만으로는 변화한 현실 앞에서 어리둥절해하면서 세상이 이상해졌다는 탄식을 늘어놓는 것 말고는 할 일이 없을 것이다.

---

3 피카드는 이 책에서 미국의 심각한 저널리즘 위기가 사람들 사이의 공적 소통 과정에서 저널리즘이 더욱 더 배제될 수밖에 없는 상황을 분석하고 있다. 그에 따르면 오늘날 전문직주의 언론들은 잘못된 정보를 확산시키는 역할을 수행하게 되었으며, 그 근원에는 수익 추구를 위한 상업적 미디어 시스템에 있다고 주장한다.

4 저널리즘 이론의 이상주의가 갖는 문제점에 대한 논의로는 허버트 갠즈(Herbert J. Gans)의 《저널리즘, 민주주의에 약인가, 독인가》(2003)를 참고. 아울러 저널리즘의 역할을 비−이상주의적 시각으로 재해석한 이론적인 논의로는 임상원의 저서 《저널리즘과 프래그머티즘》(2017)을 참고.

그렇다면 저널리즘 없는 공론장에서 저널리즘의 할 일은 무엇일까? 역설과도 같은 이 질문에 대한 이해를 위해서 어떤 이론이나 개념이 저널리즘 분야에 필요할까? 다음 장에서는 행동주의 activism라는 키워드를 통해 이 문제를 다뤄보고자 한다.

저널리즘 경계의 탈 안정화와 행동주의 저널리즘 부상

지금까지 유튜브상에서 출현한 저널리즘적 현상들에 대한 사회적 논의는 한 가지 치명적인 문제를 안고 있다. 그것은 대부분의 많은 유튜브 매체들이 저널리즘 교과서에 쓰여 있는 '저널리즘'에 해당된다고 보기 어렵기 때문에 유튜브 저널리즘이라는 논의의 틀이나 범주 자체가 성립하기 어렵다는 결론들이다. 맞다. 틀린 말이 아니다. 기존 언론사들은 때로 잘 지켜지지는 않더라도 전문직주의 저널리즘 원칙에 입각한 뉴스 생산 관행을 견지한다. 객관 보도 원칙, 사실과 의견의 분리, 그리고 공정성, 정확성, 진실성 등 기본적인 뉴스 규범을 - 때로는 형식과 허울 또는 입바른 거짓말일 뿐이더라도 - 지키려는 명시적인 노력을 표방하는 곳이 바로 언론이다. 상징적으로나마 언론은 저널리즘을 위해 존재한다는 상호간의 믿음을 토대로 언론으로서의 권위나 정당성을 행사할 수 있었다. 그러나 유튜브 채널들은 이런 틀에서 벗어나 있거나 아예 자유로운 모습을 보인다.

예를 들어, 시사적이고 정치적인 이슈를 다루는 유튜브 채널들을 보면 특정한 동기나 목적을 위해 활동하는 경우들이 있다. 대놓고 당파적 담론 생산에 골몰하거나 밑도 끝도 없는 황당한 정보를 뉴스 형식으로 유통시키거나 아니면 공중의 행동 변화나 실천을 촉구하기 위한 노골적인 운동이나 캠페인의 일환으로 유튜브 채널을 활용하는 등 많은 경우 유튜브 채널들은 '뉴스' 생산에 한정된 매체 활동에 자기 스스로를 구속하지 않는다. 그들은 언론에게 요구되는 공적 책무는 물론 언론사들이 스스로 구축한 구속력 있는 조직 내 관행이나 규범으로부터도 자유롭다. 또한 그들은 전문직 저널리스트들에게는 일부 금과옥조처럼 여겨진 사안에 대한 객관적이고 중립적인 태도를 지키기보다는 이슈에 대한 열정, 관심 그리고 애정과 같은 태도를 서슴없이 드러낸다. 유튜브상에서 출현한 이러한 기괴한 저널리즘 문화를 – 그렇게 부를 수 있다면 – 어떻게 이해해야 할까? 어쩌면 그런 유튜브 매체들의 활동을 행동주의 저널리즘이라고 불러볼 수는 없을까? 수용자들은 언론처럼 소비하지만 언론은 아닌 그 무엇 말이다.

행동주의는 표현 그 자체가 목적인 행위를 넘어서 시민 동원과 조직을 포함하여 현실 변화에 영향을 미치기 위한 실천적 맥락을 포함하는 관행 및 실천으로 정의할 수 있다. 이런 행동주의는 저널리즘과는 무관하거나 혹은 바람직한 저널리즘을 위해서는 무관해야 하는 것처럼 보이지만 실은 저널리즘의 역사 내내 기자와 언론의 실천들 안에 깃들어 있던 실천 양식이다. 예를 들어, 강대국 언론들이 자국의 대외 정책을 옹호하는 저널리즘에 봉사하는 경향 안에는 언론이 국익의 실현을 위해 애국주의적인 행동에 나서는 맥락이 존재한다Ruigrok, 2010. 기자는 오직 취재를 통해 입수한 정보를 뉴스를 위해서만 활용하며 저널리스트는 특정한 목표를 위하여 현실에 능동적으로 관여해서는 안 된다는 전문직주의 저널리즘 윤리를 넘어서 민주화, 인권의 옹호, 독립의 쟁취 같은 사회운동적 가치 실현을 위해 언론이 뉴스 생산을 넘어서 행동한 사례들은 약소국이나 개발도상국 내 저널리즘 역사 전반에 반복되었던 엄연한 현실이다Budivska & Orlava, 2017; Harlow & Salaverria, 2016; Mollerup, 2015.

이런 행동주의는 디지털 미디어와 소셜 플랫폼의 시대에 또 다시 만개할 수 있었다. 특히 누구나 손쉽게 콘텐츠를 만들고 검색과 추천을 통해 관심사가 유사한 많은 사람들과 접촉하기 쉬운 유튜브는 마누엘 카스텔M. Castells이 말한 대중적 자기 커뮤니케이션mass self communication에 도전하는 데 유용하다. 디지털 플랫폼 시대의 행동주의에서 특히 중요한 점은 주류 언론에 대한 의존도가 줄어든다는 것이다Atton & Hamilton, 2008. 저널리즘이 외면 받고 배제된 빈 자리는 정보만 전달하고 나머지는 독자와 사회에 맡기는 객관 저널리즘 모델 같은 자유주의 언론관을 뛰어 넘어 전략적인 목표에 도달하고 동기를 실현하기 위하여 행동하는 미디어 실천들로 채워질 수 있다.

　그렇다면 저널리즘, 특히 전문직주의 저널리즘 관점에서 이런 행동주의는 바람직한 것일까 아닐까? 그에 대한 일관된 답은 내리기 어려울 것 같다. 저널리즘이라는 장에 행동주의가 어떤 맥락으로 반영되거나 접목되는지에 따라서 저널리즘과 행동주의가 서로 뒤섞이는 현상에 대한 평가는 달라질 수 있다. 어떤 행동주의적 시도는 사회적으로 칭찬을 받았던 반면 다른 행동주의적 시도는 그렇지 못했다. 대표적인 경우가 바로 황색 저널리즘 yellow journalism 시대다. 황색 저널리즘 시대는 미디어가 행동에 나서는 과정에서 많은 혁신적인 저널리즘 기법과 관행들이 발전한 시기이기도 하다. 그 당시 미국의 언론들은 상업적 경쟁 과정에서 경쟁지와 차별화된 보도를 만들기 위한 노력의 일환으로 탐정단을 조직해 정부가 풀지 못한 사건의 실체를 파헤치기 위해 도전하기 위한 행동에 나서는 일을 뉴스룸의 새로운 과제로 인식할 수 있었다Collins, 2012.

　예를 들어, 황색 저널리즘 역사 속 주인공 중 한 명인 뉴욕저널New York Journal 소유주 윌리엄 랜돌프 허스트William Randolph Hearst 는 "행동은 새로운 언론의 지표다. 경찰이 이스트 강의 살인사건을 풀지 못할 때 우리는 탐정단을 조직했다. 정부가 일을 잘못하면 언론은 이를 바로 잡아야 한다"라고 말했는데, 그의 이러한 태도는 행동 저널리즘journalism of action이라는 아이디어의 기틀을 제공했다. 대부분의 언론 전문가들은 황색언론 시대가 저널리즘에 관한 좋지 않은 모든 일들이 벌어진 시절인 것처럼 알고 있지만 예외적인 학자들 중 일부대표적으로, Campbell, in BBC, 2011는 허스트를 향해 "저널리즘 시대의 아주 극적인 혁신가" 중 한명이라고 칭한 바 있다. 황색 저널리즘 시대가 저널리즘이 혁신된 시대라고? 이는 결코 근거가 없는 이야기는 아니었던 셈이다.

공공 저널리즘과 탐사보도라는 근사한 저널리즘의 모델들 또한 이러한 선-역사를 갖고 있다. 이러한 행동주의 정신은 미국 저널리즘 역사에서 소셜 미디어 시대에 다시 주목 받았다. 황색 저널리즘이 맹위를 떨친 지 1세기가 지난 시점에서 유명한 블로그 사이트 허핑턴포스트 발행인 아리아나 허핑턴Arianna Huffington은 허스트의 구호를 되살려 언론의 역할이 단순한 의제설정을 넘어설 필요가 있다는 점을 역설했다. 이러한 행동주의에 대한 관심에는 아마도 교과서에 적혀 있던 저널리즘의 원칙을 구현하지도 못하고 그렇다고 대중들로부터 각광받는 데에도 실패한 저널리즘을 대신할 그 무엇에 대한 사회적 요청이 반영되어 있음을 뜻한다고 볼 수 있을까? 기성 언론에 대한 불신과 냉소 탓에 유튜브 저널리즘이 각광받게 됐다는 평가 또한 행동주의에 대한 사회적 요청이나 필요라는 맥락에서 보면 자연스럽게 설명된다. 여러모로 문제가 적지는 않은 개념이기는 하지만 최근 국내외에서 솔루션 저널리즘solution journalism이라는 대안 저널리즘 논의가 사람들의 관심을 잠깐 끌었던 언론계 분위기도 이와 유사한 맥락을 갖는다.

그렇다고 본다면 유튜브상에서 출현한 행동주의적 저널리즘의 맥락은 유튜브라는 플랫폼을 통해 민주주의의 필수품으로 간주되던 저널리즘이라는 제도가 공적 커뮤니케이션을 뒷받침하는 새로운 사회적인 정보 생산 관행으로 대체되어가는 과정의 신호탄 같은 것일까? 저널리즘 전문 비평지《니먼 리포트Nieman Report》가 2018년 던진 질문, 즉 "어디에서 저널리즘이 끝나고 행동주의가 시작되는가?Where does journalism end and activism begin?"라는 물음은 저널리즘과 행동주의가 교차하고 그 경계가 모호해지는 경향이 이미 현실에서 진행 중임을 설명하는 사례다. 이 기사는 저널리즘이라는 양식을 행동주의라는 양식으로 받아들이기를 원하는 사람들을 비추고 있다. 그리고 당연하게도, 그들 중 일부는 유튜브로 갔다. 미디어 학자 애드리안 러셀Adrian Russell 또한 자신의 저서《행동주의로서의 저널리즘》에서 말한 것처럼 많은 이들이 자신들의 사회적 연행을 위하여 저널리즘을 물들이고 있으며 그렇게 물든 저널리즘은 유튜브를 포함한 디지털 소셜 플랫폼에서 자신의 모습을 드러냈다.

확실히 행동주의는 한국 언론이 수행하는 전문직주의 저널리즘에서도 잠재되고 발현되기를 거듭했던 실천 양식이다. 대표적으로 정파 언론들은 저널리즘이라는 관행을 명분으로 당파적 이데올로기와 이해관계를 실현하기 위한 전략적 행동에 나서는 일들은 너무나도 일상적이었다. 그 과정에서 진실 추구나 국민의 알권리, 혹은 권력 감시와 비판이라는 저널리즘의 규범적 사명이나 가치가 전문직주의의 순수한 윤리 기준과 원칙을 충족시키기 위해서가 아니라 실제로는 자신들의 행동을 정당화하기 위한 직업적 논리로 동원되는 일들이 지속됐다. 이러한 설명을 부정하고 싶은 저널리즘 이론가들이나 언론인들이 분명히 적지 않겠지만 ― 사실은 많을 것이다 ― 역사만 놓고 보면 저널리즘은 행동주의와 함께 자신들의 역사를 만들어 왔다.

주류 언론의 유튜브 담론과 저널리즘 이상주의의 허상

물론 주류 언론들은 전문직 저널리즘이라는 일종의 상징을 통해서 자신들의 정당하고 합법적인 권위를 유지하고 비즈니스를 수행하기 위한 자원을 확보하는 데 유리하기 때문에 그러한 행동주의를 자신들의 공식적인 규범으로 내세울 수 없다. 하지만 앞서 언급한 것처럼 유튜브 매체들은 그런 규범적 압력으로부터 자유롭고 오히려 그런 규범적 압력을 무시하고 뛰어 넘을 때 충성도 높은 독자들을 확보하고 자신들의 담론적 영향력을 행사할 수 있다. 이 차이가 현재의 미디어 지형에서 확인되는 부인하기 어려운 경험적 사실이라면 언론은 순수한 저널리즘의 영역으로 유튜브와 같은 소셜 미디어에서 나타나는 유사 저널리즘 현상을 비-저널리즘 혹은 반-저널리즘이란 이분법으로 보여주는 차이는 상대적으로 더 작게 보일 뿐이다.

그럼에도 불구하고 주류 언론들이 유튜브 저널리즘 현상이 급부상한 최근 몇 년 사이에 내놓은 담론들은 저널리즘과 행동주의가 상호 연관된 역사적 현실은 뒤로 감춘 채 유튜브 저널리즘을 비판하는 일에 열중하였다. 그런 언론의 노력에서 가장 공통적 출발점은 바로 유튜브는 저널리즘이 아니라는 단정에 기초한 유튜브 비난이었다. 그 근거는 유튜브 매체들은 언론사들처럼 사실을 조직적이고 체계적으로 생산하고 검증하는 기능을 수행하기보다 언론이 일차로 생산한 정보를 품평하거나 자신들의 주장과 의견을 내세우는 경우들이 많다는 점이다가령, KBS 〈저널리즘 토크쇼〉 2018년 8월 26일 방영. 이런 시각은 언론의 역할을 사실 수집과 검증이라는 측면으로 국한할 경우 전적으로 맞다. 하지만 한편으로 그러한 시각은 다양한 저널리즘의 모델들이 끊임없이 떠오르고 가라앉기가 거듭되었던 저널리즘 역사에 비춰보면 사실과 맞지도 않으며 저널리즘 경계가 모호해지고 끊임없이 유동하는 오늘날의 저널리즘 환경을 이해하는 데 충분하지도 않다. 이상적인 기준을 가지고 새로운 저널리즘적 관행과 실천을 재단하려는 입장은 보통 이면에서 벌어지는 일들을 이해하기 위해 제기할 필요가 있는 질문을 은폐한다. 가령 왜 저널리즘은 최근으로 올수록 덜 현상-지향적인 반면 보다 해석-지향적으로 변화해 왔는가Barnhurst, 2011; Fink & Schudson, 2014 같은 질문이 대표적이다.

유튜브 저널리즘 현상에 대한 주류 언론과 전문직주의 언론인들이 내놓은 공통된 반응들 또한 바로 전문직주의 언론이 자신들을 우월적인 존재로 포장하려는 시각과 저널리즘의 이상주의가 교묘히 결합될 때 어떤 착각을 불러일으키는지를 보여준다. 예를 들어 주류 언론들은 유튜브 채널에서 나오는 정보들이 현상을 지나치게 단순화하여 전달한다는 점에서 파시즘적 혹은 포퓰리즘적 소통의 위험성을 안고 있다고 지적하기를 반복했다. 하지만 정파성이나 이념을 앞세워 사건에 대한 지나친 단순화에 기초하는 프레이밍framing은 정파적인 주류 저널리즘의 관습적이고 의례적인 전통이기도 했다. 사실과 스토리텔링, 논리와 정서, 드라마와 뉴스를 완전히 구분하여 독자에게 제시하는 일은 주류 저널리즘의 역사 특히 객관 저널리즘의 역사에서조차 거의 찾아보기 어려운 일이다. 그런 기준은 저널리즘의 장구한 역사에서 아주 일순간 발휘되었을 뿐이다. 거의 대부분은 저널리즘 교과서 안에서만 살아 있었다고 해야 옳을 것이다.

그럼에도 그들은 사실이 아닌 의견만 난무하는 유튜브 저널리즘이 건전한 저널리즘이 만든 합리성의 공론장을 파괴하는 주범이라는 식으로 비난한다. 그러나 건전한 저널리즘이 만들었다고 가정되는 투명하고 정확하며 합리적이고 공정한 공론장이 어디에 있었는지는 더 답하기 곤란한 문제다.

어떤 언론인은 자사 칼럼에서 유튜브 저널리즘 현상을 향해 "사실과 진실에 근거하지 않은 의도적 편 가르기는 증오를 부추기고 민주주의를 황폐화시켜 옥석을 가려 가짜뉴스가 발붙일 수 없는 토양을 만들 책임"이 있다^{국민일보, 2019년 1월 9일자 칼럼 "유튜브 정치 이대로 좋은가"}고 주장했지만 그러한 주장은 그간 끊임없이 한국 언론에 요구된 저널리즘 개선, 즉 그들 자신에게 요구된 주문과 크게 다르지 않다. 여기서 우리가 무엇을 배워야 할까? 그렇다면 유튜브상에서 나타나는 행동주의적 저널리즘을 긍정해야 할까? 주류 언론은 이제 기레기라는 손가락질과 함께 냉소와 비난의 대상으로 남겨 두어야 할까? 여전히 저널리즘이 살아나야 민주주의가 살아난다는 식의 도덕적 주장을 반복해야 할까? 이에 대해 성급히 결론을 내리기보다 유튜브와 저널리즘이 만나면서 생긴 변화를 조금 더 파악해보자. 왜냐하면 더 큰 문제가 남아 있기 때문이다.

뉴스생산 분화, 정보흐름 역진 그리고 뉴스 이벤트 재구조화

유튜브 저널리즘 현상의 핵심, 그리고 그 핵심으로부터 언론과 저널리즘에 관한 기존의 이론이 다시 성찰해야 할 지점은 가짜뉴스도, 확증편향도, 정치적 양극화도 아니다. 그것은 바로 뉴스 생산의 분화와 그에 따른 언론의 위상 변화에 있다. 취재원이 스스로를 매체화하고 공적 행위자들이 유튜브를 포함한 다양한 디지털 플랫폼을 대상으로, 독자 공중과의 직접적, 비-매개적 상호작용을 시도하는 세상이 되었다. 이러한 시도들이 늘어나면서 나타난 연쇄적 변화 중 하나는 바로 시장, 정부에서 활동하는 제도적 행위자들이 언론을 찾지 않고 유튜버를 먼저 부르거나 유튜버가 운영하는 매체에 출현함으로써 인터뷰와 같은 뉴스 생산을 위한 커뮤니케이션 이벤트가 전문직주의 언론을 배제한 채 재조직되고 있다. 예를 들어 – 비록 엔터테인먼트 산업에 국한된 이야기지만 – 수백 만 구독자를 거느린 어느 유명 유튜버의 경우 자신의 활동 분야에서 중요한 취재원을 만날 때 언론사와 동등한 인터뷰 시간을 보장받는다고 한다.

이런 사례들은 1994년 다니엘 다얀Daniel Dayan과 엘리후 카츠Elihu Katz가 말했던 미디어 이벤트 개념을 다시 한 번 살펴보게 한다. 매스 미디어 시대에 뿌리박혀 있는 전문직주의 언론이 만들어내는 '미디어 이벤트'가 해체되는 저널리즘 환경의 구조적 변화를 암시하는 것일까? 이러한 일들은 그밖에도 전 세계 도처에서 발생하고 있다는 점에서 결코 예외적 일시적 현상으로 보기 어렵게 만든다. 도널드 트럼프 대통령은 백악관 출입기자들에게 정보적 특혜를 베푸는 대신 트위터와 소통하며 전 세계의 많은 정당들은 이제 유튜브를 통해 지지자들과 유권자들을 직접 만나고 있다. 제도적 행위자들과 독자들 사이의 직접적 접촉이 가져온 2차 변화는 그들이 만나는 '공간'과 '방식'이다. 즉 이들은 이제 취재의 공간은 기자와 익명의 취재원 혹은 딥 스로트deep throat[5]가 만나던 어두컴컴한 뒷골목이 아니라 트위터나 구글 혹은 페이스북이나 인터넷 커뮤니티, 개인 간 메신저 서비스의 대화방 같은 곳으로 옮겨지고 있다. 즉 뉴스 노동의 현장이 바뀌고 있다. 그리고 우리의 일상 생활에서, 문화 영역 그리고 민주주의 정치와 정책 형성에 이르기까지 그리고 사적인 것부터 공적인 것들까지 거의 모든 삶의 차원들이 디지털적 조건에 의하여 재형성되어 가는 한Stalder, 2018 이러한 변화는 저널리즘을 감싸는 보편적 조건이 되어갈 것이다.

유튜브 시대에 저널리즘의 변화가 갖는 의미는 단순히 뉴스 생산자들이 복수화됨으로써 언론의 경쟁자가 하나 더 늘었다는 정도에 그치는 것이 아니라 뉴스 생산을 위한 저널리즘의 고유의 정보 수집 관행이 이제는 유튜브 플랫폼에서 독자 영향력을 확보한 유사 저널리즘 행위자들에게도 채택됨으로써 저널리즘이 독점하

---

[5] 내부고발자를 뜻하는 언어. 1970년대 미국에서 발생한 워터게이트 사건을 보도한 워싱턴포스트 기자 밥 우드워드와 칼 번스타인이 취재원이 누구인지 끝내 밝히지 않은 익명의 제보자를 가리켜 '딥 스로트'라고 부른 데서 유래.

던 뉴스 생산 과정 자체의 배타적 독점적 경계마저 붕괴되는 상황 변화의 가능성을 보여준다. 더 나아가 유튜브 매체들의 자체적인 의제설정과 게이트키핑이 주류 언론이 설정한 의제들과 경합하면서 서로 경쟁하는 과정에서 유튜브에서 가장 먼저 그리고 배타적으로 공급되는 정보들이 발생하게 되면서 언론이 유튜브를 취재하는 정보 흐름의 역전 또한 발생하고 있다. 유튜브 저널리즘 받아쓰기라는 관행은 바로 그러한 정보 흐름을 보여주는 실례다.

이러한 역전은 전통적으로 취재원으로 불리던 이들과 독자 모두에게 매력을 제공한다. 첫째 취재원들에게 있어서 자신이 갖고 있는 정보를 우호적으로 다뤄줄 유튜브 매체에 먼저 출연함으로써, 자신의 담론적 의도나 목적을 달성하기가 용이해진다. 둘째 유튜브 매체는 매체에 우호적인 충성도 높고 동질적인 성향을 공유하는 독자들을 거느리고 있기 때문에 타깃 메시지를 효과적으로 전달하는 데 적합하다. 셋째 독자들 입장에서는 일일이 주류 언론을 탐색하지 않더라도 자신이 원하는 메시지를 접하는 데 유튜브 만큼 편리한 곳이 없다. 특히 당파성이 강한 정치시사 채널 같은 유튜브 매체들은 전문직주의 언론처럼 출연한 취재원과 거리를 두고 비판적으로 검증하는 과정에 집중하기보다 해당 취재원과의 밀착관계와 분위기를 조성하면서 취재원의 메시지를 집중적으로 전달하는 메가폰 역할을 수행한다. 사람들이 뭔가를 감추고 전부 드러내지는 못한 것처럼 다가오는 언론사 뉴스에 답답해 하는 대신 유튜브를 보며 통쾌한 의견 일치의 소통감을 느끼는 이유가 바로 여기에 있다.

이러한 정보 역전 안에서 사회의 실재를 재현하는 능력, 즉 월터 리프먼Walter Lippmann이 말했던 언론의 가장 핵심적인 역할인 유사 이벤트pseudo event 창출 기능에 있어서도 주류 언론의 역량은 상당 부분 유튜브 같은 소셜 미디어 공간으로 넘어갔다. 오늘날 많은 언론들이 소셜 미디어 공간에서 발생한 일들을 찾아 다니고 그것을 보도하고 더 나아가 거기서 발생한 일들에 관한 논쟁과 해석에 나서게 된 결과는 바로 이러한 배경에 있다. 지금은 거대한 소셜 미디어 공간이 물리적 현실과 더불어 취재보도의 대상 영역에 포함된 세상이다. 보통 사람에서부터 영향력 있는 취재원에 이르기까지 기성 언론의 매개를 배제한 채 뉴스 생산과 유통에 직접 나서는 정보문화는 더욱 더 보편적으로 관찰되고 있다. 일반 시민이나 유튜버도 특종을 날리는 상황에서 저널리스트들이 소셜 미디어 특종을 좇는 변화된 언론의 일상은 바로 이러한 변화의 당연한 결과다. 저널리스트들이 관공서, 기업의 은밀한 내부에 침입해 진실의 단서가 되는 물적 증거를 찾아 이를 뉴스로 폭로하는 일들보다 메신저를 통해 취재원과 접촉하고 정보를 주고받는 모습들이 늘어난 일도 이 변화에 포함된다.

오늘날 소셜 미디어는 언론과 경쟁하는 매체이면서 동시에 사람들이 살아가는 환경 그 자체로 존재한다. 저널리즘의 맥락에서 유튜브는 저널리즘의 경쟁 매체면서 동시에 저널리즘의 대상이 되는 실재하는 사회적 환경이라는 이중적 존재가 된다. 미디어는 뉴스 같은 정보를 운반하는 단순한 통로에 머무는 것이 아니라 인간들의 삶을 구성하는 데 관여한 모든 요소들이 결합한 일종의 인프라"라는 미디어 사상가 존 피터스Peters, 2016의 정의를 참고하면 유튜브와 같은 플랫폼 공간에서 정보라는 것들이 발생하고 그 정보를 매일매일 다루게 된 언론의 처지는 별로 놀랍지도 않다. 기자들이 소셜 미디어 공간과 카카오톡 사이를 헤집고 다니는 일은 저널리즘의 불신 또는 그 귀결인 공론장과 민주주의의 어떤 위기를 초래한 문제의 유일한 원인이 아니라 그 결과인 것이다.

저널리즘 재전망: 저널리즘 이상주의와 화석화된 인과론 넘어서기

유튜브를 포함한 소셜 미디어에서 최근 문제가 되고 있는 가짜 뉴스와 허위조작정보 현상, 여론 선동과 조작들은 이러한 더 큰 변화의 부산물들일뿐, 그것이 유튜브 저널리즘 현상과 저널리즘이 처한 현실이 갖는 의미를 밝혀주는 전부인 원인은 아니다. 전문직주의 저널리즘의 지속가능성에 관한 고민도 이러한 변화에 대한 이해를 토대로 모색되어야 하지 않을까. 민주주의와 공론장 그리고 사람들의 공적 삶 한가운데에서 전문직주의 저널리즘의 정당성과 권위가 지속되기를 원한다면 말이다.

그 방법론은 무엇일까? 전문직주의 원칙을 강화하는 길일까? 아니면 시민 참여를 폭넓게 허용하고 인정하는 길일까? 그 둘을 적절히 조화시키는 게 현실적인 전망의 최대치 같지만 그 역시 모호한 언어로 남아 있기는 마찬가지다. 오히려 전문직주의와 시민참여는 이제 저널리즘을 향한 시민적 일탈이라는 새로운 조건으로 재맥락화되고 있다는 점도 살펴볼 필요가 있다.

어떻게 되든 한 가지는 짚고 넘어가고 싶다. 언론이 무얼 하든 간에 민주주의를 포함하여 온갖 사회문제를 향하여 언론의 책임부터 묻고 따지면서 기자 집단을 힐난하는 저널리즘 담론문화가 긍정적 측면보다는 거꾸로 문제가 더 많을 수 있다는 점 말이다. 하지만 딜레마는 남아 있다. 저널리즘을 향한 오래된 질문, 즉 언론의 사회적 기능과 사명에 대한 어떤 요체를 찾고 지키는 일 또한 우리 사회가 언론에게 던져야 할 필수적으로 가치 있는 질문으로 우리 곁에 여전히 머물고 있다는 점이다. 이 딜레마가 난처한 이유는 저널리즘에 대한 어떤 불변하는 존재론적 본질이 있어야 한다는 입장 때문이 아니라 현대사회가 상상할 수 있는 사회의 구조나 성격이 아직은 전통적 의미에서의 저널리즘이란 맥락과 완전히 분리되어 있다고 보기 어렵기 때문일 것이다.

언론 없는 공론장이나 언론 없는 민주주의 같은 최근의 전망들은 저널리즘의 관점에서 보면 그리 달갑진 않다. 그러나 그러한 문제의식들을 통해 우리는 저널리즘이 마치 세상만사 모두를 좌우하는 만능의 독립 변인, 즉 모든 사태의 원인인 것처럼 환원하는 습관의 한계를 생각해볼 수 있다는 점에서 의미가 있다. 가령 저널리즘 역사를 돌아보면, 언론이 민주주의를 만들었다기보다 민주주의가 언론을 가능케 한 게 더 진실에 가깝다는 견해노혜령, 2020로부터 저널리즘 이상론자들은 배울 부분이 있다. 따라서 필자는 유튜브 시대가 만들었다고 비난받는 정보 무질서 혹은 정보 혼탁의 시대에 저널리즘이 제 역할을 해야 한다는 저간의 주장을 다시 반복하고 싶지는 않다.

전문직주의 저널리즘과 미래는 어떠할까? 언론사들은 무엇을 해야 할까? 그에 대해 필자는 답하지 않는다. 이 글의 의도도 그런 질문에 대한 일반화 가능한 답을 찾는 데 있지 않다. 오히려 필자는 그런 정답을 쉽고 간단하게 구할 수 있다는 식의 이야기들을 경계해야 한다고 생각한다. 그런 이야기들은 저널리즘을 – 인류학자 그레고리 베이트슨Gregory Bateson과 동료들이 고안한 개념 – 이중 구속double bind하는 함정일 수 있다. 한편에서는 원칙을 지키라고 하고 다른 한편에서는 세상사에 맞춰 융통성 있게 변해야 한다는 주문을 끊임없이 요구하고 채찍질 해대는 꼴이니 말이다.

유튜브 현상처럼 저널리즘 경계가 불안정해지면서 나타난 뉴스정보문화의 부작용이나 폐해가 저널리즘 이론이나 교과서적 기준이나 원칙만 외친다고 해결될 일도 아니다. 저널리즘 영역에서 발생하는 거의 모든 일들은 지난 몇 십 년 동안 어떤 명문화된 기준이나 원칙의 부재 때문에 발생한 것이 아니었음은 저널리즘 역사가 실증한다. 원칙을 바로 세워야 저널리즘이 되살아날 수 있다는 강령을 덮어놓고 회의하는 태도는 위험하지만 맹목적으로 반복하는 일 또한 공허하긴 마찬가지다. 그렇다고 해도 필자는 저널리즘을 향해 민주주의부터 온갖 사회 갈등에 이르기까지 모든 사회적 의제에 대한 어떤 절체절명의 중요한 역할을 해야 한다는 식의 비과학적일 뿐만 아니라 모든 일의 책임을 '언론'에 떠넘긴다는 의미에서의 무책임한 논리는 오늘날 저널리즘의 위기, 예컨대 진실성의 위기 같은 사태 해결을 위한 실천논리로는 효용 가치가 적다고 본다. 저널리즘의 장에서 빚어진 문제의 책임은 사회적 상황과 맥락 속에서 분절된 언론의 문제일 수 없음은 너무나 손쉽게 간과되고 있다.

지금 저널리즘 분야에는 어떤 이론이 존립 가능한 사회적 조건의 문제를 탐구하는 일로 시선을 확장할 필요가 요구된다. 정치 현안을 단순 논리로 해석하는 유튜브 정치 콘텐츠 장사가 성공을 거둔 배경에는 이해하기 어려워진 복잡해진 사회라는 더 큰 맥락이 존재한다. 이러한 맥락을 무시한 채 유튜브 정치 콘텐츠의 선정성만 손가락질하거나 저널리즘의 자기 완결적 체계 구성에 골몰하는 노력만으로는 복잡한 현실을 '속시원히 설명해주길 원하는 대중적인 뉴스 수요'^{강준만, 2019}가 전문직주의 저널리즘을 일순간 짓누르는 데 성공한 유튜브 시대에 야기된 뉴스정보문화의 병폐 또는 부작용들을 해소하고 나아가 언론 불신과 저널리즘 멸시의 시대 전문직주의 저널리즘의 신뢰 회복 같은 긍정적 전망을 다시 밝히기 위한 어떤 전환적 계기가 마련될 수 있을지 기대하기는 쉽지 않다.

언론 전문가들도 이런 이야기는 좀처럼 하지 않는다. 대신 언론에 관한 부정적 이슈가 터질 때마다 언론, 권력과 제도, 시민사회 그리고 뉴스 수용자들 각각이 짊어져야 할 책임에 관한 합당한 배분 없는 저널리즘 위기와 언론 종말론만 반복되는 일이 비일비재하다. 이 지점에서 저널리즘에 대한 몰지각적으로 총체화된 인식을 정당화하는 이데올로기적 맹목으로 변질된 기레기 담론의 문제를 재차 지적하지 않을 수 없다. 지금 전문직주의 저널리즘의 재전망을 위해 필요한 새로운 인식과 실천은 단지 언론에 대한 도덕적 우월감에 도취된 채 언론을 손가락질 하는 일에 그쳐서는 안 된다. 대신 무엇이 필요할까? 답은 독자 여러분들 각자가 고민해보길 권한다.

강준만(2019. 12).   '기레기'라고 욕하는 당신께. 한겨레신문 2019년 12월 9일 칼럼.

노혜령(2020).   《가짜뉴스 경제학: 가짜뉴스 현상에서 미디어 플랫폼과 디지털 퍼블리싱까지 뉴스 비즈니스에 관한 모든 것》. 워크라이프.

유용민(2018).   유튜브 저널리즘 현상 논쟁하기: 행동주의의 부상과 저널리즘의 새로운 탈경계화. 《한국방송학보》, 33권 6호, 5~38.

임상원(2017).   《저널리즘과 프래그머티즘: 리프먼, 듀이, 로티와 저널리즘》. 아카넷.

Atton, C. & Hamilton, J. F.(2008). Alternative journalism. London: Sage

Barnhurst K. G.(2011) The problem of modern time in American journalism. KronoScope, 11(1~2), 98~123.

Barnhurst K. G. & Mutz, D.(1997). American journalism and the decline in event – centered reporting. Journal of Communication, 47(4), 27~53.

Budivska, H. & Orlova, D.(2017). Between professionalism and activism: Ukrainian journalism after the Euromaidan. Kyiv-Mohyla Law and Politics Journal, 3, 137~156.

Carlson, M.(2016).   Embedded links, Embedded meanings: Social media commentary and news sharing as mundane media criticism. Journalism Studies, 17(7), 915~924.

Dayan, D. & Katz, E.(1994). Media Events: The Live Broadcasting of History. Harvard University Press.

Fink, K. & Schudson, M.(2013). The rise of contextual journalism, 1950s~2000s. Journalism, 15(1), 3~20. https://doi.org/10.1177/1464884913479015

Gans, J. H.(2003).   Democracy and the News. Oxford University Press.

Hall, S., Critcher, C., Jefferson, T., Clarke, J., & Roberts, B.(1978). Policing the Crisis. Mugging, the State and Law & Order. London and Basingstoke: The Macmillan Press.

Harlow, S. & Salvaverria, R.(2016). Regenerating journalism. Digital Journalism, 4(8), 1001~1019.

Lippmann, W.(1922).   Public Opinion. Harcourt, Brace.

Meyer, T.(2002).   Media democracy: How the media colonize politics. Cambridge, UK: Polity.

Mollerup, N. G.(2015). Media and place in revolutionary Egypt: An anthropological exploration of information activism and journalism. Roskilde: Roskilde Universitet.

Munson, E. S. & Warren, C. A.(1997). James Carey: A Critical Reader. University of Minnesota Press.

Peters, J. D.(2016).   The Marvelous Clouds: Toward a Philosophy of elemental media. 이희은 역(2018). 《자연과 미디어: 고래에서 클라우드까지, 원소 미디어의 철학을 향해》. 컬처룩.

Russell, A.(2016).   Journalism as Activism: Recoding Media Power. Lodon, UK: Polity.

Schudson, M.(2011).   The Sociology of News. Wiley.

Schudson, M.(2016).   Does Journalism's Past Help Us Know Journalism's Future?. 《언론정보연구》, 53권 2호, 349~380.

Schudson, M.(2018).   Why Journalism Still Matters. Polity.

Spörer-Wagner, D., & Marcinkowski, F.(2010). Is talk always silver and silence golden? The mediatisation of political bargaining. Javnost - The Public, 17(2), 5~26.

Stalder, F.(2018).   Digital Condition. London, UK: Polity.

유용민

인제대 신문방송학과 조교수다. 연구 분야는 저널리즘과 커뮤니케이션-정치 철학이다. 최근에는 대화 공동체 구성 안에서 자기 존재성을 구현하는 저널리즘 실천 철학의 가능성과 미디어 규범론의 비재현주의적 전환이라는 문제를 고민 중이고 근현대 한국사회 언론 위기의 사회문화사 집필을 준비하고 있다. 주요 연구논문으로 〈유튜브 저널리즘 논쟁하기〉, 〈포스트 진실의 인식론 넘어서기〉, 〈포퓰리즘 민주주의 그리고 미디어〉, 〈컴퓨테이셔널 프로파간다 시론〉, 〈뉴스미디어 창업 시대 프래그머티즘 저널리즘 요청〉, 〈정치의 사법화 시대 사법 저널리즘 고찰〉, 〈헌법재판과 뉴스 프레이밍〉, 〈경합적 민주주의 이론의 비판적 수용〉 등이 있다. 저서로《데이터 테크놀로지와 커뮤니케이션 연구》(2019, 공저), 《디지털 저널리즘》(2019, 공역), 《미디어 다원주의 이해와 비판》(2016), 《경합적 민주주의》(2015)가 있다.

9. 뉴노멀 시대의 저널리즘
산업과 테크놀로지의 동학

유경한 전북대학교 신문방송학과 부교수

들어가며

시대가 변하면 표준이 바뀐다. 경제적 위기가 지나면 경제적 환경의 변화를 추동하는 규제와 진흥정책이 제시되고 이를 근거로 경제행위의 영역이 새롭게 구성되는 일련의 변화과정을 거치는데, 이러한 세계경제의 특징을 압축적으로 표현하는 말이 뉴노멀 new normal이다. 뉴노멀은 경제영역에서만 사용되는 말이 아니다. 최근 코로나19로 인한 전반적인 사회 제반 영역의 변화와 같이 불특정 위기의 순간이 지나면서 그 위기와 연관된 변화가 추동하는 사회적 특징을 총칭한다. 이는 저널리즘 영역에서도 예외는 아니다. 많은 사람들은 저널리즘이 급격한 미디어 환경의 변곡점에서 겪고 있는 위기 상황을 지나게 되면 우리가 마주하게 될 새로운 표준이 등장하게 될 것이고 이를 기반으로 한 새로운 저널리즘의 시대가 도래할 것으로 전망하고 있다.

이러한 뉴노멀 저널리즘에 대한 전망은 최근의 저널리즘 위기의 강력한 동인이자 기회의 모멘텀이기도 한 테크놀로지의 동학과 연관되어 있다. 테크놀로지로 인한 미디어 생태계의 지각변동은 이미 지난 수년간 가속화되어왔고, 최근 미디어 환경이 OTT 기반으로 재편되면서 디즈니의 21세기 폭스사 인수와 같은 대형 복합글로벌 미디어그룹의 이합집산도 본격화되고 있다. 이와 동시에 아마존은 2013년 미국의 유력 일간지인 워싱턴포스트를 인수하면서 새로운 미디어 환경에 적응하지 못하는 레거시 미디어를 IT기업으로 탈바꿈시켰다는 평가를 받고 있다. 이 과정에서 주목할 사안은 아마존은 워싱턴포스트의 편집과정이나 뉴스 콘텐츠 자체에는 관여하지 않는 대신, 뉴스의 생산과 유통 시스템에 테크놀로지와 비즈니스를 접목하는 방식에 집중적으로 관여한다는 점이다. 아마존의 이러한 방식은 콘텐츠의 내용보다 뉴스콘텐츠의 생산과 유통 방식에 복합글로벌미디어 기업이 관여하는 지점을 단적으로 보여준다. 이 장에서는 현재의 저널리즘 위기가 뉴노멀 시대의 저널리즘으로 재정립되는 과정에 제기되는 쟁점을 미디어 상품의 생산-유통-소비과정에 주목했던 미디어 정치경제학적 주제와 병합해가면서 동시에 새로운 테크놀로지가 이 과정에서 어떠한 역할을 담당하는지 혹은 담당해야 하는지를 살펴보고자 한다.

노멀이 부재한데, 뉴노멀을 이야기하다니

메리엄-웹스터의 사전적 정의를 보면, 노멀의 일차적인 의미는 표준standard이나 규칙적인 패턴regular pattern을 따르는 것, 또는 규칙이나 원칙과 조화를 이루거나, 적어도 벗어나지 않는 것[1]이다. 그러니까 노멀은 규범을 의미하는 norm에서 나온 단어임을 쉽게 짐작할 수 있다. 그렇다면 뉴 노멀은 도대체 무슨 맥락에서 나왔을까? 노멀과 유사하게 뉴노멀 역시 새로운 환경이나 국면에서 규범이 재정립되는 것을 의미하는 것 같기는 하다. 특히나 코로나 대유행이 우리의 모든 일상을 송두리째 뒤바꿔놓은 요즘 같은 시기라면 새로운 표준, 새로운 규범을 만드는 게 필요한 것도 같다. 그런데 흥미롭게도 뉴노멀은 올해 들어 새롭게 등장한 단어가 아니다. 이미 2008년 당시 핌코의 CEO였던 모하메드 엘 에리언El-erian, 2008 현 알리안츠 수석 경제고문chief economic adviser이 그의 책《새로운 부의 탄생When Markets Collide: Investment Strategies for the Age of Global Economic Change》에서 사용한 말이다. 엘 에리언이 이 말을 사용한 맥락은 글로벌 경제 위기 이후 글로벌 경제가 신3저저성장, 저금리, 저물가 시대로 진입했고, 따라서 이전과는 전혀 다른 새로운 '경제적' 표준이 필요하다는 점을 언급하기 위한 것이었다.

---

1 https://www.merriam-webster.com/dictionary/normal

다시 말해, 뉴노멀은 경제적 패러다임의 변화에 적합한 규범의 재 정립을 위해 사용된 말이라는 것이다.

뉴노멀이 이런 맥락에서 사용되었다면, 뉴노멀 시대의 저널리 즘이란 정보자원의 생산과 유통, 소비에 관한 새로운 규범new norm 에 관한 질문에서 출발해야 한다. 즉, 저널리즘 하면 떠올리는 공 정성이나 불편부당성과 같은 일종의 취재 규범보다는 새로운 미 디어 환경에서 저널리즘이 보다 제대로 작동하기 위해 바람직 한 생산-유통-소비의 메커니즘을 논의해야 한다는 것이다. 그런 데 문제는 저널리즘의 생산-유통-소비 메커니즘을 새롭게 정립 하는 데 필요한 규범이 도대체 무엇이냐는 것이다. 이 질문에 대 한 해답을 찾기 위해서는 기존의 저널리즘 시장 질서에 대한 규 범적 평가가 먼저 이뤄져야 한다. 그렇다면 지금까지의 저널리즘 생산-유통-소비 과정에는 나름의 질서를 유지하기 위한 규범이 라는 게 과연 있기는 했을까? 특히나 한국사회에서 저널리즘을 이야기하자면 더욱 그렇다. 노멀이 부재한데 뉴노멀을 논하는 아 이러니한 상황, 지금 한국 사회의 뉴스미디어가 처한 상황이다.

언론사는 신뢰를 판다

따라서 뉴노멀 시대의 저널리즘에 대해 논하려면, 일단 언론사의 사업 전략과 수익 모델에 대해 먼저 살펴보는 것이 순서일 듯싶다. 간단한 질문 하나를 던져보자. 뉴스미디어는 과연 무엇을 파는 기업일까? 정보를 판다고 하면, 가장 원론적인 답이 될 것이고, 가치 있는 고품질정보를 판다고 하면 그나마 나은 수준의 답일 것이다. 미디어 산업의 원리를 조금 더 이해하는 사람이라면 뉴스를 소비하는 독자를 판매한다고 할 수도 있을 것이다. 그러나 그보다 조금 더 매력적인 대답은 뉴스미디어는 바로 "신뢰를 파는 기업"이라는 것이다. 뉴스미디어 산업이 데이터 기반으로 확장될수록 신뢰라는 자원의 경제적 가치는 더욱 중요해진다. 사실 이전의 미디어 산업에서도 신뢰는 경제적으로 매우 가치 있는 자원이기는 했다. 그러나 최근 10년은 소셜 미디어와 디지털로 대표되는 미디어 환경의 급진적인 변화가 진행되었고, 디지털이라는 개념은 최근 지능화라는 이름으로 데이터 사이언스와 접합되어 있다. 이러한 변화 속에서 가짜뉴스와 탈진실에 관한 논란이 증폭되고, 정보자원의 편향적 소비와 공동체의 붕괴를 우려하는 시선이 증가하고 있다.

이러한 우려는 기본적으로 미디어 분야에서 지금까지 간과되어 온 신뢰 요인과 관련이 있다. 특히 신뢰는 주로 사회적 차원에서 공동체의 유지와 번영, 개인의 정체성 형성과 연관된 개념으로 이해되어온 데 비해, 경제적 측면에서 가치를 창출하는 요인으로 간주되진 않았다. 독일 미디어 학자인 헤럴드 왓제크Watzek, 2019는 지금까지 미디어 산업에서는 경제적 성과에 영향을 미치는 요인들로서 콘텐츠, 배급, 이용자 경험 등이 강조되어온 데 비해, 신뢰는 경제적 가치를 지닌 자원으로서 중요하게 인식되고 있음에도 그에 대한 평가는 제대로 반영되지 못해왔다고 지적하면서 신뢰가 지닌 경제적 자원으로서의 가치를 미디어 산업의 경제적 성과 모델에 반영할 것을 주장한다.

세 가지 전략

미디어 산업에서 신뢰란, 콘텐츠와 플랫폼 생산자, 그리고 그 정보를 교류하는 수용자들이 주어진 환경과 조건에서 복잡성을 최소화하면서 불확실성에 대처하는 것을 의미한다Luhmann, 2018. 따라서 뉴스미디어에서 신뢰란, 독자들이 특정 기업이 생산, 유통하는 사실과 견해, 그리고 전문적 분석과 평가에 대해 의존하는 정도amount of reliance로 정의할 수 있다. 신뢰의 경제적 가치란 수입, 재화 또는 서비스의 가격, 매몰비용, 특허 등의 지적 재산권에 이르기까지 광범한 요인을 포괄하는데, 이를 간단히 요약하면 현재 또는 미래의 순이익net income에 해당된다. 왓제크에 따르면, 신뢰가 현재와 미래의 순이익=경제적 가치을 창출하는 데 긍정적인 영향을 줄 수 있는 경우란 크게 세 가지로서, 1)정확하게 검증된 사실과 취재원 확인 과정을 잘 수행한 고품질의 탐사 저널리즘품질

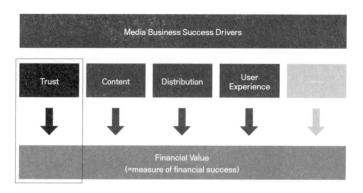

<그림 1>경제적 성과를 창출하는 데 영향을 미치는 성공 요인, Watzek(2019, p.57)

요인, 2)시의 적절하게 검증된 사실검증보도^{시의성 요인}, 그리고 3) 수용자의 관심사에 적합하거나 부가 가치^{added value}를 줄 수 있는 광고를 포함한 정보가격 요인 등이 있다.

신뢰와 경제적 가치가 연결되는 방식을 거칠게 위와 같이 세 가지 유형으로 구분할 때, 뉴스미디어 사업자들은 전략적으로 어떠한 선택을 할 수 있을까? 미디어 산업을 전략적으로 접근할 경우 위의 세 요인은 미국의 경영학자 마이클 포터^{Michael Porter}가 경쟁우위^{competitive advantage}를 획득하기 위한 기업 경영의 차별화 전략으로 제시한 세 가지 특성과 매우 비슷하다. 미디어 기업만을 대상으로 한정하지는 않았지만, 이미 오래전부터 마이클 포터^{Porter, 2011}는 기업의 전략 요인을 품질우위^{quality leader}, 가격우위^{price leader}, 그리고 전문화^{specialization}라는 세 가지 차원을 제시했다. 왓제크는

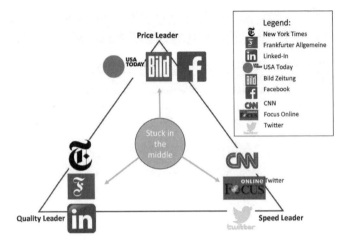

〈그림 2〉 뉴스미디어 기업의 세 가지 전략적 접근 방식, Watzek (2019, p.63)

포터가 제시한 세 가지 차별화 전략 가운데 전문화는 뉴스미디어 산업에서 시의적절한 콘텐츠 공급speed에 해당한다고 보고, 속도우위speed leader로 대체한 다음, 세 가지 전략적 접근을 통해 뉴스미디어 산업을 분석할 경우 다음과 같은 도식을 그려볼 수 있다〈그림 2〉.

전통적인 뉴스미디어 사업자로 분류될 수 있는 뉴욕타임스나 프랑크푸르트 알게마이네 차이퉁과 같은 신문사들은 고품질 뉴스, 높은 전문지식과 개인 맞춤형 뉴스 공급을 추구한다. 물론 저널리즘의 품질에 대해서는 관점에 따라 다양한 정의가 있을 수 있다. 그래서 최근에는 이러한 저널리즘 품질 요인들을 구체적으로 제시하려고 노력한다. 대체로 저널리즘의 품질에 영향을 주는 요인들로는 기사당 수, 가격pricing, 텍스트-사진 비율, 정보의 심

충성, 진실성, 광고-비광고 콘텐츠의 비중, 해석과 배경 설명 정도, 간추린 뉴스 제공 여부, 전체 뉴스 중 문화, 평론, 피처 기사의 비율 등이 고려된다Lacy & Rosenstiel, 2015.

한편, 같은 뉴스 사업자라고 하더라도 품질보다는 합리적인 뉴스나 정보를 저가 혹은 직접적 비용 지불 없이 무료로 제공하는 경우가 있는데, 이를 가격우위 사업자price leader 전략으로 구분해볼 수 있다. 품질우위 전략과 비교해볼 때, 가격우위 전략은 제삼자third parties로부터 수입을 극대화하고자 한다. 가격우위전략을 취하는 사업자들은 일반적으로 저가에 다량의 상품을 유통하는 규모의 경제를 추구하는데, 대표적으로 플랫폼 사업자와 소셜 미디어 기업들이 이에 해당되며, 언론사 중에는 미국의 USA투데이나 독일의 빌트지가 해당된다.

마지막 속도우위 사업자speed leader 전략은 뉴스/정보를 경쟁 사업자보다 훨씬 빨리 제공하는 데 초점을 맞추는 전략으로서, 여기에서는 적기in time에 뉴스를 제공하는 것이 가장 중요시된다. 더불어 이 전략에서는 정보를 생산, 소비하는 데 소요되는 시간이 짧으면서도 정보에 대한 피드백과 상호작용이 즉각적으로 발생하며, 정보가 확산되기 전에 이미 내부 검증이 속도감 있게 전개된다. 따라서 이러한 전략이 제대로만 수행된다면 적어도 뉴스미디어 산업에서는 가장 빠르게 독자를 확보함으로써 규모의 경제를 통한 수익극대화를 실현할 수 있게 된다. 이러한 뉴스미디어 사업 전략을 가장 적절히 활용하는 사례로는 마이크로블로그를 유행시킨 트위터를 들 수 있다. 트위터는 뉴스 생산과 유통의 속도를 최적화함으로써 생산자와 소비자의 접점 시간contact time을 최소화하고, 생산자와 소비자의 뉴스 확산을 유도한다. 뉴스미디어 중에서는 미국의 CNN이나 독일의 포커스 온라인과 같이 속보성 뉴스breaking news를 신속하게 제공하는 사업전략이 여기에 해당된다.

신뢰라는 자원의 경제적 가치

그렇다면, 세 유형의 사업 전략은 신뢰의 경제적 가치와 어떻게 연관되어 있을까? 일단 신뢰라는 자원은 뉴스미디어 전반에 매우 중요한 경제적 가치를 지니고 있다고 볼 수 있다. 그러나 개별 전략에 따라 신뢰의 가치는 조금 달라진다. 가령, 품질우위 전략을 추구하는 전통적인 언론사의 경우 높은 수준의 신뢰가 담보되어야 하지만, 그에 비해 다른 유형의 전략에서는 신뢰가 여전히 중요하더라도 경제적 가치를 실현하는 다른 요인이 상대적으로 더 강조될 수 있다. 단, 프라이버시와 데이터 교환이 중시되는 최근의 환경에서는 페이스북을 통한 뉴스 소비의 경우와 같이 특정 사업자에게는 신뢰가 지닌 경제적 가치가 더 클 수도 있다.

결국 신뢰가 경제적 가치를 유발하는 데 중요한 요인인 것은 맞지만, 모든 뉴스미디어 사업 영역에 공통되는 것은 아니라는 말이다. 그리고 개인 데이터 private data가 수집, 활용되는 최근 미디어 환경에서는 신뢰가 지닌 경제적 가치란 궁극적으로 개인 데이터의 수집, 저장, 활용에 소요되는 비용과 관련이 있다.

이 같은 분석은 신뢰를 판매하는 언론사에 대해 우리가 갖고 있는 기존의 관념과는 다소 차이가 있다. 일반적으로 뉴스 독자들은 뉴스미디어의 저널리즘 품질에 대해 신뢰하지 않으면 뉴스 콘텐츠를 소비하지 않을 것이라고 생각한다. 그렇지만, 실제 뉴스미디어의 사업전략을 보면, 신뢰라는 자원을 활용하는 기업은 그 자원이 비교우위를 갖는 경우에만 경제적 가치를 극대화하고자 한다. 즉 고품질 저널리즘은 그것을 실현할 수 있는 경우에만 유효한 사업전략이라는 것이고, 오히려 뉴스미디어 사업자별로 지닌 비교우위가 무엇인지에 따라 사업화 전략은 미디어별로 다르게 나타난다. 결국 뉴스미디어 사업자는 신뢰가 기반이 되는 정보를 판매하기는 하지만, 그것이 경제적 차원에서 뉴노멀 저널리즘을 결정하는 단 하나의 요인이라고 보기는 어렵다는 것이다. 그렇다면 뉴노멀 시대의 저널리즘을 이해하기 위해 필자는 이렇게 질문을 던져보고 싶다. 조회수를 팔 것인가, 신뢰를 팔 것인가?

콘텐츠제공자인가, 플랫폼 기업인가?

두 가지 전략

경제적 측면에서 정보와 신뢰를 판매하는 뉴스미디어 기업이 수익을 올릴 수 있는 방법은 대체로 두 가지이다. 하나는 지면또는 시간의 일부를 할애하여 그 공간또는 시간에 광고를 싣고 광고주로부터 광고비를 받는 것이고, 다른 하나는 뉴스라는 정보를 제공함으로써 독자들에게 그에 해당하는 대가를 받는 것이다. 전자는 광고 수익이고, 후자는 구독료 수입이다. 언론사의 수익모델은 크게 이두 가지 수입을 기반으로 하지만, 광고수익과 구독료 수입의 비중을 따지자면 광고수입이 여전히 압도적으로 높다.

디지털 미디어 환경에서도 광고수익과 구독료가 주요 수익모델이라는 점은 여전히 유효하다. 간단히 말하면, 언론사의 비즈니스 모델은 독자당 수입Average Reader revenue per reader, RPR을 극대화하는 것인데, 이 독자당 수입은 전통적으로 소매업에서 중시하는 고객당 매출액을 의미하는 객단가AOV: Average Order Value와 비슷하다. 그렇다면 객단가가 높으면 항상 좋을까? 일반적인 쇼핑몰이나 소매업에서는 객단가가 높을수록 수익이 극대화되므로 한 고객이 여러 상품을 구매하도록 유인하는 것이 기업에 유리할 것이다. 문제는 뉴스 미디어 기업의 경우 반드시 그렇지는 않다는데 있다. 바로 이 지점에서 전 세계 유명 언론사들의 사업전략에도 차이가 드러난다.

　가령, 고품질 뉴스를 원하는 충성도 높은 독자들이 많을 경우, 제공하는 뉴스 서비스의 구독료를 높여 충성도 높은 독자들의 만족도를 높일 수 있다. 이 경우 구독료는 정보의 품질과 수준에 따라 서비스 등급을 나눠 차별화된 가격으로 뉴스를 제공함으로써 객단가를 높일 수 있다. 물론, 이러한 방식은 디지털 미디어 환경에서 독자들이 뉴스의 가치를 저평가하는 경향이 점점 증가함에 따라 도전받고 있는 전략이기는 하다.

　반면, 뉴스를 구독하는 데 지불 의사가 없거나 매우 적을 경우, 뉴스의 품질이나 독자의 충성도와 관계 없이 기사 당 독자의 수를 최대한 많이 확보해야 한다. 그리고 그 독자수를 광고주에게 일종의 상품으로서 판매한다. 이것이 스마이드가 제시한 수용자 상품audience commodity의 기본 개념이다Smythe, 1981. 뉴스라는 정보재의 속성상 며칠만 지나도 재화의 가치가 급격하게 하락하므로, 단기간에 최대한 많은 독자들이 소비할 수 있도록 해야 한다. 결국 독자당 수입이 줄어들더라도 평균 독자수를 늘리는 방식이 뉴스미디어 기업의 수익을 극대화하는 데 더 유리하다는 것이다. 즉, 상품가치가 떨어지기 전에 많은 사람들이 구매할 수 있게끔 유인하는 것이다.

이는 간단히 말해 충성도 높은 독자들을 통해 객단가를 높일 것인가, 뜨내기 손님을 대상으로 박리다매를 할 것인가의 문제라고 할 수 있다. 그런데 객단가를 높일 수 있는 뉴스미디어는 소수의 정통 언론사를 제외하면 거의 없기 때문에, 대부분의 언론사들이 취할 수 있는 전략은 박리다매 전략일 것이고, 이를 위해서는 잠재고객을 최대한 많이 확보해야 한다. 평균 독자수를 확대하는 이상적인 방법은 최대한 많은 사람에게 상품을 노출하는 것이다. 단기간에 많은 고객에게 상품을 노출시키는 방법은 간단하게 두 가지가 있다. 하나는 개별 고객들에게 콘텐츠를 택배처럼 전달하는 것이고, 다른 하나는 잠재적 고객이 많은 공간에 서비스를 제공하는 것이다. 전자는 개인 맞춤형 콘텐츠를 효과적으로 유통하기 위한 기술적 노력이 필요하고, 후자는 독자들이 많은 장소를 선점하기 위한 전략이 요구된다.

어뷰징이라는 괴물은 어떻게 생겨났나?

전통적인 언론사에서는 콘텐츠의 유통 기술을 혁신하는 데 초점을 맞추고 있는데, 이는 뒤에서 좀 더 자세히 다루도록 한다. 다만, 전자의 경우에는 고객 맞춤형 딜리버리를 하지 않더라도 노출을 극대화하는 방법이 있기는 하다. 대표적인 방법이 동일한 콘텐츠를 반복적으로 재가공하여 노출함으로써 독자들이 '얻어걸려' 읽도록 유인하는 것으로서, 이를 '어뷰징 abusing'이라고 부른다. 조금 더 그럴듯하게 정의하자면 어뷰징은 언론사가 인터넷상에서 검색 클릭 수를 늘리기 위해 처음 보도된 기사와 내용이 유사한 기사를 제목이나 내용 일부를 바꿔 중복·반복 전송하는 행위"로 정의할 수 있다.김병희, 2015.[2] 이렇게 얻은 수익은 물론 법률상 부당 이익으로 간주된다.[3] 문제는 부당이익을 취하는 것이 불법임에도 어뷰징이 여전히 계속되고 있다는 점이다.

언론사에서 어뷰징의 유혹을 떨쳐내지 못하는 근본적인 이유는 트래픽이 광고수익과 직결되어 있기 때문이다. 그렇다면 기업은 수익을 얻기 위해 클릭 수를 높여야 하는데, 클릭 수를 얻는 가장 손쉬운 방법이 바로 어뷰징이다. 어뷰징은 그 자체로도 문제이기는 하지만, 신뢰라는 자원을 잃을 위험을 감수하면서 어뷰징을 할 수밖에 없다면, 그렇게 만드는 기형적인 산업구조가 더 큰 문제일 것이다. 특히 어뷰징은 다른 나라들에서는 쉽게 찾아볼 수 없는, 우리나라에서 유독 두드러지게 나타나는 일탈적 현상인데, 그 이유는 두 가지 차원에서 해석할 수 있다. 하나는 기술적 차원에서 어뷰징이 검색 알고리즘과 연관되어 있다는 점이다. 뉴스 생산자는 뉴스라는 상품을 독자들에게 어떻게 효과적으로 노출

---

[2] 최수진·김정섭(2014, p.75)은 "뉴스 생산자가 인터넷뉴스 공간의 즉시성과 기사 제목 위주의 공간 배열상의 특성을 남용하여 거의 동일한 기사를 반복 게재하거나 기사 제목만 바꿔 두 차례 이상 게재하는 현상"으로, 조영신·유수정·한영주(2015, p.325)는 "검색어에 대응해 거의 동일한 기사를 반복 게재하거나 기사 제목만 바꿔 두 차례 이상 게재하는 현상"으로 정의하기도 했다.

[3] 실제로 2011년 판례를 통해 부당이득 판결이 내려진 바 있다. 자세한 내용은 서울중앙지방법원, 2011. 9. 14.). 자2011 카합1764 결정(해지통보효력정지가처분)을 참고.

할 것인가를 파악하고 이를 통해 기사의 선정과 배열, 제목 선정 등의 편집행위를 하게 된다. 그런데, 종이신문이나 자사 플랫폼의 경우 자체적인 기사 편집과 배열이 가능하지만, 포털사이트의 경우에는 검색엔진의 정해진 알고리즘에 따라 기사가 배열된다. 포털이 뉴스 배열에 알고리즘을 활용하면서 트래픽이라는 기준이 중요해지게 되는데, 이는 뉴스편집행위가 기존의 뉴스조직이 아닌 플랫폼이라는 환경 요인에 의해 이뤄진다는 것을 의미한다.

다른 하나는 미디어 생태계 측면에서 뉴스서비스 사업자의 플랫폼 종속이 심화되고 있다는 점이다. 일반적으로 뉴스가 독자에게 전달되는 경로는 크게 세 가지이다. 가장 일차적인 경로는 뉴스 제공자의 플랫폼을 통한 소비이고, 검색엔진을 통한 2차적 소비가 두 번째 경로이다. 최근에는 세 번째 경로로서 페이스북이나 트위터 등의 소셜 미디어 플랫폼을 통한 뉴스 소비가 증가하고 있다. 많은 나라에서는 검색엔진을 통한 2차 소비가 아웃링크 방식으로 해당 뉴스사이트에서 이뤄지기 때문에 뉴스 생산자는 플랫폼으로서의 지위를 잃지 않고 있다. 오히려 다른 나라의 경우 문제가 되는 뉴스 소비 방식은 세 번째 경로인 SNS를 통한 뉴스 소비인데, 이는 직접적으로 뉴스 플랫폼의 잠재고객을 이탈하게 만드는 요인이 되기 때문이다. 실제 미국의 뉴스 이용 경로 조사결과를 보면 SNS를 통한 뉴스이용은 2017년 51% 수준인 데 비해[4], 한국의 경우 같은 해 기준 13.4%로 조사되고 있다 한국언론진흥

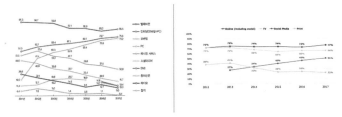

〈그림 3〉 한국과 미국의 뉴스 이용 매체 변화 (2012~2017)

'2017 언론 수용자 조사'와 'digital news report 2017'에서 발췌

재단, 2018. 뉴스 수용자 조사가 조사 기관마다 편차가 다소 있다는 점을 감안하더라도 소셜 미디어를 통한 뉴스 소비는 국내보다는 해외에서 빠르게 확산되고 있다.

SNS, 그중에서도 페이스북과 유튜브가 뉴스 유통 플랫폼으로 빠르게 성장하고 있기는 하지만, 다른 나라들에서는검색을 통한 2차 뉴스 소비를 포함하더라도 뉴스미디어가 여전히 콘텐츠 플랫폼으로서 기능을 수행하고 있다. 반면, 우리나라의 경우 포털사이트로 불리는 독특한 형태의 검색엔진이 정보 유통을 독점하는 플랫폼으로서 기능하고 있어 언론사의 플랫폼 기능은 거의 상실했다고 볼 수 있다. 이러한 뉴스 생산-유통-소비 환경의 변화로 인해 뉴스 생산자는 플랫폼 기능을 상실한 콘텐츠 사업자로서 생존할 수밖

4 https://reutersinstitute.politics.ox.ac.uk/sites/default/files/Digital%20News%20Report%20
2017%20web_0.pdf

에 없는 상황으로 내몰리고 있다. 객단가 높은 고객보다는 뜨내기 손님을 상대해야 하는 비즈니스 환경으로 바뀌는 것이다.

바로 이러한 '뜨내기 손님 비즈니스'에 뛰어든 언론사의 모습을 단적으로 보여주는 게 바로 어뷰징이다. 여기서 흥미로운 점은 시장지배력이 높은 메이저 언론사에서 어뷰징에 더욱 적극적이라는 사실이다. 약소 매체보다 유력 매체가 어뷰징에 더욱 적극적이라는 혐의[5]는 언론학자들의 연구에서 사실로 확인되고 있다조영신·유수정·한영주, 2015. 결국 어뷰징은 비유하자면 대기업의 골목상권 침투와 같은 조악하고 일탈적인 영업행위인 셈이다.

테크놀로지가 인도하는 유토피아, 혹은 디스토피아

다소 길게 설명했지만, 현재 뉴스미디어의 시장상황을 보면 적어도 국내 뉴스 사업자들은 플랫폼을 내주고 콘텐츠 제공에 주력하는 전문 콘텐츠 사업자의 길을 걷게 될 것이 분명해보인다. 그리고 전문 콘텐츠 사업자로서 뉴스미디어는 앞서 언급한 품질과 고객확보, 넓게 보면 생산 효율성과 유통 효율성을 개선함으로써

---

5 https://www.pressian.com/pages/articles/129927?no=129927#0DKU

수익을 극대화하려 할 것이다. 위의 〈그림 3〉에서 보는 바와 같이, 뉴스 콘텐츠의 이용 패턴은 PC에서 모바일로 빠르게 이동하고 있는데, 이러한 변화는 바로 뉴스의 디지털 트랜스포메이션, 뉴스의 지능화와 관련되어 있다. 좀 더 구체적으로 말하면, 뉴스의 지능화란 고품질 뉴스 콘텐츠를 생산하는 데 필요한 가치 판단과 뉴스의 유통 전반을 자동화한다는 것이다. 오늘날 저널리즘 환경은 정보가 기하급수적으로 폭발하는 정보의 외파explosion 시대라고 할 수 있는데, 이러한 환경에서는 뉴스의 생산-유통-소비의 순환 과정이 과거와는 달리 즉각적으로 이뤄지게 된다. 즉 엄청난 양의 뉴스가 속도감 있게 생산-유통되고, 이는 다시 소비 과정에서 뉴스소비자들의 피드백을 통해 n차 뉴스로 재생산된다. 문제는 이러한 과정을 인간이 전적으로 담당하기 어렵다는 데 있다. 특히 이용자들의 폭발적인 반응을 수집하고 분석해서 환류하는 과정은 아무리 훌륭한 저널리스트 집단이라도 해도 감당하기 어렵다. 그렇다면 결국 누군가가 이 임무를 대신 맡아줘야 하는데, 몇몇 사람이 감당하기에는 데이터의 양이 너무 방대하다. 만약 우리가 빅데이터라고 부르는 거대한 분량의 데이터를 분류, 분석, 평가하는 과정에 똑똑한 기계의 능력을 활용할 수 있다면, 뉴스의 생산-유통-소비과정에 소요되는 시간, 비용의 효율성을 도모할 수 있을 것이다. 테크놀로지의 필요성이 제기되기 시작한 것은 바로 이 때문이다.

워싱턴포스트는 더 이상 언론사가 아니다?!

테크놀로지가 언론사와 결합된 사례는 적지 않지만, 그 중에서도 가장 눈에 띄는 사례로는 테크놀로지 기업으로 거듭난 워싱턴포스트를 꼽을 수 있다. 워싱턴포스트의 혁신은 성공사례로 많이 소개되고 있으므로 여기에서는 테크놀로지와 관련한 특징만 간추려 보도록 하자. 워싱턴포스트는 알려진 대로 아마존의 최고경영자인 제프 베이조스가 2013년 2억 5천만 달러에 인수하면서 화제가 되었다. 아마존이라는 전자상거래 플랫폼의 노하우가 저물어가는 종이신문 기반의 언론사와 어떻게 합을 맞출 수 있을지에 대한 궁금증 때문이었다. 워싱턴포스트를 인수하면서 제프 베이조스는 아마존의 기술적 노하우를 워싱턴포스트에 이식하는 여러 가지 실험을 지속했는데, 그 중 대표적인 것이 업계 최고의 개발자들로 엔지니어링 팀을 구성하는 것이었다. 이는 비단 워싱턴포스트뿐 아니라 뉴욕타임스, BBC와 같은 유력 언론사에서 동시다발적으로 진행된 것이기도 하다. 제프 베이조스가 인수한 이후 워싱턴포스트에서 엔지니어의 비중은 700명 수준으로 과거에 비해 약 3배 가량 높아졌다. 엔지니어들은 하루에 생산되는 다양한 기사들에 대한 이용자 반응을 분석하고, 이용자 선호에 맞는 기사들을 큐레이션하고, 콘텐츠 포맷의 선호도를 테스트한다. 뉴스 이용 앱과 큐레이션 앱을 분리하여 론칭하기도 하고, 고객 이탈률을 측정하는 실험도 수행한다. 고객 데이터를 활용해 스낵 콘텐츠나 영상 콘텐츠를 패킹하여 새로운 상품으로 가공하기도 한다.

이러한 실험은 저널리즘의 품질을 높이는 것보다는 콘텐츠의 소비자 경쟁력을 강화하는 데 초점을 맞춤과 동시에, 다양한 고객층을 더 많이 확보하고자 하는 목적이기도 하다. 즉, 콘텐츠 경쟁력과 플랫폼 기능 강화라는 두 마리 토끼를 다 잡고자 하는 것이다.

이러한 실험을 가능하게 해주는 기술은 바로 '아크 퍼블리싱ARC Publishing이라고 불리는 콘텐츠 관리 시스템Content Management System: CRM이다. 아크는 여러 모로 독특한 일종의 기술 패키지라고 할 수 있다. 전통적 임무인 기사 작성과 편집툴을 제공하는 것은 기본이고, 취재와 관련한 스케줄을 관리하는 웹스케드websked, 고객의 트래픽 히스토리를 분석하여 기사를 배열할 수 있도록 하는 클라비스Clavis라든지, 기사 생산자를 가리고 독자 선호도를 파악하는 A/B 테스트 기능이 포함되어 있다. 말하자면, 원클릭 콘텐츠 생산/마케팅 도구인 셈이다. 아크에 더 주목해야 하는 또 다른 이유는 이 시스템이 기존의 전통적인 뉴스룸의 업무방식work flow을 혁신하는 데 영향을 미친다는 점이다. 워싱턴포스트는 아크의 도입으로 편집부 회의와 편집국장의 데스킹을 거치는 전통적 뉴스생산과 달리 기자와 엔지니어 마케터가 뉴스 기획 단계부터 협업을 해가는 구조로 변모했다.

워싱턴포스트가 이뤄낸 또 다른 기술적 혁신은 헬리오그래프라고 불리는 인공지능 기사작성 로봇의 도입이다. 2016년 리우올

림픽에서 본격적으로 활동하기 시작한 헬리오그래프는 2016년 미국 대선을 거치면서 팩트 중심의 단신기사를 작성해오고 있다. 미국에서는 퀘이크봇으로 알려진 지진 기사 작성 로봇이 2015년에 활동하기 시작했고, 우리나라에서도 2016년 야알봇 프로젝트 등이 활동하고 있다. 인공지능 로봇의 기사 작성은 날씨, 증시, 스포츠 등 팩트와 데이터 중심의 기사에서는 이미 다양하게 활용되고 있다. 로봇을 통한 기사작성의 자동화는 취재, 인건비를 절감하면서 동시에 인간 기자들이 심층분석과 탐사보도에 시간을 할애할 수 있게 해줌으로써 결과적으로 뉴스룸의 효율성을 높이는 데 기여한다.

워싱턴포스트는 테크놀로지를 통해 콘텐츠의 큐레이션과 최적화된 콘텐츠 공급, 그리고 독자층의 양적 확대를 이루고자 한다. 나아가 워싱턴포스트는 그들이 도입한 CRM인 아크를 전 세계 언론사에 판매하고 있다. 마치 아마존이 클라우드서비스AWS를 판매하는 것처럼 말이다. 우리나라에서도 올해 조선일보에서 아크 시스템을 도입한 바 있다.[6] 워싱턴포스트는 이제 뉴스가 아니라, 콘텐츠를 생산–유통하는 시스템을 팔고, 더 나아가 그들이 팔 수 있는 모든 것을 판매할 것이다. 그래서인지 워싱턴포스트는

---

6 조선일보는 아크 도입 후 페이지뷰와 순방문자수가 모두 증가해 트래픽 개선에 효과가 있다고 자평하고 있다 (미디어오늘 2020. 9. 29일자 기사 참조)

스스로를 미디어 테크기업이라고 부른다. 마찬가지로 뉴욕타임스도 데이터 과학자, 개발자를 적극적으로 채용하면서 스스로를 테크기업이라고 지칭한다. 이제 이들은 더 이상 언론사가 아니다.

기술은 어디에 있는가?

워싱턴포스트나 뉴욕타임스, BBC와 같은 유력 언론사들은 테크놀로지의 필요성을 비교적 일찌감치 인식한 기업군에 속한다. 저널리즘의 생산-유통-소비과정에 테크놀로지의 영향력이 점점 증가할수록 테크놀로지 혁신을 선도한 기업들이 유리한 위치를 선점할 것이 분명하다. 그렇다면, 워싱턴포스트의 사례처럼 기술은 저널리즘에 긍정적이기만 한 것일까?

최근에 회자되는 저널리즘의 혁신 사례는 기술로 혁신하는 장밋빛 미래에 대해 이야기한다. 그 기저에는 성공에 관한 신화적 스토리텔링이 자리 잡고 있다. 그런데 곰곰이 생각해보면, 테크놀로지 혁신은 지난 60~70년대 이후 줄곧 제기되어온 정보생산론, 혹은 지식산업론자들의 주장과 매우 흡사하다. 앨빈 토플러Tofler 나 프리츠 매클럽Machlup이나 피터 드러커Drucker와 같은 초기정보사회이론가들은 지식 기반 사회에서 기술적 혁신은 성장을 위한 필수 조건이며, 기술 중심의 구조적 재편에서 기술적 숙련도가 높은 전문가들이 이러한 혁신을 주도하게 될 것이라고 주장한다.

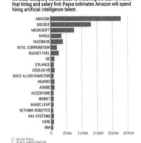

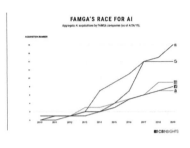

**〈그림 4〉 AI 스타트업에 투자한 상위 20개 기업과 5개 거대 테크 기업(FAMGA)의
AI 투자 현황 , paysa (좌), cbinsights(우)**

그런데 생각해보면, 이러한 기술적 혁신을 아무나 주도할 수 있
는 것은 아니다. 실제로 최근의 기술기반 스타트업들은 테크놀로
지에 대한 투자 여력이 있는 거대 기업들로부터 투자를 받는다.
이 중 극히 일부는 유니콘 기업을 성장하겠지만, 그로부터 얻는
이익은 대부분 고스란히 투자자에게 돌아간다. 말하자면 '돈 놓
고 돈 먹는' 투전판이 되는 것이다.

〈그림 4〉는 인공지능^AI 스타트업에 투자하고 있는 거대 기업 목
록이다. 우리가 흔히 FAMGA라고 부르는 5개의 거대 테크 기업들
이 대부분 상위권에 속해 있는 것을 볼 수 있다. 워싱턴포스트의
테크놀로지 혁신은 아마존의 노하우와 기술적 지원이 없었다면
가능했을까? 그렇지 않다면 워싱턴포스트의 사례는 순수하게 기
술적 혁신의 성공사례라고 말할 수 있을까? 이러한 질문은 국내

로 눈을 돌리면 더 뚜렷해진다. 국내의 테크 스타트업의 대부분 삼성, 네이버, 카카오 등의 거대 기업들로부터 투자금을 받고, 그 대가로 지분을 내준다. 테크기업이 거대 사업자들에게 수직계열화되는 것이다. 이러한 상황에서 전재료 한 푼이 아쉬운 언론사들이 CRM을 도입하고 자체적으로 기술적 혁신을 시도하는 것은 현실적으로 어려운 일이다.

기술은 중립적이지 않다

물론 이 같은 상황이 전적으로 포털사업자의 시장독점에 따른 폐해라고 볼 수는 없다. 우리나라의 경우 포털사업자의 지배력이 지금처럼 막강하기 전에 뉴스 생산자들의 기술적 혁신 기회가 충분히 있었기 때문이다. 그러나 지금 상황에서 기술은 거대 사업자의 가두리 안에 속해 있다. 기술적 혁신이 독과점을 강화하는 데 활용될 수밖에 없는 구조라는 것이다. 예를 들어, 2019년 11월 네이버에서는 스마트 미디어 스튜디오^{약칭 스미스}라는 CRM을 제공하겠다고 발표했다. 스미스는 기사의 편집과 콘텐츠 가공 및 딜리버리를 원스톱으로 처리할 수 있는 콘텐츠 제작 툴이다. 여기에 네이버가 보유한 데이터를 제공함으로 마치 아크와 같은 종합 콘텐츠 생산 시스템을 제공하겠다는 것이다. 그것도 무료로 말이다. 앞서 언급했듯이 CRM를 도입해서 기술 혁신을 해볼 만한 언론사가 거의 없는 현실을 감안하면 이러한 툴을 지원하는 것이 뉴스의 품질 개선과 독자층 확대에 도움이 되는 것이 사실이다. 그런

데 여기에서 한 발 더 아나가 네이버는 지금까지 기사 당 트래픽으로 계산한 뉴스 전재료를 없애고 그 대신 인링크 방식의 뉴스 콘텐츠에 붙는 광고수익을 배분하는 방안을 제시한다. 네이버에서는 아웃링크 도입과 전재료 폐지를 제시해도 이를 수용할 언론사가 없다는 걸 알고 있다. 그래서 인링크 방식을 유지하면서 광고수익을 배분하고, 그 대신 뉴스 생산자에게 스미스라는 CRM을 제공함으로써 네이버 플랫폼 안에 잠그는Lock-in '가두리 양식' 모델을 강화하겠다는 계산인 것이다.[7] 그렇다면 이러한 기술적 혁신은 궁극적으로 누구를 위한 것인가? 헷갈릴 수밖에 없다.

이러한 애매한 상황이 기술을 둘러싸고 빈번하게 발생한다. 흔히 기술은 가치중립적이라고 말한다. 기술 자체는 중립적일지 몰라도, 사용하는 사람의 의도와 방식에 따라 선물이 될 수도, 흉기가 될 수도 있다. 테크놀로지는 경제적 가치를 높이는 방향으로 활용되지만 그것이 결과적으로 특정 기업이 독점해버릴 수 있도록 하기도 한다. 테크놀로지 혁신이 반드시 공공의 이익을 증가와 직결되는 것은 아니라는 점에서 테크놀로지는 이중성을 지닌다.

---

7 http://www.hani.co.kr/arti/society/media/917674.html

나가며: 가치의 독점에서 가치의 이전으로

테크놀로지의 이중성은 효율성의 강화와 상업적 이익의 극대화를 한축으로, 기술의 독점과 공적 이익의 약화를 다른 한 축으로 한다. 이용자의 선호와 취향에 맞는 뉴스를 추천하고 개인의 선호에 최적화된 뉴스 콘텐츠를 선별 제공하는 기술적 혁신은 현재 저널리즘 산업의 주류 입장이다. 문제는 이 같은 저널리즘 기업의 기술적 혁신이 성장과 혁신의 스토리텔링에 과도하게 의존하고 있다는 점이다.

이러한 주장은 과거 허먼이나 모스코, 슬랙 등의 정치경제학자들이 꾸준히 제기해 온 것으로, 이들은 대체로 정보 혁명을 산업적 측면에서 특정 기술을 소유, 활용하고 있는 주로 플랫폼 자본과 기업의 수행원리를 지지함으로써 기술 독점에 정당성을 부여한다고 비판한다Mosco, 2006. 크리스티안 푹스Fuchs, 2013는 비판적 인터넷 이론Critical Internet Theory을 통해 정보가 상품화되면서 이윤의 창출과 자본 축적을 목적으로 하는 재화적 속성이 공공재로서의 정보를 위협하게 된 적대적 상황을 설명한다. 푹스는 전자를 상품 인터넷 경제로, 후자를 선물 인터넷 경제로 설명하면서 두 개의 인터넷 경제 패러다임이 웹2.0으로 불리는 참여와 공유의 원리가 인터넷에 도입되는 2000년대 들어오면서 본격적으로 경합을 벌이게 된다고 본다. 나아가 푹스는 참여와 공유로 대표되는 웹2.0이 상품화와 개인화를 확산함으로써 자본의 기술 독점과 플랫폼 독점을 정당화한다고 비판한다.

그렇다면 지능정보기술이 주도하는 웹3.0 시대는 기술의 독점으로부터 자유로울 수 있을까? 지능정보기술은 개인화된 서비스의 진화, 개인의 선호를 효율적으로, 더욱 정확히 반영하고자 하는 한편, 기존의 산업구조를 무너뜨리는 와해적disruptive 속성도 지니고 있다. 기존의 사업구조를 파괴적으로 혁신할 수 있는 잠재력이 있다는 것이다. 기술의 파괴적 속성은 인터넷 생태계의 구조적 재편을 촉진하는데, 이는 참여와 공유를 특징으로 하는 웹2.0 시대로부터 새로운 웹 생태계를 의미하는 웹3.0 시대로의 전환을 야기한다. 라그네따와 디스테파니Ragnedda & Destefanis, 2019는 기술적 혁신이 초래하는 미래 인터넷 생태계의 핵심적인 특징이 가치의 전이에 있다고 주장한다. 웹2.0시대에는 이용자의 참여와 공유를 통해 생산과 큐레이션 과정의 참여를 촉진하기는 했지만, 그에 대한 정당한 대가와 보상이 주어지지 않고 소수의 독과점 기업이 그 가치를 독점해왔다. 그에 비해 웹3.0 시대에는 소수의 대기업이 가치를 독점하는 메커니즘의 변화가 불가피하고, 가치의 독점으로부터 가치의 재분배와 원활한 이전이 보장되는 새로운 생태계가 기술적 혁신을 통해 등장한다는 것이다.

저널리즘에 이러한 기술적 혁신이 적용된다면, 다음과 같은 변화를 상상해볼 수 있을 것이다. 그것은 일단 가치의 재분배와 관련하여 콘텐츠의 생산자와 독자, 큐레이터가 기존의 플랫폼 사업자가 독점한 가치를 나눠 갖는 수익분배모델을 그려볼 수 있다. 기자는 콘텐츠의 생산주체로서 콘텐츠 생산에 기여한 가치를 보상받고, 독자는 반응 데이터를 제공하는 대가를, 뉴스 큐레이션에 기여하는 독자와 인플루언서들은 그에 상응하는 가치를 각각 보상받는다. 이러한 모델은 현재 대부분 플랫폼이 가치의 전이와 재분배를 제한하고 있다는 점에서 매우 파괴적인 기술 혁신 모델이 될 수 있다. 또한, 저널리즘에서 가치 이전의 기회가 주어진다는 것은 가치의 이전을 통제해온 기존 권력 관계의 전반적인 재편을 의미한다. 즉, 소유주와 뉴스룸, 기자와 독자의 권력관계에 전반적인 변화가 불가피하다는 것이다. 기술은 뉴스룸의 효율성을 높이는 데 활용되기도 하지만, 뉴스룸의 기능과 거버넌스를 재편하는 데 기여할 수도 있다.

테크놀로지와 뉴스 산업의 접점을 이러한 방식으로 이해해본다면, 뉴스의 품질이 저하되고, 어뷰징이 난무하는 것은 저널리스트 개인의 자질 문제가 아니라, 기술적 혁신이 완벽하게 상업주의 시스템을 강화하는 방식으로 시도되고 있는 뉴스 산업 생태계의 구조적 문제로 귀결된다. 기레기라는 비난은 이러한 구조적 문제를 기자 개인에게 책임전가하는 불온한 화법인 것이다. 따라서 기레기라는 오명을 바로잡기 위해서는 이제부터라도 기술로 무엇을 할 것인지 진지하게 고민해야 한다. 나만을 위한 혁신을 할 것인가, 모두를 위한 혁신을 할 것인가?

참고문헌

김병희(2015.).	포털의 검색 알고리즘 개발에서 기사 어뷰징 방지를 위한 영향요인 탐색.《커뮤니케이션이론》, 11(3), 47~89.
조영신 · 유수정 · 한영주(2015).	포털 기사 공급 형태 및 매체 지위와 어뷰징과의 관계에 대한 탐색적 연구: '네이버'를 중심으로.《한국언론학보》, 59(6), 314~338.
최수진 · 김정섭(2014).	《인터넷 공간에서 기사 어뷰징 실태 및 개선방안 연구》. 서울: 한국언론진흥재단.
한국언론진흥재단(2018).	《2017 언론수용자 의식조사》. 서울: 한국언론진흥재단.
El-Erian, M.(2008).	When markets collide: Investment strategies for the age of global economic change. McGraw Hill Professional.
Fuchs, C.(2013).	Capitalism or information society? The fundamental question of the present structure of society. European Journal of Social Theory, 16(4), 413~434.
Lacy, S., & Rosenstiel, T.(2015).	Defining and measuring quality journalism. Rutgers School of Communication and Information.
Luhmann, N (2018).	Trust and power. John Wiley & Sons.
Mosco, V.(2006).	Knowledge and media workers in the global economy: Antimonies of outsourcing. Social Identities, 12(6), 771~790.
Reuters Institute.(2018).	Digital News Report 2017. https://reutersinstitute.politics.ox.ac.uk/sites/default/files/Digital%20News%20Report%202017%20web_0.pdf
Porter, M. E.(1985).	Competitive advantage. The Tree Press, New York.
Ragnedda, M., & Destefanis, G. (Eds.).(2019).	Blockchain and Web 3.0: Social, Economic, and Technological Challenges. Routledge.
Smythe, D. W.(1977).	Communications: blindspot of western Marxism. Canadian Journal of Political and Social Theory, 1(3), 1~27.
Watzek, H.(2019).	Financial Value of Trust in the Media Business. In Osburg, T., & Heinecke, S. (Eds.).(2019). Media Trust in a Digital World: Communication at Crossroads(55~67). Springer, Cham.

유경한

전북대학교 신문방송학과 부교수이다. 연세대학교에서 사회학과 영상 커뮤니케이션을 공부했고, 펜실베이니아주립대에서 언론학(Mass Communications)으로 박사학위를 취득했다. 지능화 미디어 시대의 정보문화와 엔터테인먼트, 저널리즘, 민주주의와 관련한 다양한 사회현상을 커뮤니케이션 관점에서 연구하고 있다. 주요 연구로는 〈But not all social media are the same: Analyzing organizations' social media usage patterns〉, 〈The Affective Politics of Citizenship in Reality Television Programs Featuring North Korean Resettlers〉, 〈미디어 블록체인의 비전과 가치: 미디어 블록체인의 ICO 백서(white paper) 분석을 중심으로〉, 〈데이터테크놀로지와 커뮤니케이션 연구〉(공저) 등이 있다.

4부

저널리즘 모포시스:
수용자

10. 진실을 둘러싼 대중들의 문화정치 :

저널리즘과 정치의 구조 변동

—

박진우 건국대학교 신문방송학과 교수

들어가며

2020년 6월에 공개된 옥스퍼드-로이터 재단의 〈디지털 뉴스 리포트 2020〉에는 전 세계 40개국의 독자들에게 공통으로 던진 뉴스 신뢰도 조사 결과가 들어 있다.[1] 한국은 이 조사에서 4년 연속으로 최하위를 차지했다. 물론 이 조사가 응답 빈도의 단순 비교로 순위가 매겨진다는 점, 또 '신뢰도'라는 용어 자체의 합의된 기준을 마련하기가 몹시 어렵다는 점은 널리 알려져 있다. 하지만 그렇다 해서 지나칠 수 있는 사안은 아닌 것 같다. 무엇보다 좀처럼 바뀌지 않는 최하위의 순위가 무엇을 의미하는지를 질문해야 하기 때문이다. 뉴스를 빙자한 허위정보들이 SNS를 통해 무작위로 배포되는 현실 탓인가? '필터 버블'로 인해 '확증편향'이 한없이 커진 알고리즘이나 데이터 분석을 통해 주목 경제attention economy가 활성화되고, 한층 정교한 마이크로 타깃팅이 가능한 상황이 정파적 미디어의 활성화를 더욱 강력하게 추동할 수 있다는 점은 일차적으로 우리 모두가 부정하기 어렵다.[2]

이 문제는 결코 간단하지 않다. 해답에 다가서기 위해 우리는 적지 않은 이론적·실천적 쟁점들을 돌파해야 한다. 한편으로 그것은 한국 언론이 수용자 대중들에게 보여주었던 매우 오랜 역사적 관성을 그 자체로 되짚어보아야 하며, 다른 한편으로는 새롭게 형성되고 있는 대중 정치의 행위 구조와 의미를 파악해야만 한다. 둘 중에서 무엇이 더 큰 의미를 가지는지에 대해 아직 확답을 내리기도 어렵다. 오히려 각각의 질문에 포함되어 있는 결코 단순하지 않은 이론적 전제들을 찾아내고 또 이를 일반화시켜야 한다.

이 글이 다루는 내용은 대중들이 뉴스와 저널리즘, 그리고 정치에 대해 가지고 있는 이중적인 속성에 관한 것이다. 그리고 정치의 근본적인 변화가 야기되는 시점에 대중들의 저널리즘에 대한 인식과 신뢰도가 어떻게 변화해 나갈 것인가에 대한 것이다. 많은 연구와 비평이 참조하는 확증편향의 가설[3]은 대단히 유용

---

1 로이터저널리즘연구소(2020). 〈디지털 뉴스 리포트 2020〉, 한국언론진흥재단.

2 Robert Entman & Nikki Usher(2018). Framing in a fractured democracy : Impacts of digital technology on ideology, power and cascading network activation. Journal of Communication, 68(2), p. 305.

하지만, 사실 근본적인 정치의 변화를 설명하는 데 적합하지는 않다. 그것은 대중들을 전체 디지털 미디어 생태계와 제도 정치 속의 '노이즈' 정도에 불과한 것으로 간주한다. 대중들은 정치적 양극화의 구조적 변화, 가짜뉴스와 허위조작정보, 그리고 탈진실 post-truth의 문제에 대해 언론계의 전문가들만큼 잘 알지는 못하며, 또 그만큼 관심을 가지는 것도 아니다. 하지만 2018년을 전후하여 폭발적으로 성장하는 유튜브 저널리즘과 이를 둘러싼 담론적 지형은 그것이 기성 정치제도나 미디어 제도 자체의 정당성에 대하여 근본적으로 회의하고 불신하는 내적 충동을 더욱 뚜렷하게 보여준다. 이는 유튜브 저널리즘의 지형이 양극화된 여야 정치권 및 이와 사실상 병행 상태인 레거시 미디어와 구조적인 친화성을 가지는 한국의 상황에서도, 우리가 보다 주목해야 할 대상은 결국 그것을 매개로 새로운 정치화의 과정에 접어드는 대중들의 모순적인 존재 방식일 것이다.

레거시 미디어와 신뢰의 붕괴[4]

우리는 분명 '소셜 미디어의 시대'를 지나면서 뉴스 미디어와 수용자, 그리고 정치[5]의 관계에 대해 새롭게 이론화를 시작해야 할 시점에 이르렀다. 분명한 점은 우리가 그동안 경험하였던 오랜 미디어 체제에서 수립된 정치와 미디어, 그리고 수용자 대중의 관계에 대한 이론들이 상당 부분 시대에 뒤처지거나 혹은 퇴색하였을 가능성이 매우 크기 때문이다.

이는 여러 측면에서 검토되어야 할 쟁점이다. 한편으로는 우리가 오랫동안 신뢰하였던 소위 '레거시 미디어'의 붕괴, 그리고 이들에 대한 수용자들의 신뢰 붕괴라는 문제가 자리 잡고 있다. 디지털이 제공한 참여의 공간은 대중들 자신보다 제도권 내부에서 더 주목받으면서, 소위 협업적이고 참여적이며 문제 해결 지향적인 저널리즘의 '비즈니스 패러다임'으로 변신하고 있다. 그러면서 아직 시장에서 뚜렷한 성과를 보여주지도 못했다. 하지만 이들이 디지털 공간에서 생존을 위한 비즈니스 모델의 개발과 스마트한 변신에 총력을 기울이고 있다 해도, 대중들의 눈에는 이들이 여전히 결별하지 못한 오랜 관행과 구습이 더 많이 눈에 띈다. 여기서 대중들은 정치 권력이 작동하는 변화한 메커니즘을 관찰한다. 그리고 이 권력의 메커니즘은 오래된 저널리즘 관행과 결코 떨어

---

3 '필터 버블'이라는 용어는 뉴욕타임스의 기자인 엘리 패리저(Eli Pariser)가 2011년에 발표한 책에서 처음 등장한다. Eli Pariser(2011). The Filter Bubble : How the New Personalized Web Is Changing What We Read and How We Think. New York and London : Penguin. 이 책은 우리말로 번역되어 있다. 이현숙 · 이정태 옮김(2011).《생각 조종자들 : 당신의 의사결정을 설계하는 위험한 집단》, 알키.

4 이 장의 주요한 내용들은 다른 지면을 통해 발표되었다. 박진우(2020). "한국 언론의 신뢰도, 왜 여전히 낮은가", 《관훈저널》, 제156호, 2020년 가을, 128~135.

5 그것이 반드시 '민주주의'만을 의미하지는 않는다. 미디어와 관련된 '정치/민주주의'의 분화는 새로운 관심이 필요한 이슈이다.

질 수 있는 것이 아니라는 점도 명백해지고 있다. 미디어와 수용자, 그리고 정치와 민주주의의 문제는 그렇다면 어디에서 자신들의 잠재적인 가능성을 발견하고 또 이를 구현할 수 있을 것인가? 디지털 환경에서 권력과 자본에 오염되지 않은 새로운 뉴스와 저널리즘의 가능성은 어디에서 찾을 수 있을까? 이 질문 자체를 우리는 그동안 무슨 이유로든 잊고 있었던 것은 아닌가?

이중의 위기, 그리고 비즈니스와 '퀄리티'의 균형

한국에서 레거시 미디어의 위기는 매우 오래된 것이다. 역설적이지만, 민주주의 이행이 시작되고 한국 언론이 유례 없는 호황기를 누렸던 1990년대를 제외한다면, 한국 언론은 항상 위기였다. 이 위기는 이중적이다. 하나는 날로 독자와 광고 수입이 줄면서 생겨난 경영의 위기이며, 다른 하나는 과도한 정파성과 진영 논리에 따른 신뢰의 위기이다. 사실 경영과 신뢰 양자의 위기는 곧 언론의 모든 것이 위기라는 뜻이다. 그렇지만 문제 해결을 위한 별다른 실마리도 찾지 못한 채 20년이 속절없이 흘러갔다.

위기의 국면들을 진단하는 목소리가 항상 옳았던 것은 아니었다. 대표적으로 언론의 신뢰성 문제를 지나치게 언론 산업의 경제적 위기 문제로 치환시켜 버렸던 관성적인 태도가 있다. 물론 19세기부터 현대 저널리즘을 성립시킨 전제는 언론 활동을 언론 기업의 영업 활동과는 구분지었던 역사적 전통이었다. 그런데 이윤 추구를 목적으로 하는 기업으로서의 저널리즘 모델을 기반으로 삼는 언론 자유의 실험은 지난 150년 동안 너무도 성공적이었다. 그렇기에 양자는 별도의 문제로 제각기 고찰해도 되는, 혹은 그래야만 하는 것으로 생각하기 쉬웠다. 인식의 단절은 항상 어렵기 마련이다. 인터넷과 포털이, 모바일 미디어와 유튜브가 기성 언론 산업의 위기를 몰고 온 것은 분명히 맞다. 하지만 그렇다고 신뢰의 문제는 이와 별개로 여전히 굳건한 시점인 것도 결코 아니다. 지금은 분명히 오랜 역사적 전통 자체를 수정해야만 하는 시점이다. 이런 상황에서 여전히 신뢰의 문제를 생존과 비즈니스의 문제보다 부차적인 것으로 여기는 태도는 문제 해결에 전혀 도움이 되지 않는다. 현실은 오히려 그 반대일 가능성이 더 높다.

지속 가능하고 또 유의미한 저널리즘은 앞으로의 미래와 직결된 문제이다. 이미 뉴스룸 내부에서 취재 인력이 줄어들고 또 뉴스 퀄리티에 대한 투자 의욕이 저하되는 현상을 지적하는 문헌들은 무수히 많다. 또 수입이 줄어든 언론사들이 지나치게 포털 사이트와 트래픽에 목매는 현상을 그저 눈 감고 있어서는 어떤 것도 해결되지 않는다. 한국 언론이 처한 이 같은 이중적 위기에 대한 관점의 전환이 절실히 요구된다. 많은 지표들이 이러한 태도 전환의 정당성을 보여준다. 가장 최근의 사례로 한국기자협회가 2020년 8월에 수행한 언론인 조사에 따르면, 현직 기자들은 '국민들이 언론에 대해 얼마나 신뢰하고 있다고 생각하느냐'는 항목에 72.2%가 '신뢰하지 않는다'고 응답하였다. 그 이유를 물었더니 '검증 없이 받아쓰기'47%, '언론의 정파성'46.2%, '이용자들의 편향적인 뉴스 소비 습관'31.3%, '자극적이고 선정적인 보도'31%, 그리고 '권력과 유착한 보도 태도'22.5%의 순으로 답변하였다.[6] 날이 갈수록 떨어지는 기자 직업의 만족도는 '기자에 대한 사회적 평가 하락'48.6%와 직결되어 있으며, 그것의 원인은 대부분 보도 행위라는 내적인 실천의 문제와 직결되어 있다.

위기는 이미 현실이다. 하지만 어느 독일 철학자의 표현처럼 위기Krisis란 극복을 위한 비판Kritik을 동반하는 또 다른 기회이다.[7] 그 비판의 표적은 레거시 미디어의 비즈니스에 닥친 가시적인 위기 대응보다는, 보다 근본적인 뉴스 콘텐츠의 품질 문제, 그리고 이와 결부된 언론계 내부의 관행과 같은 비가시적인 문제여야 한다. 그리고 비판은 이처럼 자신의 일상적 실천을 되돌아보고자 하는 용기에서 시작된다.

관행과 일상의 진부함, 그리고 대중들의 불신

돌이켜 보자면, 한국 언론이 경제적으로 가장 호황이었던 1980~90년대에도 대중들의 언론 신뢰도가 결코 높지 않았다. 그럼에도 포털 사이트나 모바일, 팟캐스트나 유튜브가 부상하는 여러 위기 상황에서, 뉴스의 퀄리티와 생산 관행의 문제가 주된 관심사로 부각되기는 어려웠다. 성숙하지 못한 정당 체제와 시민사회의 중간에서 현실 정치에 손쉽게 개입하던 어느 한 시대의 뉴스 제작 관행과 퀄리티 기준은 '정파언론', '진영언론'이라는 딱지에도 불구하고 설사 신성불가침의 영역으로 대접받지는 않았다 해도 지금껏 별다른 도전을 받지 않았다. '위기와 비판'의 동학과는 무관하게, 외부의 위기가 자신의 내부를 돌아보지 않게 만드는 안일한 태도를 낳았다. 디지털 혁신의 몸부림 속에서도 정작 오랜 취재의 관행, 취재원 관계, 정치 권력이나 광고주와의 정착된 관습이 별다른 심각한 도전에 직면하지 않았다. 경영 위기가 그러한 안일함을 합리화시키기까지 했다.

지금 대중들이 한국 언론을 여전히 불신하는 이유는 크게 복잡하지 않다. 우리는 세월호 국면을 거치면서 독자들의 열렬한 지지를 받았던 JTBC 뉴스의 부상과 손석희 퇴진 이후 점점 부진에 빠지는 모습을 보고 있다. 기성 저널리즘 경계boundary의 내부자가 결코 아니었던 팟캐스트 출신의 미디어 활동가들이 이미 '존경하는 언론인' 순위 조사의 상위권에 이름을 올리고 있다. 경험적으로 개별 국면의 외부적인 영향력은 개별 언론사들의 신뢰도를 심각하게 요동치게 만든다. 그런데 이 요동 속에서 독자들이 지지

---

6 [기자협회·한길리서치 기자 여론조사] 기자 72%, "국민이 언론 신뢰 안 해" … 직업 만족도 3년 연속 하락. 《기자협회보》, 2020년 8월 26일.

7 Reinhardt Koselleck(1979). Le Règne de la critique. Paris : Minuit.

혹은 지지 철회 의사를 밝히는 동학은 의외로 매우 간단한 법칙을 따른다. 하나는 자신들이 독자들과 상호관계를 맺고 신뢰도를 높이기 위해 꾸준히 노력하는 자세를 보여주어야 한다는 것, 다른 하나는 그 노력이 대중들에게 보이지 않게 되는 순간부터 불신이 시작된다는 것이다.

애석한 일이지만, 조직에 적응하여 기성 관행을 충실히 따르는 기자들이 바로 그 이유로 맨 먼저 대중들의 불신을 받기 시작하였다. 대중들은 어느 순간 기자들의 일상적인 기사 생산 관행 자체에 의문을 품기 시작했다. 언론사의 사주나 특정 광고주에 비판적인 기사는 자연스럽게 사라질 것이고, 기자들이 거기에 별달리 문제 제기하지 않을 것이라고 대중들은 믿기 시작했다. 엘리트 취재원들을 일상적으로 접하는 기자들은 분명 그들과 특권적인 관계를 맺고 있다고 생각하기 시작했다. 기자가 광고 영업에 나서고 그래서 광고와 기사를 맞바꾸는 일이 적어도 '일부의 일탈' 이상의 문제라고 생각하기 시작했다. 이 모두가 사실이든 아니든, 혹은 그 정도가 어떠한가는 별로 중요하지 않게 되었다.

이러한 근본적인 맥락 전환은 이미 현장의 기자들 스스로가 충분히 감지하고 있다. 한국언론진흥재단의 정기적인 언론인 의식조사의 최근 결과가 보여주듯이, 현재 한국의 기자들은 정부와 같은 권력 기관으로부터의 압력에 대해서는 별다른 압박을 느끼지 않으며, 오히려 대단히 손쉽게 저항한다.[8] 하지만 여타의 사회적 엘리트 그룹의 영향에 대해서는 대단히 취약하다는 사실을 스스로 인정하고 있다. 이는 근본적으로 저널리즘 종사자들에게 '자신은 그렇지 아니함'을 적극 보여주려고 노력해야 하는 상황이 도래하였음을 의미한다. 대중들의 무관심이나 무지를 탓하는 것은 그 다음의 일이다.

뉴스 조직과 생산 관행 그 자체의 진부함에 대한 독자들의 인식은 뉴스 신뢰도 판단에서 대단히 결정적인 것으로 떠올랐다. 그 진부함이 사실이나 아니냐는 여기서는 크게 중요하지 않다. 일부에서 분명히 나타나는 '일탈'일 뿐 다수 언론인들은 그렇지 않다고 믿을 만한 이유도 물론 충분하다. 하지만 언론 신뢰도의 문제는 바로 이러한 일탈을 스스로 어떻게 제어하고, 또 자신들의 일상이 그러한 일탈을 지속시킬 구조적 맥락 속에 놓여 있지 않은지를 묻는 절실한 자세에서 시작된다. 그러한 질문의 노력 자체가 대중들에게 가시화되는 것이 지금의 신뢰도 문제의 향방을 가를 것이기 때문이다. 그것이 바로 조국 장관 관련 보도, 유시민과 KBS를 둘러싼 보도, 검찰과 채널A 기자 관련 보도에 관한 대중들의 언론 신뢰도 판단의 결정적인 요소였고, 또 그것이 개별 언론

---

8 한국언론진흥재단(2019). 〈2019 한국의 언론인 : 제14회 언론인 의식조사〉. 한국언론진흥재단.

사의 신뢰도 자체를 요동치게 만들었다. 우리는 이제 자신의 내부의 '진부함'을 되돌아보지 않으면 신뢰도 문제에 대한 인식과 해결이 어려운 상황에 도달해 있다.

저널리즘의 내적 책무 : 대중의 불신 탈피의 출발점

언론이 스스로를 비판하지 않는 문화는 그 자체로 대중들에 의해 불신당한다. 필자는 이 점을 개선하기 위한 한국 언론의 최근의 다양한 노력들을 그 자체로 충분히 인정한다. 팩트체킹을 상시화하거나 혹은 오보 수정을 일상적으로 하겠다는 몇몇 언론의 시도는 그런 면에서 크게 환영할 만한 의미 있는 행보이다.[9] 더불어 이를 조금 더 적극적으로 실행할 것을 언론 현장에 요청한다. 자신들에 대한 대중의 신뢰도 추락을 지나치게 정파화된 수용자 집단의 소행으로 몰아가는 태도, 그 과정에서 제기된 팩트 부정확이나 왜곡·과장의 오류들에 대한 비판들을 지극히 정파적인 관점에서 편의적으로 처리하는 태도는 이제 변명으로 통하지 않는다. 설사 그것이 부분적으로 사실이라고 해도 말이다.

한국 언론의 신뢰도 회복을 위해 우리가 할 수 있는 방법은 생

---

9 2020년 상반기에 자사 보도의 오류를 바로잡는 코너를 상설 운영하겠다고 나선 언론사들 – 한겨레와 조선일보 – 의 시도가 대표적이다. 그것이 가지는 명백한 한계를 지적하는 것은 다음 문제이다. 필자는 일단 이 같은 시도들은 어떤 이유로든 환영받아 마땅하다고 생각한다.

각 외로 분명하다. 이 문제를 자신들이 '먹고사는' 문제보다 부차적이라고 생각하는 안이함에서 벗어나야 한다. 대단히 규범적인 표현 방식을 동원하자면, 언론 스스로 자신에 대한 한층 엄격한 태도를 갖추고, 자신의 직업 활동을 되돌아보는 성찰성을 갖추어야 한다. 동시에 언론의 신뢰도 회복은 단순히 규범적이고 윤리적인 차원의 문제가 결코 아니다. 그것은 매우 구체적이고 실천적인 과제이다. 지금의 언론 신뢰도 추락은 그동안 관성적으로 무비판적으로 추종해왔던 관행들의 집합에 대한 대중들의 총체적인 불신에서 시작된 것으로 보아야 한다. 이는 곧 언론이 일상의 작은 부분에서 지금 당장 시작할 수 있는 실천의 계기들을 확보해야 한다는 뜻이다.

가장 기본적인 전제는 역시 독자들의 신뢰도는 해당 언론사나 기자들이 보다 퀄리티 있는 보도를 위해 노력한다고 독자들 스스로가 인정하도록 만들 수 있어야 한다는 점이다. 레거시 미디어라면 늘 그랬듯이 '책임감 있는 자세'로 독자들의 꾸준한 신뢰를 쌓아나가는 것 말고는 특별한 해답은 있을 수 없다. 2003년 BBC와 허튼 위원회의 활동이 그러했듯이, 위기 극복의 첫걸음은 결코 신뢰 상실의 순간들을 그냥 넘기지 않고 이를 대중들에게 공개하고 내부적으로 되돌아보는 용기에서 시작된다. 자신이 소속된 언론사의 관점이나 의견이 아무리 중요하다 하더라도 독자들 앞에서 이를 상대화시킬 수 있는 판단력과 실행 의지를 가진 존재를 우리가 '전문직'이라고 부른다는 점을 상기하자. 취재원과의 관계, 정치권이나 검찰, 주요 광고주와의 관계에서 경제적 효율성이라는 목표 앞에서 자신들의 신념과 존재 의의를 내팽개치는 일부의 일탈조차 관행이라고 넘겨버리는 '인식의 지체'를 지금보다는 더 적극적으로 문제 삼아야 한다. 자사 보도의 오류를 바로잡는 코너의 상설화에 대해 '우리가 매일 오보를 한단 말인가요'라고 반응하는 기자라면 결코 이 문제를 감당하지 못한다. 그것이 바로 한국 언론이 오랜 '경쟁적 생존주의'의 강박과 지나친 기술 낙관주의 속에서 놓치고 있던 가장 중요한 문제일 것이다.

정치의 진화, 대중의 진화

그와 더불어 새롭게 검토해야 할 대목은 정치와 민주주의 그 자체의 구조 변동에 관한 것이다. 이것은 규범적인 민주주의 이론이 의존하던 고전적인 공론장 모델의 붕괴, 나아가 대의제와 시민사회 자체의 정당성 문제가 점차 문제시되는 시대적 변화의 문제이다. 2016년 영국의 브렉시트 국민투표와 미국의 트럼프 대통령 당선이라는 사건은 단지 탈진실과 가짜뉴스의 확산 문제만을 우리에게 던져준 것이 아니다. 또 여기서 탈진실과 '트럼프'라는 현상은 이 흐름의 원인이 아니라 결과라는 시각이 필요하다. 더 넓은 범위에서 정치적 정당성 자체의 위기, 극단적인 정치적 양극화와 결부된 저널리즘 자체의 이념적 경향성, 그리고 새로운 대중주의 혹은 포퓰리즘적 인식의 대두와 같은 중요한 흐름에 주목해야 한다. 가짜뉴스 문제만 하더라도 단순히 국내외 미디어의 정파적 보도 경향, 혹은 기술적 문제들 플랫폼 사업자들, 알고리즘 문제 등로 축소될 수 없는 거대한 변화의 결과물이다.

이 글에서 이 쟁점들을 세부적으로 언급하기는 어렵다. 다만 여기서 적어도 인터넷의 등장 이후 거의 20년 동안 우리에게 매우 자명하게 받아들여졌던 다수의 기술 유토피아적 언명들이 이제 새롭게 문제시되어야 한다는 점에서 시작해보자. '인터넷의 민주적 본성', '네트워크화된 공론장 networked public sphere'이나 '협업의 도구 tool로서의 넷 공간', 혹은 수용자들에게 새롭게 참여의 공간과 자유를 제공하는 가능성에 대한 명제들[10]이 여전히 자명한 것이어서는 곤란하다. 이 문제들에 대해 조금은 넓은 시각에서, 새로운 방식으로 맥락화 가능한 요소들이 무엇이 있는지를 살펴보는 작업이 여전히 필요하다.

---

10 Yochai Benkler(2006). The Wealth of Networks : How Social Production Transforms Markets and Freedom. New Haven and London : Yale University Press. 최은창 옮김(2015).《네트워크의 부 : 사회적 생산은 시장과 자유를 어떻게 바꾸는가》, 서울 : 커뮤니케이션북스.

촛불시위와 그 이후

2016년 겨울에서 2017년 봄에 이르렀던 촛불시위와 대통령 탄핵 사건, 그리고 이후에 전개된 무수한 정치적 사건들 속에서 우리는 결코 과거와는 똑같지 않은 한국 정치의 새로운 양상들을 목격하게 된다. 그것은 당연히 글로벌 차원의 정치와 민주주의, 그리고 대중^{인민, demos}의 관계라는 문제를 포괄하는 것이다. 그리고 더 구체적으로는 정치와 민주주의, 주권자와 시민, 법과 권리, 사회적 정의와 공정성, 열정과 이해 관계, 포함과 배제와 같은 범주들을 둘러싸고 한국 사회를 관통하고 있는 현실적·규범적인 불일치 상황에 관한 것이기도 하다.

현실 정치의 관점에서 우리는 2017년의 대선과 정권교체를 거치면서 비록 한국 사회의 오랜 병폐들이 간단히 해결되지는 않겠지만, 그래도 보다 나은 단계로 충분히 도약할 수 있으리라 기대하였다. 하지만 그 일은 생각보다 쉽지 않았다. 단순히 그 폐해가 '적폐', 즉 오랜 역사적 뿌리를 가진 것이어서만은 아닐 것이다. 그보다는 촛불 대중들의 참여와 동원의 과정에서 우리가 제도권 정치의 장의 구조, 대중적 민주주의의 구조적 취약성, 그리고 언론과 엘리트의 오랜 작동 방식을 알면서도 낙관적일 수밖에 없었던 시대적 분위기의 탓이었을 것이다. 이후 공정성 혹은 분배의 사회적 정의를 둘러싼 한층 복잡하면서도 불분명한 갈등의 국면에 돌입하면서, 우리가 가졌던 정치적 판단의 일상적인 근거에 대한 심각한 회의가 일어나고 있는 것이 현재의 국면이라고 할 수 있을 것이다.

몇 가지 이론적 해결책이 주어질 수 있다. 하지만 일단 제도권 정치의 장 고유의 자율적 교정 가능성에 대한 지나친 기대는 삼가도록 하자. 탄핵 국면은 민주주의 제도가 수행한 자기교정 가능성의 최대치의 결과물임은 분명하지만, 그것은 또한 정치 제도의 여러 요소들선거정치, 정당, 의회, 헌법재판소 등이 '일상'의 궤도를 벗어나 예외적으로 자신의 규범적 책무를 다하였던 '우연'이 벌어진 매우 드문 예외적 순간이기도 하기 때문이다. 그보다는 변화한 현실에 맞는 새로운 사회적 계약의 가능성에 대해 보다 주목해야 한다. 감정과 정동에 기반을 둔 새로운 '정치적인 것'의 개념에 대한 탐색, 신자유주의 패러다임의 전면화가 가져온 '포스트민주주의' 상황에 대한 시스템 차원의 고찰, 그 속에서 체계적으로 배제되고 추방되어 왔던 정치적 주체들이 새롭게 귀환하는 방식에 대한 고민이 가장 많이 언급되는 사례들이다. 이는 정치와 민주주의의 고전적인 주체인 인민people이나 프롤레타리아트 개념을 전제하는 것과는 다른 방식으로, 보다 비조직적이고 비가시적이며 또 무정형의 네트워크화의 집단이 19세기 이래의 민주주의 제도와 이념 자체에 도전하는 것이다. 이 국면은 체제 내에서 자신들의 합법성과 정당성을 요구하는 것으로만 한정되지 않는다. 그보다는 정치와 민주주의가 자신들의 존재 방식에 맞는 형태로 재구성하는 작업이다.

가짜뉴스와 유튜브 저널리즘의 폭발적인 확산이라는 시대적
맥락은 결국 대중들이 판단의 준거를 새롭게 마련하기 어려운 시
대, 그렇지만 여전히 무언가 정치적 판단과 선택을 내려야 하는
시대의 경험과 밀접한 관련이 있다. 지금의 유튜브 저널리즘의 현
실이 그러하듯이, 아직 대중들은 자신의 극단적인 정치적 충동을
기성 언론이나 정치권의 흐름과 긴밀히 연동시키는 모습에 대체
로 머물러 있다. 하지만 그 속에서 우리가 관찰하는 것은 저널리
즘과 정치, 디지털 기술과 정치의 모든 관계에 개입하는 기성 제
도들이 일제히 자신의 취약점을 드러낸 결과물에 더 가깝다. 그
렇기에 이들의 향후 전망 역시 결코 간단치 않다.

대의제와 재현의 불가능성, 그리고 포퓰리즘이라는 기표

대의제/재현Representation 그 자체에 대한 불신의 목소리가 나날
이 커지고 있는 것 역시 현재의 정치적 진화를 논의하는 중요한
쟁점이다. 의회로 상징되는 대의제 민주주의 시스템 자체, 그리고
이를 주도하는 역사적 엘리트들에 대한 불신과 저항이 전면화되
는 상황은 곧 '인민의 재현 불가능성'이라는 차원에서 고전적이고
규범적인 민주주의 이론이 직면한 중대한 질문이기 때문이다.[11]

정치학자 피에르 로장발롱Pierre Rosanvallon은 이미 대중들이 존

재하는 3가지 층위를 구분하고자 시도하였다. 그것은 드러남 appearance으로 표출되는 '의견'으로 존재하는 인민opinion-peuple, 기존의 정치적 제도와 규범 속에서의 행위자로 존재하는 '국민'으로 존재하는 인민nation-peuple, 그리고 미디어를 통해 매개되는 정치적 공간 속의 감정적 선호의 형태로 존재하는 '감정'으로서의 인민émotion-peuple이라는 3가지 층위로 인민의 개념이 분열되어 있다고 주장한다.[12] 여기서 제기된 문제는 대중들이 정치적 공간에서 존재하고 행위하는 방식에서 드러나는 내적 균열의 상태를 무시하기 어려우며, 또 이를 무시한 통합적인 개념틀로 포착하기도 어렵다는 점이다. 그리고 21세기에 접어들면서 경제적·사회적인 무능력함을 전면적으로 노출한 현대 국가의 통치 시스템[13]의 문제 역시 여러 층위로 분화된 대중들의 새로운 정치적 집결을 가속화시키는 중요한 요인이다.

이러한 상황에서 시작된 우리 시대 대중들의 새로운 정치적 모험은 그런 면에서 한층 전모를 파악하기 어렵다. 그것은 흔히 표

---

11 여기에는 "국가가 폭력과 폭력의 수단들을 사회로부터 빼앗아, 자기 자신을 위해 취하고, 자기 자신이 지닌다"는 고전적인 이율배반이 근저에 자리 잡고 있다. Etienne Balibar (2007). 《대중들의 공포 : 맑스 전과 후의 정치와 철학》. 최원·서관모 옮김, 도서출판b, p.493.

12 Pierre Rosanvallon(1998). Le peuple introuvable : Histoire de la représentation démocratique en France. Paris : Gallimard, pp. 445-446.

13 2020년 전 세계를 휩쓴 '팬데믹'의 상황은 이러한 시스템의 불안정성이 각국별로 얼마나 불균등하게 표출되는지를 보여준 전시장과도 같다. 한국 사회의 경험은 이 맥락에서는 대단히 예외적인 특수한 것이라 하겠다. 이에 대한 상세한 분석은 여전히 필요하다.

현적이고 감각적인 형태로 나타난다. 인터넷이나 디지털 공간에서의 유희적 특성, 자발성은 그러한 감각적 경험으로 구체화되는 대중들의 속성을 포착하려는 방법이었다. 아직은 여기에 역사적인 좌파 혹은 우파의 속성을 전면적으로 결부시키기는 어렵다. 그보다는 오히려 대중이 출발하였던 원래의 무정형의 형태, '데모스 demos'로서 존재하는 인민으로서 근대의 통치 장치들 전반에 걸쳐 자신의 모습을 드러내는 것으로 파악하는 것이 더 나을 것이다.

오늘날 포퓰리즘이라는 이름의 현상은 형태상 매우 다양하지만, 핵심적으로 이와 같은 공통점을 공유한다. 그리고 여기에는 표면적으로 매우 뚜렷한 '우익적 충동'이 발견된다. 과거 제국주의와 인종주의 시대의 보호무역, 국민국가의 정체성에 대한 강조, 이에 부합하지 않는 개인이나 집단에 대한 적극적인 배제의 노력과 그것의 법제화로 특징지을 수 있는, 소위 '민주주의 자체에 반하는' '반反정치적 정치anti-political politics'로서의 포퓰리즘이 그것이다.**14** 성조기와 이스라엘 국기를 전면에 내세우고, 좌익 이념에 대한 본능적인 공포의 심리, 그리고 이들을 우리 사회에서 추방하고 배제해야 하는 '주적'의 개념으로 전면화시키는 소위 '태극기 집회'의 정동 역시 그러한 우익적 포퓰리즘의 충동과 맞닿아 있다. 월스트리트와 실리콘밸리의 젊고 유능한 도시적 '리버럴'에 맞서는 농촌 백인의 감정 구조, 그리고 젊은 층에 대한 정치적·경제적 소외감에서 출발하여 태극기 집회에 열정적으로 참여하는 70

대 노인의 감정 구조는 자신의 생존에 대한 오랜 상상적 권리를 전면에 내세우는 인종주의적 배제의 정치를 구현한다는 점에서 본질적으로 서로 멀리 떨어져 있는 것이 아니다.

이것은 어쩌면 '데모스'가 21세기의 우익적 포퓰리즘과 조우하는 일상적인 풍경이다. 그 과정에서 현대 민주주의의 정치적 기초였던 대중들에게 내재되어 있던 '인민demos'으로서의 속성과 '국민국가의 구성원ethnos'로서의 속성이 새로운 형태로 충돌하는 상황이다. 우익적인 정치 운동은 여기서 '국민국가의 몰락과 인권의 종말'의 시대를 맞이하여 '에트노스'로서의 대중에 대한 관심을 전면화하고, '동화 불가능한' 이방인들 혹은 자신들의 '고유한 가치들'에 무관심한 엘리트의 분파들을 함께 적대시하는 형태로 구체화된다. 다른 한편으로는 정반대의 정치적 충동, 즉 마르크스주의적 레토릭을 동반하면서 '데모스'로서의 대중들의 역량을 보다 강조하고 이를 신자유주의적 금융 자본주의와 신국제교역질서를 강요한 엘리트들에 대한 전면적인 불신으로 나아가게끔 만드는 정치 운동을 충분히 상정할 수 있다.[15]

---

14 B. Moffitt, B. & S. Tormey(2014). Rethinking populism : Politics, mediatization, and political style. Political Studies, 62, 381~397.

15 비록 한국 사회에서는 아직 표면 위에 부상하지 않았지만, 불씨를 차츰 키워가는 정치적 경향성일 것이다. 최근 번역된 샹탈 무페(Chantal Mouffé)의 책이 그 일면을 보여준다. 《좌파 포퓰리즘을 위하여》, 이승원 옮김. 문학세계사, 2019.

이와 같은 우리 시대의 정치의 '글로벌 컨텍스트'는 그 자체로 문제적이다. 필자는 물론 여기서 새로운 정치와 사회계약의 형태가 기성 정치의 진화라든가 정치적 양극단을 축으로 삼는 표퓰리즘의 형태로 귀결될 것으로 생각하지는 않는다. 아마도 해답은 현실 속에 이미 나타났을 그 중간의 어떤 사회적 형태일 것이다. 물론 그것이 다수 국가에 등장하는 극단적인 중립주의, 즉 2017년 프랑스나 한국의 대선에서 등장하였던 극단적인 '정치적 반정치 political anti-politics'의 형태는 아니다. 그보다는 언론이 아무리 트럼프 대통령의 거짓 발언이나 태극기 집회 소식을 과장한다고 해도, 현실에서 이를 교정하고 이에 저항하는 무수한 사회문화적 움직임이 계속되는 것을 말한다. 우리가 주목할 대목은 이 지점일 것이다. 그 속에서 지금 시대를 손쉽게 규정하는 포퓰리즘이라는 오래된, 따라서 수많은 다양성과 그에 따른 오해의 소지를 안고 있는 용어를 한층 진전시킬 수 있다. 보수 언론의 무능과 안일함으로 인해 한국 사회에서 포퓰리즘이란 용어 자체가 그저 '무상급식', '기본소득', 나아가 복지제도 전반을 지칭하는 동의어쯤으로 각인되었지만, 사실 이 용어가 대중적 관심을 끄는 근본적인 이유는 좌우 경향을 막론하고 기존의 민주주의, 그리고 민주주의에 기반을 둔 대의제 정치 체제 자체가 가지는 주기적인 실패, 그리고 그 실패와 연관된 대중들의 감정 구조의 변화 – 즉 정동에 호소하는 매력의 상실 등 – 를 포괄하는 대단히 중요한 정치적 기표이기 때문이다. 그리고 그 속에 정치적인 것의 개념과 대중의 관계를 새롭게 설정하는 이론적 좌표를 찾아낼 수 있으리라 기대한다.

대중의 확증편향 : 그 심층적인 정치학의 탐색

지금껏 살펴본 내용을 통해 이제 논의를 조금 마무리할 시점에 도달하였다. 이 글이 주장하는 바는 결코 탈진실이나 가짜뉴스, 혹은 대중들의 확증편향이나 포퓰리즘과 같은 우리 시대의 정치적 기호들을 그저 편의적인 태도로 바라보지 말자는 것이다. 그 속에는 우리 시대의 정치적 개념의 근본이 이동하는 어떤 흐름이 들어 있다. 표면적으로 드러난 정치적 가치에 집착할 필요는 없다. 변화의 흐름을 포착하는 계기가 특정한 이론이나 정치적 이념에 좌우되는 것이 아니라면, 우리는 이 변화의 한 복판에 들어가 다음 단계를 향한 구체적인 내용과 사투를 벌일 수밖에 없다. 그것의 출발점은 물론 대중이라는 정치적 주체의 새롭고도 다양한 층위를 살펴보는 일일 터이다. 여기서는 다음 이슈들에 대해 몇 가지를 언급하면서 글을 마무리하겠다.

'탈진실post-truth'이라는 현상

진실에 대한 새로운 태도를 전제하는 이 용어가 출현하여 대중적으로 널리 알려진 것도 벌써 수년 전이다. 그리고 가짜뉴스와 허위조작정보의 대량 생산 및 유통, 그것이 여론 형성 및 정치적 의사결정 과정에 끼치는 악영향에 관한 논의들은 지난 수년 동안 전 세계에 걸쳐 무수히 많은 논의와 정책적 개입을 낳았다. 하지만 이 글에서는 이러한 구체적인 실증적·정책적 쟁점 못지않게, 우리가 탈진실의 시대를 논의하면서 의외로 중요한 시대적 맥락을 검토하는 일을 소홀히 하고 있다는 점을 지적해보겠다. 그것은 바로 '탈진실'의 개념을 통해 우리는 영국이나 미국이라는 대표적인 자유주의 국가들에서 나타나는 대의제^{정당 및 의회} 메커니즘의 위기 국면의 증상을 심층적으로 진단해야 한다는 점이다. 탈진실을 둘러싼 호들갑스러운 언론의 보도가 놓치고 있는 것은 이 대목이다. 이 용어가 탄생하고 직접적인 쟁점으로 부각된 2016년 이후 미국 사회가 거친 중대한 정치적 변동을 검토하면서, 그것의 현실적 영향력에 대하여 우리의 관점을 정립하는 작업이 진행되어야 한다. 여기서 해결할 수 있는 과제는 아니겠지만, 그래도 미국의 경험이 가진 '로컬 컨텍스트'와 한국 정치에 대한 영향력 문제에 제각기 적합한 관점을 세워 나가야 한다.

탈진실에 대한 미국에서의 논의는 미국의 공적 삶public life에 있어 '진실의 쇠퇴truth decay'에 대한 우려와 직결된다. 이 주제를 다룬 수많은 저술들이 2016년보다 훨씬 이전에 공적 토론에서 '사실과 분석의 역할이 줄어드는 현상'에 대하여 우려를 표시해왔다. 이 문헌들 속에는 1950년대의 경험을 바탕으로 미국의 역사에서 '진실의 쇠퇴'가 일반화되었음을 문학적으로 치밀하게 파헤친 걸작들은 물론, 1960년대 이후 극단적인 반지성주의와 과대망상증, 나르시시즘과 공적 삶의 붕괴가 미국 문화에서 오랫동안 진행되었음을 지적한 사회과학 저술들로부터 끌어낸 무수히 많은 훌륭한 인용문들을 찾아볼 수 있다.[16] 하지만 그것만으로는 조금 부족하다.

미국의 대표적인 우익 싱크탱크인 랜드재단Rand Corporation의 보고서는 오늘날의 '진실의 쇠퇴' 국면은 크게 4가지 특성, 즉 "팩트 및 팩트와 자료에 근거한 분석적 설명에 대한 이견의 격화, 의견과 사실의 모호해진 경계, 사실 정보 대비 증가하는 개인 의견과 경험 및 그에 따른 결과, 이전에 신뢰받았던 사실 정보의 출처에 대한 신뢰도 감소"로 유형화될 수 있다고 말한다.[17] 이와 같은 쇠퇴 현상은 예컨대 1880년대 옐로우 저널리즘의 시대, 1920년대의 대공황 시기, 나아가 1960년대의 권리투쟁의 시기에도 존재하던 것이었다 물론 그 파급 효과라는 면에서 오늘날과 비교하기는 어렵다.

16 알렉시스 토크빌(Alexis de Tocqueville)의 《미국의 민주주의》에서부터 작가 필립 로스(Philip Roth)의 《미국의 목가(American Pastoral)》(1988/2014)나 토머스 핀천(Thomas Pinchon)의 《중력의 무지개》, 그리고 정치학자 리처드 호프스태더(Richard Hofstadter)의 《미국의 반지성주의(Anti-Intellectualism in American Life)》(1963/2017)이나 《The Paranoid Style in American Politics》(1965), 사회학자 크리스토퍼 라쉬(Christopher Lash)의 《나르시시즘의 문화》(1979)나 리처드 세네트(Richard Sennett)의 《공적 인간의 몰락(The Fall of Public Man)》(1979) 등이 대표적이다. 이러한 유형의 저서들은 - 원래의 지적 맥락과 무관하게 - 현재의 수많은 '진실의 쇠퇴' 관련 문헌에서 빠지지 않고 인용되고 언급되며, 현재의 맥락에서 새롭게 발행되는 저서들의 '전범'으로 여전히 간주된다.
17 J. Kavanagh & M. D. Rich(2018). Truth Decay : An Initial Exploration of the Diminishing Role of Facts and Analysis in American Public Life. Santa Monica, CA : Rand Corporation, pp.21~22.

여기에 오랜 '문화전쟁Culture War'의 영향이 미국 사회의 정치와 공적인 삶을 관통하고 있다는 점을 함께 고려해야 한다. 문화전쟁이라는 용어 자체는 한국 사회에서는 그다지 언급되지는 않지만, 1990년대 이후 미국 그리고 영국을 중심으로 사회적 가치관의 대변화 국면에서 벌어진 사회적 권력 투쟁과 권력 이동을 지칭하는 것이다.[18] 이는 그동안 의심받지 않았던 지배적 가치 – 서구, 남성, 부르주아(지배계급), 기독교 중심적인 가치들 – 의 독점적 지위에 대하여 의문시하였던 당대의 신좌파적 영향을 반영한다. 그것이 1980~90년대의 정체성 정치identity politics, 그리고 대학에서 유행하였던 포스트모더니즘의 물결로도 이어졌다. 보편적 진실이나 거대 서사의 부정이라는 구호는 당시 미국의 대학가를 사로잡았다. 보편적 진실이 아닌 보다 '작은' 그리고 '맥락적'이고 '지역적'인 진실의 중요성, '거대 서사'라는 지배적인 단일 서사가 아닌 복수의 경쟁적인 서사에 의한 역사적 발전이 강조되었다.

오늘날 문화전쟁과 포스트모더니즘의 유산이 '진실의 쇠퇴'와 공적 삶의 붕괴의 직접적인 원인이라고 책임을 묻는 미국 내의 논자들은 적지 않다.[19] 하지만 이들은 2000년대 이후 정치적으로 훨

---

18 James Curran, I. Gaber & J. Petley(2018). Culture Wars : The Media and the Left in Britain. 2nd edition. London : Routledge.
19 뉴욕타임스의 기자인 파하드 만주(Fahad Manjoo)가 대표적이다. F. Manjoo (2014), 권혜정 옮김, 《이기적 진실 : 객관성이 춤추는 시대의 보고서》. 비즈앤비즈

썬 보수화되고 또 문화적 다양성에 대한 개방성이 현저히 후퇴하기 시작하였던 정치적 현실에 대하여 외면하는 치명적인 단점을 가지고 있다. 이는 사실 1990년대 이후의 다문화주의multiculturalism를 어떤 형태로든 문화적 상대주의나 포스트모더니즘의 급진적 충동과 동일시하려는 미국 저널리즘의 고질적인 反지성주의적 태도와 크게 다르지 않다. 이 태도는 이러한 문화적 운동이 낡은 인문주의적 지배 서사를 전복하려던 지적 운동이었다는 점을 망각하고 있으며, 따라서 문화적 상대주의나 다문화주의가 표방한 주장 그 자체에 대한 대단히 왜곡된 보수적 충동을 표출한다.

근본적인 쟁점은 결국 이러한 해석과 태도가 낳은 결과물, 즉 이념 성향의 증가와 반지성주의의 상승이 1990년대 이후 새로운 미디어 환경과 결합하면서 본격화된 미국 정치 특유의 양극화 현상일 것이다. 이념 성향의 일관성 증가는 사실 1950~60년대부터 이미 나타나기 시작했던 미국 정치 특유의 공동체주의적 문화즉 소규모 지역 공동체 중심으로 그들만의 고유한 정보를 생산하고 공유하는 문화의 산물로 평가받는다. 하지만 특별히 정치적 보수 매체의 비대칭적인 폭발적 증가는 1990년대 이후 미국 정치의 현실을 가장 집약적으로 보여준다. 이들에게 중요한 일은 사실에 기반을 둔 내용을 자신들에게 유리하게 미리 준비한 이야기로 둔갑시키는 기법, 혹은 '노하우'였다. 러쉬 림보Rush Limbaugh에게는 "애초에 토론은 중요한 문제가 아니었다. 방송의 목적은 이미 서로의 생각에 동조할 준비를 갖춘 사람들끼리 소속감을 느끼도록 만드는 것이었기 때문"이며, "사람들이 림보의 토크쇼를 들으려고 했던 이유는 새로운 사실을 배우고 싶기 때문이 아니라 자신들이 생각하기에 정치적으로 편향된 방식으로 뉴스를 보도하던 당시 신문과 TV로부터 거리감을 느꼈기 때문"이었다.[20]

그것은 어떤 형태로든 당시의 보수적 매체들이 유지해왔던 정파적 저널리즘을 방송의 영역에 새롭고 더 적극적으로 끌어들이는 방식이었다. 그것은 토크쇼나 집담회와 같은 '새로운 포맷'의 뉴스 형식을 통해 대중들이 친숙하게 소비할 수 있도록 조직되었다. 그러면서 정치에서 토론의 룰은 과거와 다를 것이라는 점을 당연하게 받아들이도록 만든다. 그리고 토론과 정치의 과정에서 지지하는 대중들을 지금까지와는 다른 방법으로 – 보다 감정적이고 심리적인 차원에서 – 만족시키고자 했다. 미국의 뉴스산업은 이 같은 논리로 조직된 당파적인 뉴스가 보여준 시장 잠재력을 그냥 넘기지 않았다. 1996년 7월 MSNBC, 1996년 10월 폭스뉴스가 등장한 이후 미국 저널리즘에서 점차 비용 절감의 차원에서 탐사보도가 쇠퇴하고, 의견 기반의 권위자 인터뷰 중심으로 변화하기 시작하였다. 탈진실의 다양한 국면들은 바로 이러한 구조적

---

[20] 리 맥킨타이어(Lee Mcintyre)(2019), 김재경 옮김, 《포스트 트루스 : 가짜 뉴스와 탈진실의 시대》. 두리반, p.99

인 배경에서 필연적으로 탄생하게 된다.

　이러한 점을 고려한다면, 국내에서 적어도 2012년 종편 채널의 등장 이후 야기된 방송 저널리즘의 '획기적인' 변화에 대해 지금보다 훨씬 심층적으로 검토해야 할 필요성을 느끼게 된다. 다시금 말하지만, 탈진실이나 트럼프라는 현상은 이러한 흐름의 결과물이지 결코 원인이 아니다. 그렇다면 한국 언론 역시 적어도 2012년 종편의 등장 이후 오랜 정파적 종이신문의 경험과 해외의 새로운 방송 트렌드가 결합한, 극단적인 정치성을 거리낌 없이 구현하는 무책임한 방송을 실현하게 된 배경을 한층 더 잘 이해할 수 있을 것이다. 그 배경은 우리의 짐작보다 훨씬 뿌리 깊고 구조적인 문제에 맞닿아 있을 것이며, 그것의 해법 역시 보다 역사적인 맥락 속에서 구해야 할 것이다.

대중들의 확증편향에 대한 잘못된 믿음

　대중들의 확증편향에 대한 비판적 인식은 여러 차원에서 제기되었다. 그렇지만 필자는 사실 탈진실과 가짜뉴스의 문제, 그리고 대중들의 이념적·정치적 성향의 동질성에 대한 확증편향의 문제가 생각만큼 논리적으로 명료하게 결합되어 있는 것은 아니라는 의심을 가진 편이다. 하지만 현실적으로 이 결합 관계를 어떤 의문의 여지도 없이 명료하다고 확신하는 너무 많은 전문가들의 의견을 우리는 일상적으로 접하고 있다. 그렇다면 이들 전문가들의 판단 역시 맥락적으로 이해해야 한다. 강주현 2019의 논문은 가짜뉴스에 대한 언론 보도 자체를 분석한 것이다. 그는 여기서 "가짜뉴스에 관한 언론 보도가 그 당시의 여러 사회적 제도와 상호작용한 산물"이라고 지적하면서, 언론사의 이해관계나 이데올로기 자체가 가짜뉴스에 관해 해당 언론사가 제기한 담론의 중요한 근거일 수 있다고 지적한다.[21]

가짜뉴스, 알고리즘, 대중들의 확증편향이 직선적으로 이어지는 논리 구조, 그리고 이로부터 지나치게 손쉽게 제출되는 특히 기술적인 해법들은 그 자체로 문제적이다. 기술적인 해법들은 만약 우리가 저널리즘의 본령으로 돌아간다면 가짜뉴스와 같은 현상은 애당초 성립할 수 없을 것이라거나, 가짜뉴스를 확산시키는 플랫폼의 알고리즘을 제재할 수 있는 강력한 규정을 도입하면 대중들의 확증편향 문제를 해결할 수 있을 것으로 상정하는 우리의 '편리한' 인식이 만들어낸 허구에 가깝다. 물론 필자가 그렇다고 현재와 같은 확증편향의 여러 정치적 현상들을 적극 옹호하거나 방치하자는 말을 하려는 것은 아니다. 그보다는 문제를 지나치게 단순하게 받아들이는 것이 문제 해결에 거의 아무런 도움을 주지 못한다는 점을 말하고자 한다. 그것은 현대 사회와 저널리즘

21 강주현(2019). 언론 보도에 나타난 가짜뉴스 담론의 속성과 사회적 실천 방향. 《한국언론학보》, 제63권 6호, 127쪽.

이 지금처럼 자리 잡게 만들었던 특정한 역사적 국면의 맥락 요인들을 지나치게 도외시한다. 하지만 이러한 맥락 요인들은 설사 그것이 너무나 강력해서 마치 초역사적인 법칙처럼 보일지라도 결코 시대와 맥락을 뛰어넘을 수는 없다. 이러한 변화를 해석해 내고 이에 대한 새로운 인식론적 토대를 마련하는 일이 필요하다.

저널리즘의 '뉴노멀'과 대안적 실천의 가능성

다시 처음으로 되돌아가보자. 정치와 민주주의, 그리고 저널리즘 제도를 둘러싼 근본적인 변동의 국면에서 우리에게 필요한 자세는 어쩌면 탈진실, 가짜뉴스, 정치적 양극화 그리고 확증편향과 같은 현상을 당분간 함께 살아가야 하는 환경 요소로 일단 받아들이는 일일 것이다. 그 속에서 이 환경에 부합하는 새로운 저널리즘 실천의 가능성, 소위 '저널리즘의 뉴노멀'의 가능성을 모색하는 일이다. 우리가 살펴본 현상들은 분명히 과거의 정치와 저널리즘의 전성기를 가능하게 했던 역사적 조건들이 와해되는 과정에서 불거지는 현상들이다. 여기에 맞서 우리가 물려받은 과거의 규범과 원칙으로 되돌아가자는 결론을 내리는 논의들은 그 자체로 부당 전제의 오류를 범하는 것에 가깝다. 그러한 부당 전제에서 벗어난 새로운 저널리즘 실천의 패러다임을 모색하려는 첫 발걸음은 과거의 여러 작업들과 잘못된 인식론이 초래한 주요 현상들을 비판하고 해체하는 일이다.

대중의 확증편향이라는 문제가 제기되는 것은 바로 이러한 변화의 지점에서 대중들의 새로운 정치적 실천과 그 내용을 구획하는 중요한 과제가 여전히 남아 있기 때문이다. 한국 사회에서 유튜브 저널리즘은 한때의 유행으로 그저 폭발적으로 증가한 것일수도 있다. 하지만 여기에서 탈진실과 가짜뉴스, 그리고 대중들의 기성 저널리즘에 대한 불신과 새로운 정치의 충동이 뒤섞여 표출되는 대단히 가시적인 징표이자, 소위 '의미 네트워크들의 결절 punctualization'을 추적하는 작업은 여전히 어렵다. 종종 언급되듯이, 현재의 국내 유튜브 저널리즘처럼 기성 정치권이나 언론의 이념적·정파적 정향과 체계적으로 연동되는 흐름이 전부인 것은 아니다. 오히려 유튜브의 다양한 대중적 참여의 양상들, 그 속에서 이들이 보여주는 기성 제도에 대한 파열음에 더 주목해보자. 유튜브 저널리즘 역시 수십만, 수백만 팔로워를 거느린 기성 제도의 스타들에만 의존하고 또 이들에게 전적으로 지배받는 영역은 결코 아니다. 그러면 여기서 기성 저널리즘에 대한 신뢰 자체를 거두어들인 대중들의 '탈진실'적 인식이 새로운 실천의 경험들을 발견하게 된다. 이를 더욱 포괄적인 '데모스'의 범주와 결합된 정치의 양상으로 정식화하는 작업을 시작해보자. 이와 같은 새로운 정치적 흐름이, 새로운 데모스의 형상이 기성 포퓰리즘의 좌익적·우익적 충동에 점유되도록 그저 놓아둘 수는 없다.

그리고 이러한 변화의 양상들을 정치적인 것의 진화, 곧 데모스와 에트노스, 데모스와 엘리트의 분열이라는 글로벌 차원의 맥락 속에 투영시켜 보아야 한다. 그것은 일차적으로 민주주의의 규범적 관점에서 대의제 기구의 합법성과 정당성에 도전하는 '역진적인 반민주주의 도전'의 양상들이다. 하지만 더 중요한 것은 그 속에서 표출되는 기존 질서 자체에 대한 대중들의 도전의 양상을 파악하는 일이다. 어떤 형태로 기득권적 정치 질서를 비판하는 외부적인 힘puissance이 표출되고 있으며, 이를 유동적인 형태로 조직하는 대중들의 감정 흐름이 어떻게 구조화되는지를 파악하는 일이다. 진실을 둘러싼 대중 정치의 양상이 정치와 저널리즘의 구조 변동과 긴밀히 결부되어 있다면, 그것을 살펴보는 논의의 출발점은 바로 이 대목일 것이기 때문이다.

참고문헌

강주현(2019). 언론 보도에 나타난 가짜뉴스 담론의 속성과 사회적 실천 방향, 《한국언론학보》, 제63권 6호, 127~164쪽.

한국언론학회(2019). 《한국언론학보》제63권 제6호, 127~64(p.58)

로이터저널리즘 연구소(2020). 〈디지털 뉴스 리포트 2020〉, 한국언론진흥재단.

한국언론진흥재단(2019). 〈2019 한국의 언론인 : 제14회 언론인 의식조사〉. 한국언론진흥재단.

Balibar, E.(1997). La crainte des masses : Politique et philosophie avant et après Marx. Paris : Galilée. 최원 · 서관모 옮김(2007). 《대중들의 공포 : 맑스 전과 후의 정치와 철학》, 도서출판b.

Benkler, Y.(2006). The Wealth of Networks : How Social Production Transforms Markets and Freedom. New Haven and London : Yale University Press. 최은창 옮김(2015), 《네트워크의 부 : 사회적 생산은 시장과 자유를 어떻게 바꾸는가》, 커뮤니케이션북스.

Curran, J., Gaber, I., & Petley, J.(2018). Culture Wars : The Media and the Left in Britain. 2nd
　　　　　edition. London : Routledge.

Entman, R. M. & Usher, N.(2018). Framing in a fractured democracy : Impacts of digital
　　　　　technology on ideology, power and cascading network activation.
　　　　　Journal of Communication, 68(2), 298~308.

Jacoby, S. (2008).　　　The Age of American Unreason. New York : Pantheon.

Kakutani, M.(2019).　　김여선 옮김,《진실 따위는 중요하지 않다 : 거짓과 혐오는 어떻게 일상이 되
　　　　　었나》, 돌베개.

Kavanagh, J. & Rich. M. D.(2018). Truth Decay : An Initial Exploration of the Diminishing
　　　　　Role of Facts and Analysis in American Public Life. Santa Monica, CA
　　　　　: Rand Corporation.

Koselleck, R.(1979).　　Le règne de la critique. Paris : Minuit.

Manjoo, F.(2014).　　　권혜정 옮김,《이기적 진실 : 객관성이 춤추는 시대의 보고서》, 비즈앤비즈.

Moffitt, B. & Tormey, S.(2014). Rethinking populism : Politics, mediatization, and political style.
　　　　　Political Studies, 62, 381~397.

Mouffé, C.(2018).　　　For a Left Populism. London : Verso. 이승원 옮김(2019),《좌파 포퓰리즘
　　　　　을 위하여》, 문학세계사.

Negroponte, N.(1995). 백욱인 옮김,《디지털이다 : 정보고속도로에서 행복해지기 위한 안내서》, 커
　　　　　뮤니케이션북스.

Pariser(2011).　　　　이현숙 · 이정태 옮김,《생각 조종자들 : 당신의 의사결정을 설계하는 위험한
　　　　　집단》, 알키.

Rosanvallon, P.(1998). Le peuple introuvable : Histoire de la représentation démocratique en
　　　　　France. Paris : Gallimard.

White, J. & Ypi, L.(2011). On partisan political justification. American Political Science Review,
　　　　　105, 381~396.

박진우

건국대학교 신문방송학과 교수이다. 서울대학교 언론정보학과에서 학사와 석사를 마쳤고, 프랑스 파리
5대학(Université Paris V)에서 박사를 마쳤다. 한국언론진흥재단 선임연구원으로 근무하였다. 저널리
즘 분야에서 특히 한국의 언론인과 전문직주의, 한국 언론의 제도적 장(field)에 대한 이론적 · 실증적 분
석에 노력하고 있다. "민주화 시대의 언론과 민주주의적 가치의 후퇴", "한국 언론의 전문직주의와 전문
직 프로젝트의 특수성" 등의 논문을 발표하였고,《저널리즘 핸드북》(2016, 공역),《디지털 저널리즘 핸
드북》(2019, 공역) 등이 있다.

11. 언론 이용자와 정동 바이럴리티

김예란 광운대학교 미디어커뮤니케이션학부 교수

왜 질이 나쁜 언론이 높은 인기를 얻을까?

이 글은 언론의 사회적 활용 과정에서 사람들의 정동 작용이 생성되어 집합적인 관계를 만들고 상호적인 영향을 주고받으며 효과와 의미를 만드는 방식과 함의를 논한다.

최근 보도된 바에 따르면, "라디오 청취율 부동의 1위인 TBS FM '김어준의 뉴스공장'이 청취자 평가에선 주요 경쟁 프로그램 중 꼴찌에 그쳤다"고 한다조성흠, 2020. 한국방송광고진흥공사는 TBS '김어준의 뉴스공장', 그리고 상대적으로 공영방송의 성격이 강하다고 일반적으로 여겨지는 MBC '김종배의 시선집중', CBS '김현정의 뉴스쇼'를 대상으로 하여, 이들을 청취한 적이 있는 사람들을 상대로 라디오 매체 이용행태 조사를 실시했다. 질문 항목은 '유익한, 신뢰가 가는, 중립적인, 정보의 시의성, 흥미로운' 등 5개 사항이었다. 조사 결과'김어준의 뉴스공장'은 유익 85점, 신뢰79점, 정보의 시의성85점, 흥미87점, 중립54점을 기록하여, 대부분 80-90점대를 받은 다른 두 프로그램과 큰 차이를 내며 최하위 순서에 머물렀다.

물론 이 조사 방법론과 해석에 관해 보다 정교한 분석이 수반되어야 하겠지만, 이 결과는 현재 우리 언론에 관해 누구나 품고 있을 근본적인 의문들을 재확인해준다. 이렇게 뉴스시사 프로그램의 주요 기능 항목에서 열등하게 평가받고 있음에도 불구하고 많은 사람들이 이 프로그램을 청취하는 이유는 무엇일까? 사람들은 과연 이처럼 질적으로 낮게 평가하는 프로그램을 어떻게 듣고 그로부터 어떤 정보와 생각을 습득하며 그 내용물들을 어떤 용도로 이용하는 걸까?

뉴스를 이용하는 방식에 관해, 그 시공간, 채널, 미디어 조직, 콘텐츠 양식 측면들에서 커다란 변화가 일어나고 있음은 익히 알려져 있다. 미디어가 시공간 형식, 채널, 조직별로 유기적인 독자성을 띠고 있었던 과거와 달리, 현재에는 인쇄매체와 전자매체가 생산한 뉴스들이 서로의 제도, 산업, 기술적 구분을 지운 채 콘텐츠의 형태로 포털 사이트 혹은 소셜 미디어 플랫폼에 모여 있다. 더욱이 이들이 한 곳에 모여 있는 집합 단계인터넷 포털 사이트를 거쳐 특정한 논리와 기준으로 걸러져 제공·공유되는 큐레이션 단계소셜 미디어로 이행했다. 사회 전반을 경제화하는 신자유주의 조건Brown, 2017; Foucault, 2010에서 거대 미디어 플랫폼이 지구적 예를 들어 페이스북과 유튜브 또는 지역적 예를 들어 한국의 카카오톡인 '플랫폼 자본주의'Srnicek, 2016의 주축을 이루면서 언론 미디어 기업과 기자는 '브랜드'로서 가치가 평가된다. 또한 이들이 뉴스 '콘텐츠'를 창출하고 유통함으로써 거대한 가치를 창출한다.

언론은 가장 오래된 매스 미디어로서, 이 변화 과정에서 가장 크게 그리고 어떤 점에선 가장 취약하게 영향을 받았다. 소위 '신문의 위기'가 '뉴스의 위기'는 아니므로 신문의 형태가 바뀌더라도 저널리즘은 영구적이리라는 온건한 전망도 제시되긴 하지만, 이런 말들이 나온다는 사실 자체가 이 부근에 위기, 적어도 변화의 징후가 있다는 사실을 역설적으로 반증한다. 그 위기 혹은 변화란 신문이라는 유기적인 미디어 단위가 해체되어 그것의 구성요소이어야 할 기사가 콘텐츠로 개별화되어 거대 플랫폼 안에서 유통 – 부유 – 모방 – 변형 – 재구성되는 디지털 균열disruption을 말한다. 이 같은 '혼종화된 미디어 시스템'Chadwick, 2013에서 지속적으로 일어나는 균열은 창조적 혁신의 계기가 될 수도 있고 위기를 부르는 시초가 될 수도 있다.

이처럼 언론에 관련되는 인터페이스, 기술적 기반, 유통 채널, 기업 형태, 산업과 제도가 전면적으로 변화하는 상황에서 그것을 대하는 사람들 역시 달라지는 건 당연하다. 이 글에선 언론을 접하는 사회적 구성원을 '이용자'라고 부른다. 이용자는 읽기를 하는 독자에서부터, 옮기고 퍼트리는 일을 하는 유통자, 경우에 따라선 다양한 개작과 재편집을 통해 변형하는 가공자, 나아가 아예 스스로 뉴스 생산자가 되는 다기능적인 주체다. 수용이 '상호작용'으로, 독자가 '이용자'로, 지면이 '플랫폼'으로 변화한 상황에서 이용자의 경험세계를 탐색하는 것이 이 글의 목표다. 이용자의 경험에 대해서도 여러 방향의 접근이 가능하다. 내가 관심을 두는 부분은 이용자들이 언론을 매개로 때로는 합리적이고 때로는 비합리적으로, 그리고 다양한 방식과 정도로 사회적인 관계와 의미를 생성하는 지점이다. 이를 언론에 대한 '정동적 이용'이라고 부를 수 있겠다.

언론의 정동적 이용의 과정 및 효과 역시 전통적인 언론에서의 여론 형성 과정과 다르게 나타난다. 근대 이후 20세기까지는 탁월한 능력이나 매력을 갖춘 여론 지도자가 존재하여 대중을 이끄는 경향을 보였다. 이 과정을 매개하는 핵심 주체는 엘리트 집단과 담론 생산 역할을 대의적으로 위임받은 저널리스트였다. 이에 비해 오늘날 뉴스 플랫폼에서는 사회에서 특별한 위치를 점하지 않은 보통의 소수 또는 다수가 발언을 하고 그에 찬성, 반대, 혹은 여러 입장의 파생적인 담론들이 그물처럼 연결되어 확장된다. 이 과정에서는 탁월한 소수의 주도 못지않게 다수의 목소리, 그리고 이성적인 합의 못지않게 정동적인 흐름과 관계가 강하게 작동한다.

정동의 바이럴리티

이 글에서 사용되는 정동의 개념은 흔히 말해지는 감정 또는 감응과 구별된다. 일반적으로 감정적인 반응이란 이성적인 작용을 거치지 않은 채 누군가의 내면에서 발생한 즉각적인 태도를 일컫는다. 반면 이 글에서는 한 개인의 반응 태도보다는, 특정한 사회현상이나 언술에 대해 주체가 감정, 생각, 의견을 형성, 표출, 공유하는 관계적이고 사회적인 성격에 주목한다. 그리고 이 성격을 강조하는 개념인 정동을 사용하면서 그 본질을 관계성, 집합성, 운동성으로 정의한다김예란, 2020.

한편 감응은 정동의 서구 표현인 '어펙트affect'의 우리말 번역어로 혼용되곤 한다. 그러나 감응이란 단어의 우리말 뜻이 '어떤 느낌을 받아 마음이 따라 움직임'임을 고려할 때, 이 단어가 정동의 다층위적이며 역동적인 성격을 충분히 담아내지는 못한다. 프랑스의 철학자 질 들뢰즈와 펠릭스 가타리에 따르면, 정동에 해당하는 서구 표현인 'affect'는 "영향을 주고받을 수 있는 역량power to affect and to be affected"을 의미하기에 능동성과 수동성을 함께 지닌다Deleuze & Guattari, 1980/2001. 따라서 느낌을 받아 반응하는 수동적인 성격의 감응에 비해, 정동에서는 능동적인 역량의 차원이 더욱 중요하게 고려된다.김예란, 2020.

언론에 대한 이용자들의 정동 실천을 이해하기 위해, 현재 미디어 생태체계ecosystem의 특성부터 살펴보자. 여기에는 언론의 의미적인 차원 못지않게 기술적이고 형식적인 차원이 중요하게 고려된다. 양방향적인 네트워크 환경에서 저널리즘이 이용될 수 있었던 데에는 디지털 미디어의 기술적 요인이 크게 기여했다. 이 현상을 반기든 우려하든지 간에, 오늘날 뉴스가 미디어 플랫폼에 실린 하나의 '콘텐츠'로 존재하고 활용된다는 사실을 부인하긴 어렵다. 이미 국내외 주요 언론들이 기사를 콘텐츠로 다루는 여러 제도적 · 산업적 장치예컨대 국내 주요 언론사가 새로이 채택한 '콘텐츠', '에디터'의 직제들를 마련하고 있을 뿐 아니라, 기사 하나하나는 여느 디지털 콘텐츠와 동일한 기술 존재론을 지닌다. 또한 단지 언론사이기보다는 융합 미디어 기업이기를 도모하는 저널리즘 생산 조직들에게 뉴스란 정치사회적인 기여뿐 아니라텍스트에 해당하는, 이것이 지니는 산업적 효과, 즉 이용자수에 근거한 상품화콘텐츠에 해당하는의 가치에서 그 기능이 고려된다.

디지털 미디어 플랫폼에서 특정한 뉴스가 확산되고 공유되는 과정은 신문 지면에 인쇄되어 고정된 기사가 유통되는 그것과 확연히 다른 논리를 지닌다. 이는 우선 의미 구성의 원리에서 나타나는데, 그 대표적인 요소가 밈이다. 밈은 특정한 콘텐츠가 디지털 네트워크를 통해 다수의 이질적인 이용자들에게 공유될 수 있도록 작용을 하는 기호 조직체다. 원래 사회진화학자인 리차드 도킨스가 생물학적인 은유로서 설명한 밈은 유전자와 같이 특정한 생물적 특질이 유사 요소들과의 경쟁 속에서 복제, 모방, 변형, 선택, 유지, 전파될 수 있도록 기능을 하는 요소다. 이후 밈의 개념은 노드들의 복잡한 네트워크로 구성된 트랜스미디어 공간에서 한 문화적 요소가 선별적으로 확산되는 현상을 설명하는 데에 유용한 개념으로 활용되었다_{김수철·강정수, 2013.} 밈의 효과가 우리에게 알려진 사례로 싸이의 〈강남스타일〉이 세계적으로 유행한 사건을 상기할 수 있다. K-POP이 지금처럼 유명해지기 이전, 상대적으로 낯선 언어와 멜로디 형식으로 구성된 한국 대중음악이 세계 각 지역의 다양한 문화권의 사람들에게 공유되기란 상상하기조차 어려운 일이었다. 그러나 글로벌 네트워크인 유튜브에 던져진 순간, 싸이의 〈강남스타일〉은 그 독특한 후렴구와 그에 잘 어울리는 댄스 효과로 한국도, 강남도, 싸이도 거의 잘 모르는 이들에게조차 쉽게 다가갈 수 있었으며 반복과 모방을 통해 익명 다수의 기억에 강하게 각인되었고 대중적인 유통과 공유 활동에 힘입어 세계적인 유명세를 얻을 수 있었다.

이처럼 밈은그 어원이 정신적인 영역이 아니라 생물적인 영역에 기인하는 사실에서도 그러하듯이 의미적인 차원보다는 감각의 차원에서 더 강렬하게 인지되고 기억되면서, 그만큼 또 다른 반복과 모방을 통해 응용되면서, 광범하게 확산될 수 있다. 중요한 점은 밈이 어떤 요인에서 어떻게 확산되는지의 과정과 방식에 대한 해석과 관련될 것이다. 대중 이용자가 뉴스를 밈처럼 향유하고 확산한다면, 이는 뉴스의 이용이 오로지 이성적인 판단에 따라서만 진행되지는 않음을 시사한다. 그렇다고 해서 뉴스 이용이라는 담론의 의미화 현상을, 마치 유전자의 작용인 양 인간의 의식이 전혀 개입하지 않는 자연적인 현상으로 등치하는 태도 역시 섣부르다.

네트워크 상황에서 일정한 정보나 상품에 대한 향유와 확산이 단지 '무의식적인 전염' 현상은 아니라는 점은 미디어 학자 토니 샘슨에 의해서 설명된 바 있다Sampson, 2012. 샘슨은 인간의 의식이 개입할 수 없는 자연적이고 생물학적인 유전 또는 감염과 구분되는 디지털 특유의 사회문화적인 현상으로서 밈의 차별성을 강조한다. 밈이 하나의 문화 양식으로 구축될 수 있는 이유는 사람들이 지닌 모방과 창조에 대한 욕망이 깊고도 강하게 작용하기 때문이다. 그리고 모든 것이 아니라, 유독 어떤 '특정한' 요소들이 선택되어 특정한 집단들에 의해 포착되고 확산되는 사실은, 그것이 사회문화적인 특수성과 맥락성을 지닌다는 점을 시사한다.

샘슨은 20세기 초반 기술철학자인 가브리엘 타르드의 이론에 바탕을 두어 오늘날 디지털 네트워크 환경에서 공유와 확산이 진행되는 현상을 '바이럴리티virality'의 원리로 설명한다Sampson, 2012. 그에 따르면 바이럴리티는 "무리crowds"사이에서 "개방적인 반복, 욕망, 발명"의 원리에 따라 유통과 확산이 일어나는 현상을 뜻한다앞의 책, p.62. 바이럴리티, 즉 특정한 요소의 확산과 공유를 추동하는 핵심 동인으로 인간의 욕망이 작용한다. 이것이 인간의 개입이 전혀 불가능하며 자연적으로 확산 또는 소멸하는 바이러스와 차별화된 사회적 현상으로서의 바이럴리티만의 특성이다. 바이럴리티는 한 집단 안에서 작용하는 '정동의 관계적인 흐름'이다Dawson, 2020, p.4. 이는 과학적이거나 논리적인 인과관계를 '추월'하는 정동의 과잉 작용으로 접촉contact, 오염contagion, 연합assemblage되어 만들어지는 관계이고 흐름이다. 이 점에서 샘슨은 바이럴리티가 20세기 초반 사회심리학자인 르봉이 서술한 무의식적 "전염contagion"이나 "환영hallucination"에 관한 이론, 또는 프로이트의 집단심리 이론에서 드러나는 집단의 심리 작용에 대한 가치폄하적 시각과 구별되어야 한다고 주장한다Sampson, 2012, p.11. 바이럴리티는 이같이 수동적인 집합성보다는, 애초에 다공적이며 초개체적으로 연결된 노드들이 복합적으로 연합하여 상호작용하는 '초미시관계적인 차이화의 과정microrelational process of differentiation'이기 때문이다위의 책, p.19.

특히 현대문화의 사회적 창발과 공유에 있어, 사람들이 "비의식적nonconscious"으로 수행하는 욕망의 효력은 매우 크다. 정보, 지식, 상품 등 특정한 대상에 대해 인간은 자신도 그것을 취하고자 하는 욕망을 가지게 된다. 이는 그 대상 또는 그 대상을 가진 사람들과 닮아지고자 하는 모방에 대한 욕망이기도 하다. 이 모방 작용에 의해 창조될 당시 유일했던 요소가 사회적으로 확산되며, 모방의 반복 안에서 또 다른 요소들이 창조될 수 있다. 이 같은 모방과 창조의 과정을, 가브리엘 타르드 그리고 그의 이론을 한층 더 발전시킨 들뢰즈의 이론을 따라 샘슨은 '차이화의 반복 과정' 이라고 설명한다Sampson, 2012. 사회 구성원들이 서로 모방하는 가운데 새로운 것이 생성될 뿐 아니라, 새로운 발명이 사회 안에서 인지되고 인정받기 위해선 그 새로운 것을 수용하고 모방하고 재생산함으로써 발생 당시엔 유일한 하나였을 그 새로운 대상을 사회적으로 확산시키는 사람들의 활동이 필수적이다. 이처럼 모방과 창조는 상호형성적이다.

플랫폼 자본주의 체제에서 뉴스의 주된 성격 중 하나는 정보 전달과 정치적 여론 형성 못지않게, 뉴스가 일종의 밈meme으로 작용하는 기술문화적인 측면이다. 대중문화의 요소가 간단한 문구, 멜로디, 동작을 밈으로 취한다면, 언론의 밈은 특정한 정보, 이념, 운동의 형태를 띤다. 다음의 절에서 언론보도가 일종의 밈으로 변형되며 이용자들과 감각적으로 교호하게 되는 상황을 주목하면서, 이것이 한국 현실사회에 미치는 영향력과 의미를 탐색하겠다.

정동 공중과 떠오르는 내러티브

밈이 기호들의 의미 구성 원리에 해당한다면, 하나의 밈이 '감염의 시대age of contagion'에 '바이럴을 만드는 사회기술적인 네트워크'에서 보다 잘 확산, 공유될 수 있도록 돕는 기술적인 장치들 또한 왕성하게 개발되었다Sampson, 2012, p. 3. 해시태그가 대표적이다. 우리가 소셜 미디어 활용 경험에서 쉽게 이해할 수 있듯이, 우리가 인터넷이나 소셜 미디어에서 단어를 검색할 때 나오는 수많은 정보들이 일정한 해시태그로 각자의 정체성을 획득하며 서로 연결되어 있다.

폴 더슨에 따르면, 네트워크 공간에서 해시태그는 새로운 내러티브 형식을 구성한다2020. 즉 소셜 미디어에서 내러티브란 '이미' 안정적으로 완결된 이야기가 유통되는 것이 아니라, 유통 과정 안에서 다수 참여자들에 의해 실시간으로 형성된다는 의미다. 해시태그는 '비서사적인non-narrative' 요소이지만 대신 사회 안에서 집합적으로 새로운 내러티브가 구성될 수 있도록 흐름을 만들고 연결시켜 주는 역할을 한다. 즉 해시태그는 광범한 소셜 미디어 네트워크 안에서 특정한 이야기 요소가 사람들 사이에서 관계적으로 추출, 구성, 공유되면서 사회적으로 담론화될 수 있도록 매개하는 기능을 한다. 미리 존재했던 내러티브가 이용자들 사이에서 유통되는 것이 아니라예를 들어 전통적인 종이신문, 비내러티브적인 기술 요소에 힘입은 확산과 공유 활동에 의해 비로소 내러티브가 만들어지는 것이기에, 이 새로운 형식의 내러티브는 항상 구성되는 과정에 있다는 점에서 '떠오르는 내러티브emergent narrative'Dawson, 2020라고 부를 수 있다.

또한 소셜 네트워크의 집합적 담론 활동에 의해 형성되는 '떠오르는 내러티브'는 이용자들 사이의 정동적인 연결을 촉진한다. 왜냐하면 개인 독자가 개별적으로 전달받은 내용을 속으로 생각하는 데에서 그치지 않고, 적어도 클릭이나 리트윗을 하는 행위로 일어난다면 여기엔 그에 찬성 또는 반대, 혹은 자신의 의견을 덧붙여야 하겠다는 정동적 동기가 우선했기 때문이다. 즉 관계적인 행동이 일어나기 위한 동인으로 집합적인 정동이 작동하게 된다.

'바이럴리티와 정동'에 의해 '자기 조직적인 성격'을 지니고 자생적으로 성장하는 공중은 하버마스의 공론장과 비교하는 시각에서 '정동 공중affective publics'Papacharissi, 2015의 하나로 이해될 수 있다Dawson, 2020. '정동 공중' 개념을 처음으로 제안한 파파차리시 역시, 이를 형성하는 담론 형식을 전통적인 의미의 작품에서처럼 한 명의 저자에 의해 완결되어 사회로 전달되는 콘텐츠와 구분한다. 이 대신에 현대 네트워크 환경에서 정동 공중을 형성하는 담론적 매개체는 사회 안에서 확산, 공유, 응용되는 과정에서 형성되는, 현재적이고 자생적이며 수행적이고 집합적인 내러티브를 지닌다.

디지털 네트워크에서 밈의 요소에 의해, 그리고 접촉을 활성화하고 확산과 공유를 확장하는 기술적인 장치들에 힘입어, 이러한 연결 흐름 안에서 '비로소' 내러티브가 만들어지고 떠오른다는 바이럴리티 이론은 현재의 저널리즘 이용자에 대해 어떠한 함의를 제공하는가? 문제의 핵심은 언론 역시 무수한 디지털 콘텐츠와 마찬가지로 바이럴리티 현상에 포함된다면, 그럼에도 불구하고 언론이 일반 문화 콘텐츠와 지니는 공통점뿐 아니라 차이점은 무엇인지, 그리고 이러한 공통점과 차이점을 아우르며 언론과 사회구성원들이 교호하는 정동 효과는 무엇인지라는 비판적 질문들에 있다.

과연, 왜, 언론은 다른가?

공통된 플랫폼에서 동일한 디지털 테크놀로지로 구성, 유통, 소비된다면, 대중음악을 밈으로 즐기는 일과 언론을 밈으로 즐기는 일은 같은 행위인가? 만약 다르다면 왜, 어떻게, 차이가 있는가? 두 행위가 서로 뭔가 달라야 한다고 믿는다면, 이는 언론은 일반 대중문화보다 더 지적이고 합리적이며 정치적으로 옳아야 한다는, 자칫 너무 구태의연한 사고방식을 따르기 때문은 아닌가, 혹은 대중음악이 더 창의적이고 가치 있다는, 소비문화에 길들여진 순응적인 태도 때문은 아닌가?

이 질문들을 다루기 위해서, 기본적으로 언론이란 무엇인지가 다시 - 언제나 생각되어야 한다. 또한 뉴스가 허구적인 오락물과 동일시될 수 없다고 주장하고 싶다면, 이 주장은 언론을 지적 우위에 두는 당위적인 규범을 기계적으로 좇기 보다는 모든 면에서 급변하는 환경 안에서도 여전히 유효할 뿐 아니라 새롭게 창출되는 언론만의 차별성에 근거를 둔 것이어야 한다.

기본적으로 언론은 사실을 알리는 정보다. 그리고 최근 팽배하고 있는 허위조작정보misinformation 현상을 우려하는 시각에서 가장 자주 주장되는 바는, 의견과 해석이 다양할 순 있지만, 사실만은 객관적이고 정확할 수 있다는 논리다. 그러나 이 주장의 선의에는 공감하면서도, 매우 편의적인 사실주의라는 점을 인정하지 않을 수 없다. 현실이 담론적으로 구성된다는 담론-권력의 사회 구성성에 관한 뿌리 깊은 이론을 상기한다면예를 들어 미셸 푸코(1972)의《지식의 고고학》이나 노만 페어클루(1993)의《담론과 사회변동》 객관적인 사실이란 믿음 자체도 흔들리지 않을 수 없다. 왜냐하면 지각, 인지, 사유, 표현 모든 면에서 주관이 개입하며 적어도 인간의 물리적 한계 때문에 특정한 선별, 조직, 구성의 논리가 작동하지 않을 수 없기 때문이다. 또한 보다 거시적이며 구조적인 차원에서는, 푸코의 유명한 주장처럼, 특정한 지식을 구축하는 특정한 권력체제가 있고, 특정한 권력체제에서 특정한 지식이 구축된다Foucault, 1988. 아울러 언론의 객관성 원칙 역시 보편적이고 절대적인 원칙이 아니다. 언론의 객관성은 영미권의 규범으로서, 자본주의 시장화의 조건에서 대규모의 독자층을 확보하기 위한 산업적인 전략이며 '실용주의적'인 사고방식의 일환이었다조항제, 2019. 그래서 실제로 많은 사회들에서는 객관성의 원칙에 구속되지 않고 때로는 주장과 입장을 명시하는 주창 저널리즘의 전통이 형성되어져 왔다.

객관적인 사실성조차 언론의 본질적인 요소가 아니라면, 언론에 대한 정동적인 개입, 확산, 공유가 과연, 왜 여타 문화요소들과 달리 취급되어야 하며 많은 경우 우려되는지에 관한 문제는 여전히 풀리지 않은 채로 남아 있다. 여기에는 복잡한 사유들이 연관되겠지만, 나는 언론이 정의에 준거한 진실을 추구해야 한다는 정치윤리적 책무를 진다는 점에서 여타 디지털 콘텐츠 장르와 절대적인 차별성을 지닌다고 생각한다. 보다 정확히 표현한다면, 정의도 진실도 정치적인 영역이며 권력관계와 연동한다는 점에서, 언론은 정의와 진실이 쟁투되는 권력의 전장이다. 그래서 언론은 한 사회의 '진실의 체제'를 구성하는 주축을 이룬다김예란, 2017; 2019.

이 논지를 이 글의 관심사인 언론 이용자 영역에 접합해보자. 진실은 정치적일 뿐 아니라, 주체화와 관련된 윤리성을 함축한다. 즉 진실의 윤리에 있어서는 진실에 결속되는 주체가 중요하게 고려되어야 하며, 그 결속 관계에서 자아의 실천을 통해 어떠한 주체의 형성, 즉 주체화가 진행되는지에 대한 질문이 반드시 고려되어야 한다. 다시 말해, 진실의 윤리에는 주체가 자신과 맺는 관계인 주체성이 하나의 핵심 영역을 이룬다. 진실의 윤리에 있어 또 하나의 핵심 영역은 주체가 타인, 나아가 사회와 맺는 관계가 해당된다. 여기에는 동의와 지지 만큼이나 비판과 저항이 작동한다. 비판은 주체가 자신에게 "진실이 유발하는 권력 효과"와 "권력이 생산하는 진실 담론"을 문제화하는 "권리"를 스스로 부여하는 활동이다Foucault, 2015/2016, 47쪽. 푸코의 비판 개념에 동의한다면, 언론이 제공하는 권력의 진실 주장에 대해 이용자들이 다양한 방식으로 문제화를 시도하며 비판을 수행한다고 말할 수 있다. 더욱이 앞에서 바이럴리티 이론을 중심으로 살펴보았듯이, 온라인 플랫폼 공간에서는 각자의 문제화 내러티브를 공유함으로써, 비판적인 진실 실천이 더욱 집합적으로 강렬하게 전개될 수 있다.

현대 미디어 현장에서 언론과 시민의 관계와 위치가 과거의 그것으로부터 근본적으로 변화하고 있음은 광범하게 관찰되고 있다. 일례로 피터 런트는 영국의 방송 토론 프로그램의 포맷 변화가 정치인과 시민과의 관계가 재설정되도록 영향을 미친다고 지적한다Lunt, 2019. 이를테면 전문적인 방송 진행자가 수상을 인터뷰하고 수상이 이미 정제된 내용의 답변을 완벽하게 제시하는 식의 과거의 안정적인 프로그램 포맷에서 수상의 권력은 예측 가능한, 또는 미리 계획된 극본에 따라 안전하게 보호된다. 이에 비해 일반 시민들이 관객으로 참여하여 자유롭게 질의하고 논쟁하는 형식을 띠는 현재의 토론 프로그램 형식에서는 수상의 '권력 수행 power performance'에 대응하는 시민들의 '권력 수행'이 즉흥적으로 이뤄지고, 이처럼 '수행적인 파열 performative disruption'에서 정치인의 권위와 시민의 대중적인 권력이 치열하게 경합한다.

런트의 관찰은 정치권력과 시민이 만나는 형식 자체가 양자 사이의 관계 맺기 방식에 영향을 주며, 현재 미디어 공간에서 이전과는 아주 다른 방식으로 정치적 권력 관계가 작용하고 경쟁할 수 있음을 알려준다. 런트는 "국가와 몸의 정치, 정치와 가치 사이, 교양과 무지 사이에서 담론적 - 행동적으로 설정되어 있었던 전통적인 차이"들이 현대 정치 및 미디어의 장에서 흐려지고 있다고 진단한다. 이 견해를 조금 더 확장한다면 언론과 이용자가 만나는 인터페이스의 변화가 과거와는 질적으로 다른 권력 관계 양식, 나아가 다른 권력 수행 효과를 낳는다고 이해할 수 있다. 이것이 오늘날 미디어 플랫폼에서, 작게는 한 언론사의 댓글창부터 크게는 포털 사이트와 소셜 미디어 플랫폼에 이르기까지 사회 전반에서 왕성하게 전개되는 언론과 시민 이용자 사이의 권력 경합 및 갈등의 현실이다. 다음의 마지막 절에서는 디지털 자본주의 체제에서 변형된 언론과 이용자의 관계 및 권력 경합의 의미에 대해 조망하겠다.

저널리즘 권위와 시민 이용자의 상징투쟁

인쇄 미디어로 전달되는 신문을 받아 읽던 독자와 모바일 디바이스로 정보화된 뉴스를 읽는 이용자는 정치적·사회적·세대적·기능적으로 서로 다른 특성들을 지닌다. 예전에 신문을 읽던 독자층이 엘리트 저널리스트들이 선별, 전달, 지도하는 정보와 의견을 수용하는 입장에 있었다면, 오늘날 모바일 디바이스로 뉴스를 이용하는 사람들은 저널리스트와 호응하거나 겨룬다. 기자들의 취재 내용에 대해 시민들은 자신의 경험적 진실로 맞선다. 그 경험적 지식은 사사화된 경험 세계에 바탕을 둔다. 따라서 전문화된 취재 내용에 바탕을 둔 총체적인 해석으로서의 저널리스트들의 보도와 이질적이지만, 바로 그 부분성, 특수성, 직접성이 담론으로서 효용을 지닌다. 그들의 자생적vernacular이고 체득된 지식과 담론이 때로는 기자의 피상적이고 단편적인 취재의 수준을 넘어설 수도 있다.

정동은 본질적으로 관계적·교호적·운동적이다김예란, 2020. 따라서 이미 형성된 사회 층위들로부터 기존에 잠재하던 감정이 투영되기도 하지만, 더욱 중요하게는 이야기의 확산과 공유 활동을 통해 새로운 성격의 떠오르는 내러티브가 형성되고 이를 매개로 새로운 정동 공중이 형성된다. 한편으론 언론 미디어가 개입하기 전에, 시민들은 각자 크고 작은 소셜 네트워크를 구성하고 있으

며, 아예 개인 자체가 '네트워크화된 자아-networked self' Wellman, 2002
이기도 하다. 다른 한편으론 미디어 네트워크 활동을 통해 새로운
집단이 형성되며, 이들이 일정한 의견, 생각, 정동을 생성·공유하
게 되면서 특정한 정동 공중으로 생성된다. 이는 소수의 언론 미
디어가 각기 모래알처럼 파편화되어 존재하는 다수 독자들을 통
괄하던 매스 미디어 시대와 확연히 구분되는 오늘날의 현실이다.

정리한다면, 전통적인 매스 미디어 시대에는 '언론→독자'의
관계가 지도적미디어와 독자의 관계, 파편적독자 시민들 간의 관계, 일방적 언
론과 사회의 관계이었다. 이에 비해 현재 미디어 플랫폼 시대에는 '언
론→이용자'의 관계가 상호적미디어와 다수 이용자 네트워크의 관계, 집합
적이용자 시민들 사이의 관계, 다방향적언론과 사회의 관계이다.

후자의 다층적, 집합적, 다방향적 관계는 다수의 네트워크들로
존재하며, 그 중 일부는 시민 개인들 간, 다른 일부는 시민들과 언
론 간 다양하게 형성된다. 언론과 시민의 네트워크에도 여러 형
태가 존재해서, 언론사와 이용자의 연계예를 들어 미디어 조직의 유튜브
채널에 대한 개인 구독자, 특정 저널리스트와 이용자의 연계특정 저널리스
트를 팔로우하는 이용자, 언론사 조직과 이용자의 연계특정 언론사 구독 행
위가 가능하며, 그 반대 방향, 즉 유명성을 띤 시민논객, 인플루언서, 스
타 유튜버 등을 관찰, 취재하거나 팔로우하는 식으로 언론 미디어 또
는 개인 기자가 시민과 관계를 맺을 수도 있다. 이 모든 형태에서

나타나는 공통점은 과거의 언론사 중심적인 피라미드 질서로부터, 미디어 조직이 다층의 시민사회와 연계 맺는 다중심적인 네트워크 형태로 변형된다는 사실이다.

이러한 관계변화는 언론과 일반 시민 사이에 명시적 – 암묵적으로 형성되어 있던 위계질서에 균열을 낳는다. 이 현상은 양자를 위계적으로 구별하는 권위, 지식, 지위 등에 관한 사회적 질서와 인식에 변화가 생긴다는 점을 의미한다. 교양 있는 언어로 표현된 정부의 정책과 전략이 일반 대중의 범박하거나 때로는 거친 언어로 비판되고 이것이 네트워크 미디어의 조건 안에서 다수의 사회 구성원들이 접할 수 있는 방식으로 공개되어 확산되는 경우를 흔히 발견한다. 정부의 권위 있는 정책 및 이를 다룬 언론의 전문적인 담론보다 익명의 대중이 유치하게 표현한 댓글에 동의하는 입장들이 강하게 형성된다면, 이는 경험적 진실을 공유하는 이들 사이에 정동적 연합이 구축되었기 때문이다. 해당 기자에 대한 일반 이용자의 조롱과 비난은, 표면적으론 기사를 탓하고 있지만, 더욱 근본적으론 저널리즘 제도가 속한 사회 엘리트 권력구조에 대한 상징투쟁이다. 뉴스는 이 같은 전투가 발발할 수 있도록 촉발하는 밈이고, 바이럴리티의 원리에 따라 확산, 공유되며 이에 연장된 미디어 플랫폼은 일종의 전장으로 공간화된다. 다시 말해 현재 언론은 독점적인 정보 전달 매체로서보다는 사회적인 담론투쟁 공간으로 유효하다.

그럼에도, 반지성적 포퓰리즘에 대한 염려

지금까지 언론에 대한 이용자들의 대응 현상을 네트워크로 변화한 담론공간에서 전개되는 권력의 경합 및 갈등 작용으로 해석했다. 전통적으로 언론이 포함된 엘리트 권력 구조에 맞서는 일반 시민들의 '권력의 수행performance of power'으로 이해했다.

그러나 이처럼 대중에 의한 언론과의 겨룸을 이른바 풀뿌리 민주주의의 승리인 양 단순화하는 서사는 위험하다. 대중의 '경험'이라고 해서 이것이 언제나 경험적 '진실'이라고 단언할 수 없으며, 대중이 하는 말이라고 해서 반드시 정의롭다고 맹신될 수 없기 때문이다. 이 같은 성급한 판단은 자칫 대중의 때로는 변덕스런 열정에 호응하고 편승하는 정치적 왜곡인 반지성적 포퓰리즘을 낳을 수 있다.

이 인식은 현재 한국사회에서 심각한 갈등을 낳고 있는 언론과 시민 이용자 사이의 관계를 새로운 시각으로 이해해야 할 필요성을 알려준다. 첫째, 고품질의 언론이 요구된다. 이용자의 적극성과 참여성이 활성화되는 조건에서 역설적이게도 언론의 기능이 더욱 근본적인 이유는, 그것이 밈의 형태로 촉발과 확장의 원천적인 힘을 지니기 때문이다. 특정한 뉴스 담론이 바이럴리티의 방식으로 유통되면 이로부터 시민들이 발언하고 활동하는 공간이 형성된다. 파파차리시의 정동 공중의 개념에서 우리는 흔히 앞의 '정동'에 관심을 쏟고, 여전히 건재하는 '공중'의 의미는 무심히 흘려버리곤 한다. 정동 공중의 중요한 함의는 여전히 공중이되 정동의 역능이 강화된다는 점이며, 여전히 정동이되 공중의 역할이 강화된다는 점에 있다. 따라서 이성적이고 합리적인 공중으로서뿐 아니라, 정동적으로도 '공중'의 역할을 할 수 있도록 견인하는 기본 조건으로서 언론의 역할이 더욱 긴요하다.

둘째, 이념은 본질적으로 논쟁적이다. 특정 이념 방향에 대해 지지하는 입장, 반대하는 입장, 중간적인 다수의 회색 지대는 항상 존재한다. 나아가 단일한 이념이 단선적인 스펙트럼으로 존재하는 것이 아니라 여러 범주의 이념들과 중첩적으로 접합해 있다. 예를 들어, 북한 문제에 관련한 보수-진보의 입장이 젠더 정치에 관련한 보수-진보 입장과 반드시 일치하지는 않는다. 아울러 사회의 복잡화에 따라 위치와 입장의 다양성과 복합성이 더욱 심화되고 있다. 예를 들어, 586세대에서 으레 생각하는 제도 정치의 이념 영역에서의 보수-진보 대립 양상은, 현재 환경, 소비, 삶의 양식에 대해 다수적인 특이성을 추구하는 20~30대의 세계관에서 형성되는 보수-진보 배치 현상과 불일치하기 쉽다.

따라서 이처럼 복잡하고 다양한 사회에서, 갈등적인 진실 주장들 중에서 보다 나은 진실을 구축하는 것이 중요하며, '보다 나음'

의 준거를 어디에 두느냐가 관건이 된다. 피에르 부르디외1993의 '상징권력'의 개념에서 확인되듯이 기존의 사회질서에서는 덜 가진 자보다는 더 가진 자가, 덜 배운 이보다는 더 배운 이가, 보다 우수하다고 평가되는 진실 주장을 할 자원과 능력을 더 우월하게 갖춘 경향이 체계적으로 나타난다. 더욱 근본적으로는 더 가지고 배운 자의 담론이 보다 낫다고 판결하는 권력화된 정당화 시스템이 사회 구조적으로 구축되어 있다. 이는 물질적 불평등과 상징권력의 동형화 현실이다. 따라서 언론이 독립적이어야 하는 대상으로서 권력은, 단지 특정 정권이거나 기업뿐 아니라담론 차원에서 위계적이고물질 차원에서 차등적인 상징권력 질서다. 이는 정치적 자유는 어느 정도 확보되었지만 사회적 불평등이 심화된 신자유주의적인 민주주의 체제에서 더욱 중요시되어야 할 언론의 책무다.

셋째, 언론의 디지털 자본주의화에 대한 비판적인 이해가 필요하다. 한국사회는 1987년 민주화 이후 자유 민주주의 체제가 비교적 안정화되면서 정치권력에 관한 언론 자유의 절박성은 상대적으로 약화되었다. 실제 언론의 위기라고 말하여지는 현상에는 이념적 왜곡 못지않게 언론의 품질 저하 요인이 크다. 이념에 대한 충성이나 속박보다는, 이에 더해 상업적인 수익 확대를 위한 사실의 왜곡, 속보 경쟁에서 오는 기사의 질적 저하, 비판적 이성을 추구하는 논리적 기사 대신 관심끌기에 유리한 선정적 기사의 폐해가 악화되고 있기 때문이다.

특히 디지털 플랫폼 환경에서 거대한 양의 정보가 매순간 생산되고 증폭되는 오늘날, 그 어느 때보다도 경쟁이 치열해진 인터넷 주목경제에서 승리하기 위해 의도적·비의도적으로 조작된 기사들이 주는 위험은 매우 크다. 실제 MIT 미디어랩의 조사 결과에 따르면 틀린 뉴스false news가 진실한 뉴스real news에 비해 "더 멀리, 빠르게, 깊게, 넓게 확산"된다는 사실이 밝혀졌다Dizikes, 2018. 이는 봇bot보다 인간 이용자들에게서 더욱 두드러진 현상으로, 현재 정보 공간의 왜곡은 인간의 욕망과 이해관계의 개입으로 인해 악화되고 있음을 보여준다. 이는 우리가 전적으로 의존하는 "온라인 커뮤니케이션 에코시스템"이 "거짓말 기계"Howard, 2020로 변질되는 현실을 보여주는 실증적 사례로서, 이용자의 행위에 따라 언론이 어떻게 형성되는지, 또한 좋은 정보 공간의 형성을 위해 이용자들이 어떻게 행동해야 하는지에 대해 중요한 시사점을 전해준다Freedland, 2020.

마지막으로 진실을 분별, 인지, 판단하는 시민의 역량이 증진되어야 한다. 이는 '시민에 의한 통치'를 지향하는 민주주의가 포퓰리즘의 오류에 빠지지 않게 되도록 보호할 가장 중요한 동인이다. 포퓰리즘 자체에 대한 판단도 다양하다. 이를테면 포퓰리즘을 위험시하는 일반적인 시각에 반대하며 정치 철학자 샹탈 무페는 우파 포퓰리즘에 대항하는 급진 민주주의의 한 형태로 좌파 포퓰리즘을 지지한다Mouffe, 2018. 정치제도나 언론의 차원에서 대의성보다는 직접성과 참여성이 강조되는 사회적 조건에 있기에 직접 정치에 올바로 참여할 줄 알고, 참여하고자 하는 대중의 역량은 더욱 핵심적이다. 이는 단지 미디어 리터러시 같이 기능적인 측면에서 평가될 수 있는 부분이 아니다. 보다 근본적으로 민주주의에 대한 가치판단, 가치 전환, 그리고 가치 수행을 실현하는 근원적인 동력이다.

결론적으로 언론의 정동적 이용은 안정과 동의라는 허구적 표면을 깨트리고 갈등과 투쟁agonistic의 급진화를 실천하는 정치적 주체Mouffe, 2019, 사유하여 듣고 말할 수 있는 사회적 인간Couldry, 2010, 자신과 타자와 사회의 상호이해적인 바탕 위에서 논쟁과 협력에 균형적으로 참여하는 민주적 인민Badiou, et al., 2013/2014, 즉 진실이라는 열려 있는 비판적 기획에 정치윤리적으로 결속하는 시민의 주체적-집합적 성찰성의 가치로 강조되어야 한다.

참고문헌

김수철 · 강정수(2013). 케이팝에서의 트랜스미디어 전략에 대한 고찰: 〈강남스타일〉 사례를 중심으로.《언론정보연구》, 50(1), 84~120.

김예란(2017). 진실의 레짐과 미디어.《방송문화연구》, 29(10), 7~40.

김예란(2019). 진실, 비판 그리고 저항 : '양심선언'부터 '소셜 네트워크 진실 발언'까지.《언론과 사회》, 27(4), 104~151.

김예란(2020). 《마음의 말: 정동의 사회적 삶》. 컬처룩.

조성흠(2020. 8. 18). 청취율 1위 '김어준 뉴스공장', 청취자 평가는 꼴찌. 연합뉴스.

조항제(2019). 《한국 언론의 공정성 : 이론적 구성》. 컬처룩.

Badiou, A. et al.(2013). Qu'est-ce qu'un peuple ? FABRIQUE. 서용순 외 옮김(2014) 《인민이란 무엇인가》. 현실문화.

Bourdieu, P.(1993). Language and symbolic Power. Harvard University Press.

Brown, W.(2017). Undoing the demos: Neoliberalism's stealth revolution. Zone.

Chadwick, A.(2013). The hybrid media system: Politics and power. Oxford University Press.

Couldry, N.(2010). Why Voice Matters: Culture and Politics After Neoliberalism. Sage.

Dawson, P.(2020). Hashtag narrative: Emergent storytelling and affective publics in the digital age. International Journal of Cultural Studies, 1~16(Online First).

Deleuze, G. & Guattari, F.(1980). Mille plateaux: Capitalisme et schizophrenie. 김재인 옮김(2001), 《천 개의 고원 – 자본주의와 분열증》. 새물결.

Dizikes, P.(2018). Study: On Twitter, false news travels faster than true stories. MIT News. https://news.mit.edu/2018/study-twitter-false-news-travels-faster-true-stories-0308 (Retrieved 2020. 8. 23).

Fairclough, N.(1993). Discourse and social change. Polity Press.

Freedland, J.(2020. 7. 31). Who will choose the next US president – the American people, or Facebook? The Guardian. https://www.theguardian.com/commentisfree/2020/jul/31/choose-us-president-mark-zuckerberg-american-people (Retrieved 2020. 8. 23).

Foucault, M.(1972). The archaeology of knowledge. Tabistock Publications.

Foucault, M.(1988). Power/Knowledge: Selected interviews and other writings, 1972~1977. Random House.

Foucault, M.(2010). The birth of biopolitics: Lectures at the Collège de France, 1978~1979. Picador.

Foucault, M.(2015). Qu'est-ce que la critique?: Suivie de la culture de soi. 심재광, 오트르망, 전혜리 옮김. 《비판이란 무엇인가? 자기 수양: 미셸 푸코 미공개 선집 1》. 동녘.

Foucault, M.(2016). Discours et vérité: Précédé de la parrêsia Michel Foucault. 오트르망 옮김 (2017). 《담론과 진실: 미셸 푸코 미공개 선집 2》. 동녘.

Howard, P.(2020). Lie machines: How to save democracy from troll armies, deceitful robots, junk news operations, and political operatives. Yale University Press.

Lunt, P.(2019). The performance of power and citizenship: David Cameron meets the people. International Journal of Cultural Studies, 22(5), 678~690.

Mouffe, C.(2018). For a left populism. Verso.

Papacharissi, Z.(2015). Affective publics and structure of storytelling: Sentiment, events and mediality. Information, Communication & Society. doi: 10.1080/1369118X.2015.1109697.

Sampson, T.(2012). Virality: Contagion theory in the age of networks. University of Minnesota Press.

Srnicek, N. (2016).   Platform capitalism. Polity.

Wellman, B. (2001).   Physical place and cyberplace: The rise of personalized networking. International Journal of Urban and Regional Research, 25(2), 227~252.

김예란

서울대학교 언론정보학과와 런던대학교 골드스미스 컬리지에서 수학했고 현재 광운대학교 미디어커뮤니케이션학부 교수다. 현대 미디어 환경에서 진행되는 커뮤니케이션 문화와 사회 현상에 대해, 특히 주체의 윤리학과 감수성의 사회적 실천에 대해 연구하고 가르친다. 저서 로《말의 표정들》, 《마음의 말》가 있으며, 논문으로 〈죽음과 기억의 미디어 쟁투〉, 〈우리 시대, 행복의 윤리〉 등이 있다.

12. 허위조작정보와 뉴스 리터러시

허윤철 부산대학교 미디어커뮤니케이션학과 강사

'가짜뉴스'에서 '허위조작정보'로

2016년을 전후하여 '가짜뉴스'가 전지구적 이슈로 부상하면서 온라인 공간의 날조된 허위의 정보들이 사회적 의사 결정에 필요한 정보의 순환을 왜곡하고 사회적 신뢰를 훼손하여 민주주의와 공동체의 근간을 약화시키고 있다는 우려가 커졌다. 가짜뉴스fake news라는 용어는 '탈진실'post-truth과 비슷하게 2016년 영국의 유럽 연합 탈퇴Brexit와 미국의 대통령 선거를 거치며 전 세계적으로 확산되었다. 2017년 콜린스 사전은 가짜뉴스를 '올해의 단어'로 선정하였고, 같은 해 세계 신문 및 뉴스 발행인 협회WAN-IFRA가 주목해야 할 저널리즘 이슈로 가짜뉴스 문제를 거론하면서 이 용어의 전 세계적 사용은 빠르게 확산되었다.

원래 영어권에서 허위의 뉴스를 지칭하는 용어는 'fake news'보다는 'false news'가 더 일반적이었다.[1] 1500년대부터 'false news'라는 표현이 문헌에 자주 등장하였으며 'fake news'라는 표현은 1894년 문헌에 등장하는 것이 현재까지 알려진 가장 오래된 기록이다황치성, 2018. 2017년 'fake news'를 올해의 단어로 선정한 콜린스 사전은 이 용어를 "뉴스 보도를 가장하여 유포 된 허위의 선정적인 정보"로 정의하였다. 단순히 거짓의 정보를 의미하는 것이 아니라 누군가를 속이기 위해 의도적으로 뉴스의 형식을 가장한 허위의 정보라는 것이다.

그러나 실제로 가짜뉴스라는 단어의 용례를 보면 이러한 사전적 정의대로 사용이 되지는 않는다. 악의적 거짓 정보뿐만 아니라 출처가 확인되지 않은 유언비어, 비판적 성격의 패러디와 풍자적 뉴스, 낚시 기사로 불리는 저급 기사, 그리고 때로는 자신의 의견과 맞지 않는 편향된 기사 등을 모두 가짜뉴스라는 표현으로 뭉뚱그리는 경향이 있다. 더 나아가 가짜뉴스라는 표현은 정치인들이 자신에게 비판적인 언론을 공격하고 여론을 오도하기 위해 의도적으로 악용하는 경향도 있다. 2016년 미국 대선에서 도널드 트럼프 후보가 기성 언론을 가짜뉴스라고 지칭하면서 이 용어의 사용이 크게 늘어난 것이 대표적 예다. 이와 함께 일반 뉴스 수용

---

1 'fake news'라는 용어를 두고 정치적 이해가 첨예한 탓에 트위터 상의 허위 정보 확산에 관한 최근 한 연구(Vosoughi, Roy, & Aral, 2018)에서는 의도적으로 'false news'라는 표현을 사용하기도 하였다.

자들도 마음에 들지 않는 기성 언론의 보도를 가짜뉴스라 매도하는 현상이 나타나고 있다. 특히 정치적으로 첨예하게 대립하는 사안이 발생하면 가짜뉴스라는 용어는 상대 집단을 비난하는 강력한 수사적 표현이 된다.

　이렇듯 가짜뉴스라는 개념이 야기하는 혼란이 크고 합의된 정의가 어려운 것은 이 현상이 전통적인 뉴스와 차별되는 '탈뉴스'적인 현상을 지칭한다는 것과도 관련이 있다. 즉 뉴스의 범위를 어떻게 설정하느냐에 따라 이 개념을 지나치게 '포괄적'으로도 지나치게 '잔여적'으로도 사용할 수 있는 것이다. 때문에 여러 대안적 개념들은 '뉴스'라는 용어보다 '정보'라는 용어를 선호하고 있다. 예컨대 유럽연합 집행위원회에서는 개념상의 혼란이 있는 가짜뉴스라는 용어의 대안으로 허위조작정보disinformation라는 개념을 제시하였다de Cock Buning, 2018. 최근 한국에서도 다수의 전문가 회의체를 중심으로 특정한 의도성을 지니지 않은 채 부정확하고 왜곡된 형태로 회자되는 오류정보misinformation와 실제로 사람들을 속이고 기만할 목적으로 조작되어 의도적으로 유포되는 허위조작정보disinformation를 신중하게 구분하여 사용할 필요성이 제안되고 있다.

　이에 따라 이 글에서는 가짜뉴스라는 용어를 학술적·사회적 담론을 언급하기 위해 불가피하게 사용을 하되 실체적인 확산과 해결 방안에 관한 논의에서는 단순 오류 정보 등과 구분하기 위해 허위조작정보의 문제로 논의의 초점을 좁히고자 한다. 다시 말해 이 글은 먼저 허위조작정보 확산의 구조적 원인인 미디어 환경의 변화와 기성 언론의 신뢰 하락 문제를 설명하고, 허위조작정보 문제에 대한 제도적 해결 방안으로서 팩트 체크와 정부 규제를 제시한 후 각각의 한계를 검토할 것이다. 나아가 이러한 방법이 본질적인 방안이 될 수는 없으며 시민들의 뉴스 리터러시 강화 등 교육적 접근이 우선적인 방안이 되어야 함을 강조하고자 한다. 결국 정보의 생산과 유통이 이용자를 중심으로 이루어지는 분산구조를 지닌 오늘날의 미디어 환경에서 시민성 강화가 가장 중요한 방안이 될 수밖에 없음을 주장하고자 하는 것이다.

허위조작정보 확산의 구조적 원인:
미디어 환경의 변화와 기성 언론의 신뢰 하락

많은 논자들이 지적했듯 허위조작정보 문제는 역사적으로 새롭게 대두한 현상이 아니다. 역사학자 유발 하라리Harari, 2018/2019는 유사 이래 인간은 허구의 이야기를 만들고 소문을 퍼뜨리는 능력을 통해 협력을 강화하고 진화해 왔다고 주장한 바 있다. 철학자 리 매킨타이어McIntyre, 2018/2019도 가짜뉴스를 비롯한 허위조작정보의 확산 문제는 결코 새롭게 등장한 현상이 아니며 뉴스라는 개념이 탄생한 순간부터 늘 함께 존재해왔다고 설명하였다. 나아가 언론인 매튜 단코나d'Ancona, 2017는 탈진실에 관한 논의에서 새로운 것은 전지구적으로 거짓말이 만연해 있다는 사실이 아니라 거짓말에 대한 대중의 반응이라고 강조하였다.

허위조작정보가 새로운 문제가 아니라 하더라도 오늘날 인류가 처한 환경이 과거와는 크게 다르며 그 마저도 빠르게 변화하고 있다는 점은 부인하기 어렵다. 2000년대 이후 인터넷의 발달로 뉴스 생산과 유통의 진입 장벽이 낮아지고 다양한 뉴스 조직이 등장하였다. 그리고 1인 미디어가 활성화되면서 많은 개인들이 다양한 동기를 가지고 담론의 생산 과정에 참여할 수 있게 되었다. 2004년 페이스북, 2005년 유튜브, 2006년 트위터 등 다양한 사회 관계망 서비스SNS가 등장하면서 뉴스의 유통과 소비 환경은 또 한 번 큰 변화를 맞게 된다. 초창기 사회 관계망 서비스는 주로 기존에 알고 있는 친구라든지 공통의 관심사를 가진 이용자들을 연결시켜 주는 친교 기능이 강하였으나 서비스가 확장되면서 다양한 출처에서 끌어온 각종 정보를 공유하고 확산시키는 창구로서의 역할을 하게 된다.

이는 허위조작정보의 광범위하고 빠른 확산에도 큰 영향을 미치게 된다. 컴퓨터 과학자인 소로우쉬 보수우기와 그의 동료들 Vosoughi, Roy, & Aral, 2018은 트위터가 서비스를 시작한 2006년부터 2017년까지 300만 명의 이용자들에게 전파된 12만 6,000건의 트윗 묶음tweet cascade에서 내용의 진위 여부를 확인한 후 확산된 양상을 비교하였다. 그 결과 모든 범주에서 허위의 정보가 진실보다 더 빠르고 멀리 확산된 것을 확인하였다. 특히 이러한 현상은 정치 이슈에서 두드러져 소셜 미디어가 사회적 갈등을 유발하는 허위 정보의 확산을 부추기는 측면이 있다는 점을 밝혔다.

이와 함께 소셜 미디어가 뉴스 및 정보의 주요 유통 채널로 부상하면서 '저널리즘'의 경계가 모호해지고 있다. 타 언론이 취재한 뉴스를 선별하고 가공하여 유포하는 '뉴스 큐레이션 서비스', 1인 미디어 형태로 사회 이슈를 집중적으로 다루는 각종 '팟캐스트' 등 신생 내지 변종 뉴스 서비스들이 다양하게 등장한 것이다 김주용, 2015. 이렇듯 다양한 대안적 뉴스 조직들이 만들어지고 비전문적 뉴스 네트워크들이 늘어나면서 기성 언론의 입지는 좁아지고 있다. 또한 '언론'과 '변종 언론' 사이의 시장 경쟁이 심화되면서 눈길을 끌기 위한 선정적이고 흥미 위주의 저급 기사들이 앞다투어 양산되는 부작용도 이어지고 있다.

진지한 저널리즘 문화가 쇠퇴하면서 기성 언론에 대한 신뢰 역시 지속적으로 하락하고 있다. 영국에서 1983년부터 지금까지 실시된 여론조사 결과를 보면 언론인과 정치인은 일관성 있게 가장 불신을 받는 직업군으로 나타난다. "다음 직업을 가진 사람들이 진실할 것이라고 믿습니까?"라는 질문에 과학자, 성직자, 공무원

순으로 긍정적 답변의 비율이 높았고, 기자는 정치인과 함께 긍정적 답변의 비율이 가장 낮은 직업군으로 나타났다Duffy, 2018/2019. 영국 옥스퍼드 대학 부설 로이터저널리즘 연구소가 2016년부터 매년 발표하는 세계 언론 신뢰도 조사를 보더라도 언론에 대한 신뢰도는 지속적으로 하락하고 있는 추세이다. 특히 한국은 조사 대상 국가에 포함된 이후 줄곧 최하위 권을 유지하고 있고, 2020년에는 조사대상 40개국 중 최하위를 기록하였다.

허위조작정보 문제가 부상하면서 기성 언론에 대한 신뢰가 높아지는 것이 아니라 하락 추세가 나타나고 있는 점은 특기할 만하다. 이러한 현상의 이면에는 유력 정치인이나 정치 집단이 자신들에게 비판적인 언론이나 보도를 폄훼하기 위한 캠페인 도구로 '가짜뉴스'라는 용어를 적극 활용하고 있다는 점이 관련이 있다. 대표적으로 미국 트럼프 대통령은 자신에게 우호적이지 않은 기성 언론이나 자신이 동의하지 않는 언론 기사를 가짜뉴스라 공격하며 이 담론을 크게 확산시키고 한편으로는 왜곡시킨 바 있다.

이와 비슷하게 '가짜뉴스'라는 유행어의 자의적 성격과 남용 역시 언론의 신뢰 하락을 가중시키는 요인으로 작용하고 있다. 한국언론진흥재단이 중복 응답을 허용하여 실시한 조사에 따르면 시민의 84.7%가 언론사의 오보를 가짜 뉴스라 생각하는 것으로 나타났다. 또 응답자의 79.0%는 한 쪽 의견만을 전달하는 편파적 뉴스도 가짜 뉴스라고 보는 것으로 나타났다김위근, 2018. 이는 특정한 의도를 가지고 기사 형식으로 유포되는 허위의 조작된 정보라는 가짜뉴스의 원래 뜻과는 큰 차이가 있다. 갈수록 가짜뉴스라는 용어는 '나쁜 뉴스'를 지칭하는 수사적 표현이 되어 가고 있는 것이다. 심지어 자신에게 불리한 뉴스나 마음에 들지 않는 뉴스를 의미하는 표현으로 오용이 되고 있다. 이렇듯 가짜뉴스 담론은 기성 언론의 신뢰에도 부정적 영향을 미치며 언론의 저널리즘 기능을 약화시키고 있으며 이러한 흐름이 허위조작정보의 확산을 더욱 부추기는 하나의 요인이 되고 있는 것이다.

허위조작정보 문제에 대한 제도적 해결 방안과 그 한계

자율 규제 방식으로서의 팩트 체크

전통적으로 언론은 취재한 정보를 그 자체로 보도하는 것이 아니라 의미 있는 정보의 선별과 게이트 키핑 과정을 거쳐 뉴스를 만들고 전달하는 역할을 해왔다. 언론은 시민과 세상을 연결하는 가장 중요한 창이었으며 세상은 언론이 구성하는 렌즈를 통해 표현되었다. 하지만 전통적 언론의 도움과 개입 없이도 세상에 관한 다양한 정보를 쉽게 접하고 이용할 수 있게 된 현재의 미디어 환경에서 언론의 위상은 크게 달라질 수밖에 없다. 오늘날 미디어 이용자들은 세상에 관한 날 것 그대로의 정보를 몇 번의 클릭으로 언제 어디서든 가져올 수 있다고 믿는다. 그리고 다양한 소셜 미디어의 이용자들은 자신의 친구들이 다양한 출처에서 가져와 공유하는 정보들을 기성 언론이 검증하여 보도하는 뉴스만큼이나 신뢰한다.

이렇듯 오늘날 온라인 공간에서 유통되고 소비되는 많은 정보들이 언론의 수고를 거치지 않게 되면서 신뢰할 만한 정보와 그렇지 않은 정보를 가려내는 일은 더욱 어려운 일이 되고 있다. 물론 언론 역시 완전한 객관성이나 공정성을 견지하는 것이 불가능에 가까우며 현실을 있는 그대로 전달하는 것이 아니라 특정한 관점 아래 의미를 부여하여 보도를 한다는 것이 상식이다. 그럼에도 전문직 규범을 가진 언론이라면 기사의 신뢰성을 무엇보다 중요하게 여기며 핵심적 사실 관계를 철저하게 검증하여 보도하기 위해 노력한다. 만약 기성 언론이 지속적이고 의도적으로 허위조작정보를 전파한다면 해당 언론사는 큰 법적 책임을 지거나 문을 닫게 될 것이다. 하지만 인터넷 환경에서 비전문적 개인들의 언론 활동이나 여타 정보의 생산과 유통 활동에 대해 기성 언론과 동일한 수준의 책임을 기대하고 요구하기는 현실적으로 어렵다. 때문에 온라인에서는 사실과 의견이 뒤섞이고 진위여부를 파악하기 어려운 정보들이 검증된 사실처럼 쉽게 퍼져나가는 현상이 자주 나타나게 되는 것이다.

이러한 상황에서 민간 영역의 팩트 체크fact check가 허위조작정보 확산을 막기 위한 자율규제 수단이자 치료제 개념으로 널리 받아들여지고 있다. 팩트 체크란 미디어 이용자들의 올바른 판단을 돕기 위해 유통되는 뉴스와 정보의 진위 여부를 가려내는 활동을 뜻한다. 이 용어는 2003년 미국 펜실베이니아 대학의 아넨버그 공공센터가 팩트체크닷오르그Factcheck.org를 개설하면서 일반적으로 사용되기 시작하였다. 이후 2007년 플로리다 지역의 주간지 템파베이 타임스의 기획 프로젝트로 폴리티팩트Politifact.com가 선을 보이면서 저널리즘 영역에서 널리 사용되다 2016년 미국 대통령 선거에서 가짜뉴스 이슈가 크게 논란이 되면서 이 용어의 사용이 전 세계적으로 더욱 증가하게 된다.

팩트체크 기관 역시 가짜뉴스 담론이 확산된 2016년을 전후하여 증가하기 시작하여 2014년 세계적으로 44개 정도였던 팩트체크 기관은 2018년 53개국에 걸쳐 149개로 늘어났다황치성, 2018. 2017년 3월에는 한국에도 서울대학교 언론정보연구소가 16개 언론사와 연합하여 SNU 팩트체크센터를 출범하였다. 방송통신위원회 역시 허위조작정보로 인한 사회적 비용이 갈수록 커지고 있다고 판단하여 2018년부터 언론계, 학계, 연구기관을 중심으로 민간 영역의 팩트 체크를 활성화하겠다고 밝힌 바 있다. 이에 따라 권한을 위임받은 민간단체가 기사의 허위조작 여부를 판별해서 네이버 등 포털 사업자에게 통보하면 해당 기사에 대한 광고 수익 배분을 제한하는 등의 다양한 조치가 논의되었다.

　현재 팩트 체크는 민간 영역이 주도할 수 있는 대표적 자율 규제 방식으로 활발하게 논의되고 있는 중이다. 전 세계적으로 팩트체크 기관이 늘어나고 있는 것에서 보듯 허위조작정보 문제를 해결하기 위한 주요한 방법으로 사회적 요구 또한 증가하고 있는 추세다. 기성 언론들 역시 신뢰도가 크게 하락하고 있는 상황에서 신뢰를 복원할 수 있는 중요한 계기가 될 수 있을 것으로 보고 큰 전략적 의미를 부여하고 있다. 팩트 체크는 특히 정치인이나 영향력 있는 집단의 특정한 주장이나 발언의 진위를 검증하고 허위 정보들을 골라냄으로써 시민들이 방대한 정보의 더미 속에서 사실 정보를 선별하여 이용하는데 큰 도움이 될 수 있다.

　하지만 정보의 사실 여부를 가려 보도하는 것은 언론의 기본적 역할이라는 점에서 팩트 체크가 새로운 시도가 아니라 언론이 객관 보도의 관행 속에서 원래 해오던 일의 연장일 뿐이라는 관점도 있다. 또한 소문과 루머가 바이러스처럼 퍼져 나가는 온라인 미디어 환경에서 현실적으로 모든 주장이나 발언을 검증 대상으로 삼을 수 없다는 한계도 있다. 현재 팩트 체크는 뉴스의 형식을 띤 보도나 유력 인사의 발언 등을 주요 검증 대상으로 삼고 있으나 사회적으로 큰 물의를 일으키는 허위 정보의 경우 뉴스의 형식을 띠지 않은 채 인터넷 커뮤니티, SNS, 메신저, 댓글 등을 통해 퍼져나가는 경향이 있다. 실제로 19대 대선을 앞두고 선거관리위원회가 적발했다고 발표한 가짜뉴스의 대부분은 뉴스 형식을 띠지 않은 것들이었다. 이렇듯 매일 같이 쏟아지는 방대한 정보의 홍수 속에서 모든 정보의 진위를 일일이 검증하는 것은 현실적으로 한계가 클 수밖에 없으며 검증 대상의 범위를 어디까지로 할 것인지에 대한 문제가 남는다. 또한 실제 현실에서는 단순히 사실과 허위로 구분 짓기 모호한 사안들도 많이 있어 모든 이슈를 대상으로 삼을 수도 없다. 즉 팩트 체크만으로 허위조작정보의 확산 문제를 해결하는 데에는 여러 한계가 있을 수밖에 없는 것이다.

정부 규제의 문제점과 한계

한국에서도 각종 선거를 거치며 '가짜뉴스' 문제가 중요한 정치적 의제로 떠오르게 되었고, 가짜뉴스를 법적으로 규제하고 징벌적으로 대응해야 한다는 주장이 지속적으로 제기되었다. 실제 규제 움직임도 활발하게 나타나 20대 국회에서는 가짜 뉴스 또는 허위조작정보를 규제하기 위한 법안이 24건이 발의된 바 있다. 이에 대한 찬성 여론도 높은 편이어서 2018년 10월 리얼미터와 CBS가 실시한 '가짜뉴스 방지법 도입'에 관한 여론조사 결과를 보면 찬성 응답이 63.5%였다금준경, 2020. 하지만 이러한 접근은 자칫 민주적 담론의 형성과 사회적 의사 결정 과정에 대한 정부의 인위적 개입으로 이어질 수 있다는 점에서 최대한 신중할 필요가 있다.

그리고 이미 한국의 헌법 재판소는 허위 표현에 대한 규제가 추상적이고 모호한 공익 보호에 근거하여 국민들의 기본권을 침해할 여지가 있다고 보고 위헌 소지가 있다는 결정을 몇 차례 내린 바 있다. 대표적인 사례가 인터넷 상에서의 흑색선전과 사이버 테러를 막는다는 목적으로 도입된 인터넷 실명제에 관한 위헌 판례로, 헌법재판소는 온라인 서비스 이용을 위해 실명과 인적사항을 등록하도록 규정한 '정보통신망 이용촉진 및 정보보호 등에 관한 법률' 44조 1항에 대해 재판관 전원 일치 의견으로 2012년 8월 위헌 결정을 내렸다. 헌법재판소는 판결문에서 "표현의 자유를 사전 제한하려면 공익의 효과가 명확해야하고", "인터넷 실명제 시행 이후 불법 게시물이 의미 있게 감소하지 않았으며", "공익을 달성하고 있다고 보기 어렵다"고 명시하였다. 이로써 2007년 7월 이후 하루 평균 이용자 10만 명 이상인 인터넷 서비스에 대해 실명 등 인적사항을 등록한 후 서비스를 이용할 수 있도록 한 '제한적 본인 확인제'는 폐지가 되었다.

또 하나의 사례는 2008년 포털사이트 다음의 아고라 경제토론방에서 미네르바라는 필명으로 활동한 한 인터넷 논객이 허위사실을 유포한 혐의로 구속된 사건과 관련한 것이다. 일명 '미네르바 사건'이라 불린 이 사건과 관련하여 사회적으로도 허위표현 규제에 대한 의견이 크게 갈렸다. 허위표현 규제를 찬성하는 입장은 익명성에 기댄 무분별한 허위사실 유포가 국가 안보나 경제에 심대한 영향을 미칠 수 있으며 따라서 그러한 표현은 구성요건을 갖추어 적절하게 규제될 필요가 있다는 것이었다정완, 2016. 반면 허위표현 규제를 반대하는 입장은 명예훼손죄, 사기죄, 공직선거법 등에 이미 허위사실 관련 처벌 조항이 있으며, 언론조차도 모든 정보를 정확하게 파악하는 것이 쉽지 않은데 일반 시민들에게 매번 진실에 근거한 비판만을 허용하는 것은 현실적이지 않다는 것이었다신순철, 2015. 이후 미네르바 구속의 법적 근거였던 '공익을 해할 목적으로 전기통신설비에 의하여 공연히 허위의 통신을 한 자를 처벌'하는 것을 주요 내용으로 하는 전기통신기본법 47조 1항에 대한 헌법 소원 심판이 청구되었고, 헌법재판소는 '공익을 해할 목적'의 의미가 모호하고 '허위의 통신' 부분 역시 그 의미가 불명확하여 과잉규제의 위험성이 존재한다고 보고 위헌 결정을 내렸다.

이렇듯 한국의 법원은 표현의 자유를 자유민주주의의 가장 기본적인 구성요소로서 다른 기본권에 비해 우월한 효력을 가진다고 보고 법적 규제가 필요할 경우 구체적이고 명백한 조건하에서 최소한의 규제 수단을 채택하여야 한다고 명시하고 있다. 또한 허위 표현이라고 해서 표현의 자유 영역에서 무조건 배제되어야 하는 것은 아니며 그러한 표현에 대한 규제가 정당화되기 위해서는 필수불가결한 규제 이익이 존재해야한다고 판시하고 있다유의선, 2018. 표현의 자유로 인한 부정적 외부효과는 국민 주권의 실현 과정에서 나타날 수 있는 어쩔 수 없는 부산물이며 그러한 부산물의 외부효과를 이유로 가장 중요한 기본권을 침해해서는 안 된다는 것이다_{황용석, 2012.}

즉 허위조작정보 문제를 정부의 규제와 법률적인 방식으로 해결하는 것에는 현실적 한계가 있을 뿐만 아니라 헌법 등 상위 규범과 충돌하는 면이 있다. 여론이 형성되는 공간에 대한 정부의 개입은 시민들의 활발한 의견 표현과 정치 참여를 위축시키고 국민의 기본권인 표현의 자유를 침해하는 결과를 낳을 수도 있기 때문에 필요최소한도의 제한적인 수단으로만 사용되는 것이 바람직하다 할 수 있다. 또한 이러한 타율 규제 방식은 경직성이 높아 인터넷과 같은 규제 대상의 변화를 탄력적으로 수용하기도 어려워 법률과 현실의 격차가 갈수록 커질 수밖에 없다. 따라서 법적 규제보다는 시장의 자정 기능에 바탕을 둔 자율 규제나 개인의 역량 강화가 더 바람직한 접근 방식이라 할 수 있을 것이다.

허위조작정보에 대한 대응책으로서의 리터러시 교육

지금까지 살폈듯 허위조작정보의 대응 방안으로서 팩트 체크와 정부 규제에는 각각의 한계가 있다. 팩트 체크의 경우 현재 주로 언론 보도나 정치인의 발언이 대상이 되는 경우가 많은데, 허위조작정보는 인터넷 커뮤니티의 게시글, 카카오톡 메신저를 통해 유포되는 출처 불명의 메시지, 유튜브 방송을 통해 여과 없이 전파되는 확인되지 않은 소문, 그리고 불특정 다수가 사용하는 포털 댓글 등 매우 다양한 형태로 퍼져나가는 특성이 있다. 이렇듯 인터넷에서 매일 같이 생산되는 엄청난 양의 정보 속에서 진위를 일일이 검증하는 것은 불가능하며 따라서 제한적 방법이 될 수밖에 없다. 또한 하나의 사안에는 복잡다단한 측면들이 있어 '사실'과 '거짓'으로 단정 짓기 어려운 문제들이 수없이 많이 존재하며 이를 소수의 기관이 판단하는 역할을 하게 된다는 점 역시 문제로 지적될 수 있다.

허위조작정보의 문제를 법률과 규제를 통해 해결하는 방법 역시 가급적 절제되어야 한다. 이러한 방법은 시민들의 자유로운 소통을 위축시키고 자율 역량을 약화시킬 수 있기 때문에 최대한 신중하게 적용될 필요가 있다. 또한 자칫 규제의 칼자루를 쥔 권력 기관이 여론 과정에 개입하는 것을 정당화해주고 비판적 언론 활동을 제약하는 수단으로 오용될 위험성도 있다. 이미 언론중재위원회, 방송통신심의위원회 등의 규제 기구들이 존재하며 공직선거법과 명예훼손죄 등에 허위사실 관련 처벌 조항이 있기 때문에 허위조작정보를 규제하는 별도의 법률을 제정할 경우 과잉 규제의 우려도 있다 하겠다.

따라서 가장 바람직하고 본질적인 접근 방식은 미디어 교육의 강화를 통해 개인의 뉴스 리터러시 역량을 향상시키고 허위조작정보에 대한 대응력을 높이는 것이다. 즉 뉴스 리터러시 교육을 통해 시민들의 뉴스 수용 및 비판적 사고 능력을 함양하여 허위조작정보의 사회적 해악을 감소시키는 것이 가장 기본적인 접근이 되어야 한다. 리터러시literacy란 사전적으로 글을 읽고 쓸 줄 아는 능력을 뜻하는데, 주지하듯 '미디어', '디지털', '뉴스' 등의 용어와 조합하여 다양한 형태의 문해력文解力을 지칭하는 용어로 활발하게 사용되고 있다.

최근 한국에서 미디어 이용자들의 리터러시 부족은 허위조작정보 확산의 중요한 원인으로도 지적되고 있으며, 그에 따라 리터러시 강화가 중요한 대응 방안으로 강조되고 있다이수범·손영곤, 2018. 또한 한 연구현영섭, 2019에 따르면 미디어 리터러시 교육 프로그램 참여가 뉴스 수용자들의 비판적 사고 능력을 증진시켜 허위조작정보에 대한 식별 능력을 유의미하게 높이는 것으로 나타나기도 한다. 뉴스 수용자들의 리터러시 강화가 허위조작정보에 대한 대응 능력을 실제로 향상시킬 수 있다는 것이다.

그러나 필자가 수행한 연구허윤철, 2020에서는 뉴스 리터러시가 높은 사람이 정부 규제에 대한 찬성 태도도 더 높은 것으로 나타난다. 이는 뉴스 리터러시 교육의 효과가 허위조작정보에 대한 개인의 대응력을 높이기도 하지만 한편으로는 정부의 개입과 규제에 대한 지지 경향을 높이는 방향으로 작동할 수도 있다는 것을 의미한다. 이러한 결과가 나타나는 이유는 뉴스 리터러시가 높은 수용자일수록 허위조작정보의 해악에 대한 입장이 분명해 규제에 대한 입장 또한 뚜렷해지는 것으로 해석할 수 있다. 또한 분석에 따르면 뉴스 리터러시가 높을수록 허위조작정보의 해악이 본인보다는 타인에게 미칠 영향이 크다고 보는 제3자 효과third-person effect가 나타나며, 이러한 제3자 효과가 정부 규제에 대한 찬성 태도로 연결되는 것으로 나타난다. 즉 뉴스 리터러시가 높은 사람일수록 본인은 비판적 사고 능력이 발달하여 잘 속지 않고 허위조작정보에도 잘 대응할 수 있지만 타인에게 미칠 해악을 우려하여 규제에 찬성하는 경향이 있다는 것이다.

이렇듯 뉴스 리터러시가 높아질수록 정부 규제에 대한 찬성 태도 또한 커진다는 점은 정책적 시사점을 지닌다. 정부 규제의 대안으로 등장한 뉴스 리터러시 교육이 본인의 판단 능력에 대한 우월감을 고양하는 대신 제3자에 대한 우려 수준을 높여 역설적으로 규제에 대한 지지 태도가 강화되는 예기치 못한 효과를 낳을 수도 있기 때문이다. 역사적으로 보더라도 이러한 성격의 제3자 효과는 미디어를 통제하려는 정부의 시도에 대한 대중적 지지로 연결되는 경향이 있었다Baughman, 1989. 따라서 허위조작정보에 대한 교육은 단순히 허위조작정보의 사회적 해악을 강조하는 것을 넘어서야 한다. 국가가 개입하여 허위조작정보를 무조건 차단하거나 처벌하는 접근은 시민들의 표현의 자유를 위축시키고 자연스러운 여론 현상을 막을 수 있기 때문에 최대한 신중하게 적용될 필요가 있다는 점을 함께 강조할 필요가 있다.

또한 미디어 리터러시 교육이 더 넓은 사회적 맥락을 고려하여 이루어질 필요성도 커지고 있다. 지금까지의 미디어 교육의 내용은 주로 신문과 방송 등 매스 미디어의 내용을 비판적으로 읽고 활용하는 데 초점이 맞추어져 있었다. 하지만 주된 교육 대상자라 할 수 있는 청소년들이 전통적 매스 미디어를 가장 적게 소비하고 있다는 점에서 그에 맞는 개선과 변화가 필요하다. 특히 현재의 미디어 환경은 이용자에 따라 개별화되어 정보의 선택적 노출이 심화되고 있다는 점에서 인간의 다양한 심리적 편향을 고려한 교육의 강화와 이를 통해 미디어를 능동적으로 이용하고 정보를 분별력 있게 수용할 수 있는 능력을 함양하는 교육이 더욱 확대되어야 할 것이다.

뉴스 리터러시 교육의 현황과 새로운 과제들

한국에 미디어 리터러시 교육이 도입된 것은 40년 남짓으로 적어도 양적 측면에서는 비약적인 발전을 이루었다. 현재 미디어 리터러시 교육은 방송통신위원회 산하 시청자미디어재단과 문화체육관광부 산하 한국언론진흥재단을 중심으로 이루어지고 있다. 시청자미디어재단은 전국 40여 개의 센터를 가지고 있고 방송과 영상 체험 및 실습에서 강점이 있으며 자유 학기제 실시 이후 일선 학교로 찾아가는 교육을 병행하고 있다. 언론진흥재단의 미디어 교육은 1990년대부터 신문사들과 함께 해 온 NIE 신문 활용 교육의 연장선에서 인쇄 매체를 중심으로 비판적 사고 능력을 키우는 교육을 발전시켜 왔다. 자유 학기제 실시 이후 역시 일선 학교의 선택 과목으로 채택되어 활용되는 등 교육 현장과의 연계도 활발하다.

그러나 미디어 교육의 양적·질적 성장에도 불구하고 미디어 이용자들이 정보를 접하는 통로가 다원화되고 기성 언론에 의존하는 정도가 갈수록 낮아지고 있는 상황에서 현재의 교육 프로그램에는 한계가 있으며 허위조작정보 문제에 체계적으로 대응하기 위한 새로운 프로그램의 개발과 교수학습 자원의 확충도 미흡하다는 지적이 나오고 있다 황치성, 2018. 방송 체험이나 신문 활용 중심의 교육 역시 세칭 '탈진실'이라 일컬어지는 시대에 대응해 나가기 위한 핵심 프로그램으로는 미흡한 점이 있으며 새로운 미디어 환경을 적극 반영할 필요가 있다는 평가가 나온다. 새로운 미디어 환경에 맞는 통합적 교육의 필요성에 관한 논의가 이어지고 있으나 아직까지 진전이 더디며 더 구체적인 방향성이 제시되어야 한다는 요구 또한 높다 금준경, 2017.

민주주의에서 디지털 기술은 시민들의 정치적 정보에 대한 접근성을 높이고 소통의 비용을 감소시켜 좀 더 수평적이고 평등한 소통의 구조를 만드는 데 기여했다. 다수적인 것, 주류적인 것, 지배적인 것에 바탕을 두었던 매스 미디어 환경과 달리 디지털 미디어 환경은 다양성과 이질성을 바탕으로 다중심, 다방향으로 전개되는 특성이 있다. 매스 미디어 환경에서는 사회적 의제들이 상대적으로 일관성 있는 형태로 제시되어 왔다면 디지털 미디어 환경에서는 이용자들이 뉴스를 개별적으로 조합하여 소비함에 따라 주류에서 벗어난 정보와 의견들도 논의의 장으로 활발하게 올라오는 등 다양한 변화가 나타나고 있다. 정치적 이념이나 계급적 동질의식에 따라 하나의 동일한 목표를 추구해온 대중의 쇠퇴와 이슈와 국면에 따라 유동적으로 뭉쳤다 흩어졌다하는 다중 multitude의 등장은 이러한 변화와 궤를 같이 하는 것이라 하겠다.

하지만 한편으로 다양한 의견을 표현할 수 있는 공간이 폭발적으로 늘어나면서 허위의 정보와 신뢰할 만한 정보를 구분하기는 점점 더 어려워지고 있다. 소셜 미디어 환경은 비슷한 성향의 이용자들을 연결시키고 결집을 강화시키지만 이데올로기적으로 편향된 네트워크 속에서 참여자들이 자신이 보고 싶은 것만 보고 믿고 싶은 것만 믿는 반향실 echo chamber이 되어 가고 있다. 뿐만 아니라 대부분의 네트워크들이 비슷한 이데올로기적 성향으로 결속되어 있기 때문에 공유되고 유통되는 정보들이 허위에 가까워 보일지라도 별다른 의문 없이 수용되고 더 쉽게 확산되는 경향이 있다.

이러한 미디어 환경의 변화 속에서 팩트 체크는 허위조작정보를 걸러줄 수 있는 최소한의 안전망이 될 수 있다. 그리고 정부 규제는 허위조작정보로부터 사회를 보호하기 위한 최소한이자 마지막의 수단이 될 수 있다. 그러나 강조하였듯 이러한 수단만으로 허위조작정보 문제를 완전하게 해결할 수는 없으며 본질적인 방안으로 추구되어서도 안 된다. 미디어 이용자들의 표현의 자유와 능동적 정치 참여를 저해하지 않으면서 새로운 미디어 환경에 적응하기 위한 역량을 강화하는 것을 우선적인 목표로 삼아야 한다. 이러한 맥락에서 미디어를 올바르게 활용하고 정보에 대한 분별력을 키우는 것이 민주주의를 지키는 시민의 기초적 소양이자 기본적 책무라는 점을 더욱 강조해 나갈 필요가 있다. 그렇게 함으로써 시민들이 허위의 정보에 일방적으로 휘둘리지 않고 여러 대안적 출처에서 나온 정보들을 능동적이고 분별력 있게 이용할 수 있도록 돕는 것이 우선적인 방안이 될 수 있을 것이다.

탈진실 시대, 허위조작정보 문제를 다루기 위한 5가지 제언

영국의 브렉시트와 미국의 대통령 선거가 있었던 2016년을 전후로 영미권에서 가짜뉴스 담론이 불붙은 이후 전 세계적으로 미디어와 민주주의의 오작동을 우려하는 목소리가 커졌고 국내에서도 허위조작정보 문제에 시급한 대응을 요구하는 논의가 활발하게 전개되었다. 그러나 어떤 면에서 허위조작정보 문제는 '가짜뉴스'라는 표현이 등장하기 전부터 인류의 역사와 늘 함께 해왔던 문제로 명쾌하고 단일한 해법을 이야기하기는 어렵다. 완전한 해법을 제시할 수 있는 문제라면 애초에 문제가 되지도 않았을 가능성이 크다.

원론적인 차원에서 허위조작정보의 확산을 억제하기 위해 팩트체킹을 비롯한 기술적 도구를 개선해나가야 하고, 필수불가결한 규제 이익이 존재하는 경우 정부의 적절한 수준의 개입과 규제가 필요하다는 방안을 제시할 수 있다. 하지만 더 중요하게 강조되어야 할 것은 허위조작정보의 위협으로부터 안전한 사람은 아무도 없으며 시민 스스로 열린 상호 토론과 사회적 상호 감시를 통해 더 나은 진실성을 추구하는 것이 시민적 책무라는 것을 되새길 필요가 있다는 점이다. '탈진실'이라는 불명예스러운 꼬리표가 붙은 시대 미디어 이용자들이 허위조작정보 문제와 맞서기 위해 요구되는 몇 가지 제언으로 글을 마무리하려고 한다.

첫째, 허위조작정보 문제는 역사적으로 계속 있어 왔던 현상이고 항상 해결이 어려운 문제였다는 점을 인정해야 한다. 이는 허위조작정보 문제가 심각하지 않다거나 이로부터 우리의 공동체를 보호하는 일을 소홀히 해도 된다는 뜻이 아니다. 그 반대로 우리 모두가 더 치열하게 분투해야 한다는 것을 의미한다. 특별한 방법을 통해 완벽한 문제 해결을 기대하기 보다는 이 문제가 생각보다 훨씬 더 해결하기 어려운 문제일 수 있다는 점을 깨닫고 서로 책임감 있게 노력해야 한다는 것이다.

둘째, 허위조작정보에 대한 과잉 우려도 문제가 될 수 있다. 허위조작정보의 실제 영향력에 대해서는 충분한 입증이 이루어지지 않았다. 예컨대 온라인 활동 이력 수집에 동의한 온라인 이용자들을 대상으로 트래픽 데이터를 분석한 연구Guess et al., 2018에 따르면 이용자의 1/4 가량만 허위조작정보에 노출이 되었고 대부분 이용자들이 사실 정보를 담은 뉴스를 훨씬 더 적극적으로 이용하는 것으로 나타났다. 허위조작정보가 실제 이용자들에게 미칠 수 있는 영향력이 과장되었을 수도 있다는 것이다. 허위조작정보에 대한 시민들의 우려는 실제 영향력보다는 영향력에 대한 과장된 추정에 근거하기가 쉬우며 이는 규제에 대한 찬성 태도로 이어지는 경향이 있다.

셋째, 허위조작정보 문제를 규제에 의존하여 쉽게 해결하려는 태도를 버려야 한다. 과거와 비교할 수 없을 정도로 눈길을 끄는 소식들이 넘쳐나고 끊임없이 새로운 정보가 쏟아져 나오는 미디어 환경에서 사실과 허위를 구분하는 일은 갈수록 어려워지고 있으며 사실과 의견의 경계 또한 더욱 흐려지고 있다. 이러한 혼란스러운 상황에서 미디어 이용자들은 규제를 매력적인 수단으로 여기기 쉽다. 그러나 민주주의에서 표현의 자유는 비록 부정적 외부효과를 지닌다 하더라도 최대한 보장이 되어야 하는 가장 중요한 가치 중 하나다. 규제에 의존하여 자유로운 의사 교환과 비판의 기회를 스스로 위축시킨다면 주권을 가진 시민들이 자발적으로 오류를 수정할 수 있는 가능성을 원천적으로 포기하는 것이나 다름없다. 자유로운 의사소통과 비판적 사고를 바탕으로 허위조작정보 문제에 대응하는 것은 탈진실 시대 시민들이 취할 수 있는 가장 적극적인 자세이자 의무라 할 수 있을 것이다.

넷째, 신뢰할 만한 정보를 얻기 위해선 그에 합당한 비용이 들어간다는 점을 받아들여야 한다. 만약 뉴스 수용자들이 비용을 지불하지 않고도 좋은 정보를 얻을 수 있다면 그것은 수용자 스스로 미디어 속 상품이 되고 있다는 것을 의미하는 것일 수 있다. 언론 역시 특정한 목적과 의도를 가지고 왜곡된 보도를 하거나 취재 또는 해석 과정에서의 오류로 오보를 내기도 하지만 주어진 권한에 맞는 공적 책임과 저널리즘 규범을 확립해 온 역사적 과정을 쉽게 무시해서는 안 된다. 비전문적 뉴스 조직에 대해 기존 언론과 동등한 수준의 저널리즘 규범과 책임을 기대하기 어려운 것이 현실이다. 기성 언론이 축적해온 전문적인 저널리즘의 가치를 가볍게 여겨서는 안 되며 이에 대해 비용을 지불하는 것에도 조금 더 열린 태도를 지닐 필요가 있다.

다섯째, 허위조작정보의 문제가 단순히 그것을 생산하고 유포하는 자의 문제가 아니라 그것을 수용하는 미디어 이용자들의 문제이기도 하다는 점을 인식할 필요가 있다. 세계적 베스트셀러《팩트풀니스Factfulness》의 저자 한스 로슬링Rosling et al., 2018/2019은 사람들이 과도하게 극적인 세계관을 가지고 있는 것은 단순히 기만적인 가짜 뉴스나 선전 선동 탓만은 아니며 우리 뇌의 작동 방식과 관련이 있다고 설명한다. 비슷한 성향을 가진 이용자들 간 연결망과 이를 강화시키는 알고리듬을 기반으로 작동하는 온라인 환경에서 개인들이 자신이 믿고 싶은 정보만 선택적으로 읽고 불편한 사실들은 외면해 버리는 경향은 더욱 강화되고 있다. 미디어 이용 교육에서 이용자들의 다양한 인지적 편향을 극복하기 위한 노력도 함께 이루어져야 할 것이다. 우리는 누구도 오류로부터 자유롭지 않으며 진정한 사실을 받아들이는 데에는 때로는 고통이 따를 수도 있으며 옳다고 생각했던 사실이 틀릴 수도 있다는 점을 인정하는 것에서부터 새로운 소통이 시작될 수 있을 것이다.

2017년 4월 미국의 시사 주간지《타임》은 "진실은 죽었는가?"Is truth dead?라는 제목의 표지 기사를 실었다. 기사는 선거 기간 동안 진실의 가치를 처참하게 훼손시켜 온 트럼프 대통령의 당선에 관한 것으로서 오늘날 진실이란 어떤 의미인가라는 무거운 질문을 담고 있다. 특정한 단어의 사용 빈도를 확인할 수 있는 엔그램 뷰어N-Gram viewer를 통해 구글이 디지털화한 3,000만 권 이상의 책을 분석해 보면, 21세기 들어 '진실'truth이라는 낱말의 사용 빈도는 150년 전에 비해 약 3분의 1로 감소한 것으로 나타난다Baggini, 2017/2018. 그렇다면 인류는 이제 진실과 이별을 고하고 있는 것일까? 탈진실이라는 개념의 부상은 역설적으로 대중의 진실에 대한 열망과 기대가 부활하고 있다는 것을 반영하는 것일 수도 있다. 진실이 중요하지 않다면 탈진실은 논의거리조차 될 수 없을 것이기 때문이다.

세칭 탈진실 시대를 맞아 미디어 이용자들은 기성 언론의 공정성 의무를 저버린 정치 선정주의, 온라인 언론의 저급화 및 파편화, 쏟아지는 뉴스로 인한 정보의 과부하, 알고리즘이 유도하는 정파적 뉴스 소비 등 수많은 문제에 맞서야 한다. 더욱이 대중의 인지적 편향을 조종하여 정치적, 경제적 목적을 달성하고자 하는 시도들은 앞으로 더욱 발전해갈 것이다. 이 문제들을 완전하게 해결할 수 있는 완벽한 하나의 치료제나 만병통치약은 심난할지라도 존재하지 않는다는 것이 이 글의 주제이기도 하다. 아마도 탈진실이라는 용어가 의미하는 바는 진실을 하찮게 여기고 그러한 세상에 적응해 나가야 한다는 것이 아니라 모든 개인이 진실의 옹호자가 되어 탈진실에 맞서 싸워야 할 책임과 의무로부터 자유로울 수 없다는 이야기가 될 것이다.

참고문헌

금준경(2017).　　　《가짜뉴스, 처벌만으로 해결이 될까?》. 내 인생의 책.

금준경(2020).　　　가짜 뉴스 때려잡으면 사라질까. 구본권 외,《시민을 위한 팩트체크 안내서》, 378~436, 지식플랫폼.

김위근(2018).　　　언론 신뢰도에 대한 시민 인식 조사.《미디어 이슈》, 4권 3호, 1~13.

김주용(2015).　　　'언론'과 '언론 아닌 것' 사이.《언론과 사람》, 8월호, 12.

신순철(2015).　　　'전기통신기본법'의 법리적 문제점들과 해결을 위한 제언.《언론과 법》, 14권 2호, 159~180.

유의선(2018).　　　가짜뉴스의 법적 규제: 사회적 법익 보호를 중심으로.《언론과 법》, 17권 2호, 39~68.

이수범 · 손영곤(2018).　미디어 리터러시에 대한 기획자, 경험자, 비경험자 간 인식 차이: 상호지향성 모델을 중심으로.《언론정보연구》, 55권 2호, 213~257.

정완(2016).　　　　인터넷상 허위사실유포의 규제 필요성에 관한 고찰.《경희법학》, 51권 1호, 59~87.

허윤철(2020).　　　뉴스 리터러시가 가짜뉴스의 영향력 지각과 규제 태도에 미치는 영향: 가짜 뉴스 범위 인식의 조절 효과.《한국언론정보학보》, 101호, 506~534.

현영섭(2019).　　　성인학습자의 비판적 사고기능 및 비판적 사고성향과 가짜뉴스 팩트체크 및 가짜뉴스 식별의 관계.《교육연구논총》, 40권 3호, 5~39.

황용석(2012).　　　표현매체로서 SNS(Social Network Service)에 대한 내용규제의 문제점 분석: 법률적 · 행정적 규제를 중심으로.《한국언론정보학보》, 58호, 106~129.

황치성(2018).　　　《세계는 왜 가짜뉴스와 전면전을 선포했는가?: 허위정보의 실체와 해법을 위한 가이드》. 북스타.

Baggini, J.(2017).　A short history of truth: Consolations for a post-truth world. 오수원 역 (2018).《진실사회》. 예문아카이브.

Baughman, J. L.(1989). The world is ruled by those who holler the loudest: The third-person effect in American journalism history. Journalism History, 16(2), 12~19.

d'Ancona, M.(2017).　Post-truth: The new war on truth and how to fight back. London: Ebury Press.

de Cock Buning, M.(2018). A multi-dimensional approach to disinformation: Report of the independent High level Group on fake news and online disinformation. Luxembourg: Publications Office of the European Union.

Duffy, B.(2018).　The perils of perception. 김하연 역(2019),《팩트의 감각》.어크로스.

Guess, A., Lyons, B., Montgomery, J. M., Nyhan, B., & Reifler, J.(2018). Fake news, Facebook ads, and misperceptions: Assessing information quality in the 2018 US midterm election campaign. Hanover, MA: Dartmouth College.

Harari, Y. N.(2018).　21 Lessons for the 21st Century. 전병근 역 (2019),《21세기를 위한 21 가지 제언》, 김영사.

McIntyre, L.(2018).　Post-truth. 김재경 역(2019).《포스트 트루스》, 두리반.

Rosling, H., Rönnlund, A. R., & Rosling, O.(2018). Factfulness. 이창신 역(2019), 《팩트풀니스》, 김영사.

Vosoughi, S., Roy, D., & Aral, S.(2018). The spread of true and false news online. Science, 359(6380), 1146~1151.

허윤철

부산대학교 신문방송학과를 졸업하고 동 대학원에서 석사와 박사 학위를 받았다. 주요 연구 분야는 정치커뮤니케이션과 저널리즘으로 국내외 학술지에 〈뉴스 리터러시가 가짜뉴스의 영향력 지각과 규제 태도에 미치는 영향〉 등 20여 편의 논문을 게재하였다. 최근에는 한국사회 미디어와 공동체의 역사적 변화에 관심을 가지고 다양한 측면에서 연구를 진행하고 있으며, 《한국의 미디어와 공동체》라는 책의 출판을 준비 중이다. 현재 부산대학교 미디어커뮤니케이션학과에서 강의를 하며 학생들과 함께 세상에 대해 배우는 일을 주업으로 하고 있다.

저널리즘
모포시스

초판 1쇄 인쇄 2020년 11월 23일
초판 1쇄 발행 2020년 11월 30일

글쓴이 임종수 박영흠 유경한 문상현 김동원
　　　　최유리 이정환 이봉현 심석태 유용민
　　　　박진우 김예란 허윤철

기획 한국언론정보학회

펴낸이 박세현
펴낸곳 팬덤북스

기획 위원 김정대 김종선 김옥림
기획 편집 윤수진 정예은
디자인 이새봄 이지영
마케팅 전창열

주소 (우)14557 경기도 부천시 부천로 198번길 18, 202동 1104호
전화 010-8821-4312 | **팩스** 02-6008-4318
이메일 fandombooks@naver.com
블로그 http://blog.naver.com/fandombooks

출판등록 2009년 7월 9일(제2018-000046호)

ISBN 979-11-6169-130-5 93070